DIGITAL SERIES

未来へつなぐ
デジタルシリーズ

プロジェクトマネジメント

江崎和博
髙根宏士
山田　茂
髙橋宗雄　著

6

共立出版

Connection to the Future with Digital Series
未来へつなぐ デジタルシリーズ

編集委員長： 白鳥則郎（東北大学）

編集委員： 水野忠則（愛知工業大学）
高橋　修（公立はこだて未来大学）
岡田謙一（慶應義塾大学）

編集協力委員：片岡信弘（東海大学）
松平和也（株式会社 システムフロンティア）
宗森　純（和歌山大学）
村山優子（岩手県立大学）
山田圀裕（東海大学）
吉田幸二（湘南工科大学）

（50音順）

未来へつなぐ デジタルシリーズ　刊行にあたって

　デジタルという響きも，皆さんの生活の中で当たり前のように使われる世の中となりました．20世紀後半からの科学・技術の進歩は，急速に進んでおりまだまだ収束を迎えることなく，日々加速しています．そのようなこれからの21世紀の科学・技術は，ますます少子高齢化へ向かう社会の変化と地球環境の変化にどう向き合うかが問われています．このような新世紀をより良く生きるためには，20世紀までの読み書き（国語），そろばん（算数）に加えて「デジタル」（情報）に関する基礎と教養が本質的に大切となります．さらには，いかにして人と自然が「共生」するかにむけた，新しい科学・技術のパラダイムを創生することも重要な鍵の1つとなることでしょう．そのために，これからますますデジタル化していく社会を支える未来の人材である若い読者に向けて，その基本となるデジタル社会に関連する新たな教科書の創設を目指して本シリーズを企画しました．

　本シリーズでは，デジタル社会において必要となるテーマが幅広く用意されています．読者はこのシリーズを通して，現代における科学・技術・社会の構造が見えてくるでしょう．また，実際に講義を担当している複数の大学教員による豊富な経験と深い討論に基づいた，いわば"みんなの知恵"を随所に散りばめた「日本一の教科書」の創生を目指しています．読者はそうした深い洞察と経験が盛り込まれたこの「新しい教科書」を読み進めるうちに，自然とこれから社会で自分が何をすればよいのかが身に付くことでしょう．さらに，そういった現場を熟知している複数の大学教員の知識と経験に触れることで，読者の皆さんの視野が広がり，応用への高い展開力もきっと身に付くことでしょう．

　本シリーズを教員の皆さまが，高専，学部や大学院の講義を行う際に活用して頂くことを期待し，祈念しております．また読者諸賢が，本シリーズの想いや得られた知識を後輩へとつなぎ，元気な日本へ向けそれを自らの課題に活かして頂ければ，関係者一同にとって望外の喜びです．最後に，本シリーズ刊行にあたっては，編集委員・編集協力委員，監修者の想いや様々な注文に応えてくださり，素晴らしい原稿を短期間にまとめていただいた執筆者の皆さま方に，この場をお借りし篤くお礼を申し上げます．また，本シリーズの出版に際しては，遅筆な著者を励まし辛抱強く支援していただいた共立出版のご協力に深く感謝いたします．

　「未来を共に創っていきましょう．」

編集委員会
白鳥則郎
水野忠則
高橋　修
岡田謙一

はじめに

　21世紀に入り，地球環境問題の深刻化，世界規模の金融危機，高齢化社会の到来など，人類はかつて経験したことのない地球規模の複雑な課題に直面している．このような中で，持続的で幸福な社会を実現するためには，多くの未知の複雑で困難な問題を複数の領域に精通する専門家が，その知識や経験を結集し，プロジェクト活動で確実に解決していく必要がある．プロジェクトマネジメントは，このようなプロジェクトを成功に導くための管理技術である．

　本書は第1章から第3章に，プロジェクトマネジメント全体のフレームワークを定義し，第4章と第5章で，プロジェクトマネジメントの全てに影響を及ぼす品質と人的資源のマネジメントについて解説する．さらに，第6章から第8章に単一プロジェクトの計画，第9章から第11章に単一プロジェクトの実行管理，第12章に複数の単一プロジェクトを抱える母体組織のプロジェクト横断的な組織的マネジメント，最後に第13章から第14章にプロジェクトマネジメントを支援する定量的な管理および問題解決の技術について解説する．

　本書は複数の専門家の共同執筆にありがちな知識量は豊富でも，個々の知識相互の関係やプロジェクトマネジメント全体と個別の管理の関係がわかりにくいなどの弊害を解決する新しい試みとして，はじめに，広義のプロジェクトマネジメント全体のフレームワークを明確化し，このフレームワークにそって，関連する知識や個別の管理テーマを整理し体系化した．また，執筆者個人の知識の偏りを補うために，複数の専門家によるプロジェクトチームを編成し，開発した．本書の主な対象読者は大学の学生であるが，政府や官公庁，企業のプロジェクト関係者や初心者にも理解し易いように配慮した．

　本書は4名の専門家により，以下の分担で執筆した．

江崎和博：監修および第2章，第3章，第4章，第6章，第8章，第12章

髙根宏士：第1章，第5章，第9章，第10章，第11章

山田茂　：第13章，第14章

髙橋宗雄：第7章

目 次

刊行にあたって　i
はじめに　iii

第1章
プロジェクトマネジメントの歴史　1

第2章
プロジェクトマネジメントの定義　8

- 2.1 プロジェクトマネジメントの定義　9
- 2.2 プロジェクトマネジメント全体のフレームワーク　13
- 2.3 プロジェクトマネジメントのプロセス　18
- 2.4 母体組織のマネジメント　19
- 2.5 単一プロジェクトマネジメント　20
- 2.6 世の中で普及しているプロジェクトマネジメント技術　21

第3章
プロジェクト戦略マネジメント　29

- 3.1 プロジェクト戦略の定義　29
- 3.2 戦略マネジメント　30
- 3.3 経営戦略とプロジェクト戦略　31
- 3.4 プロジェクトの目的適合性　34
- 3.5 プロジェクトの企画プロセス　34

	3.6 プロジェクトポートフォリオ (Project Portfolio)	35
	3.7 プロジェクトの評価	36
	3.8 プロジェクト企画書の審査	37

第4章 プロジェクト品質マネジメント　40

	4.1 プロジェクト品質マネジメントの定義	40
	4.2 プロジェクト品質の構造	43
	4.3 品質マネジメントのスコープ	45
	4.4 プロジェクト品質マネジメントの入出力	47
	4.5 品質マネジメントのプロセス	48

第5章 プロジェクトの人と組織のマネジメント　59

	5.1 ステークホルダー	60
	5.2 プロジェクトと母体組織	60
	5.3 プロジェクト体制	63
	5.4 プロジェクトマネージャの役割	64
	5.5 コミュニケーション	67
	5.6 リーダーシップ	73

| | 5.7 プロジェクトマネージャのあるべき姿 | 73 |
| | 5.8 プロジェクトマネージャの心構え | 77 |

第6章 プロジェクト計画マネジメント　82

	6.1 プロジェクト計画の目的と定義	82
	6.2 プロジェクト計画の入出力	85
	6.3 プロジェクト計画の策定プロセス	86
	6.4 プロジェクト計画書の作成	88
	6.5 プロジェクト計画書の審査	94

第7章 プロジェクトの計画見積技術　97

	7.1 プロジェクトの見積	97
	7.2 原価マネジメント	103
	7.3 進捗マネジメント	116

第8章 プロジェクトの目標と実現性マネジメント　123

	8.1 目標と実現性の定義	124
	8.2 要求定義の視点と手法	125
	8.3 プロジェクト目標の実現性	130

第9章 プロジェクト実行マネジメント 133

- 9.1 実行マネジメントとは ... 133
- 9.2 プロジェクト計画の徹底 ... 134
- 9.3 進捗管理 ... 135
- 9.4 プロジェクトの完了 ... 147

第10章 プロジェクトの問題マネジメント 150

- 10.1 問題マネジメント ... 150
- 10.2 障害管理 ... 152
- 10.3 変更管理 ... 157
- 10.4 リスクマネジメント ... 159

第11章 プロジェクト調達・外注マネジメント 167

- 11.1 調達・外注マネジメント ... 167
- 11.2 外注の目的と必要性および内外製の考え方 ... 168
- 11.3 契約形態から見た外注の種類 ... 169
- 11.4 外注管理の流れ ... 170
- 11.5 外注計画 ... 170
- 11.6 発注先の選定 ... 172

	11.7 契約（発注）	175
	11.8 フォロー管理	176
	11.9 受け入れ管理	180
	11.10 外注先の評価	183
	11.11 外注管理における基本的留意事項	184
第12章 プロジェクトの組織的マネジメント　186	12.1 プロジェクト横断的な組織的マネジメントの必要性	186
	12.2 組織的マネジメントのフレームワーク	187
	12.3 組織的マネジメントの取り組み	189
	12.4 プロジェクトの審査と実行監査	191
第13章 プロジェクトの定量的マネジメント　196	13.1 定量的マネジメントの重要性	196
	13.2 プロセス監視活動と定量的分析	197
	13.3 信頼性評価法の定量的プロセス監視進捗評価への適用	206
第14章 プロジェクトの問題解決技術　213	14.1 プロジェクトマネージャの問題把握と明確化	213

14.2 問題の定義	215
14.3 問題解決アプローチ	218
14.4 効果的問題解決法と実践	219
14.5 問題解決に有効な手法	227
14.6 問題解決と「見える化」	231

索　引　235

第1章
プロジェクトマネジメントの歴史

☐ 学習のポイント

　プロジェクトマネジメントは最近発生したものではなく，有史以来存在してきたものである．そしてそれらの膨大なノウハウが，整理されてモダンPMといわれるような知識体系となってきたものである．その背景には人類の叡智が詰まっているといっても過言ではない．この視点に立ってもらうことがプロジェクトマネジメントを学ぶにあたっては重要である．本章では第2章以降の内容を理解する背景としてプロジェクトマネジメントの歴史を概観した．

☐ キーワード

　プロジェクトマネジメント，ピラミッド，万里の長城，仁徳天皇陵，式年遷宮，運慶，ローマ時代の街道・水道，プログラムマネジメント，日露戦争，TVA，マンハッタンプロジェクト，SAGE，SABRE，ブルックスの法則，ガント，PERT，CPM，アポロ計画，MARS-1，PMI，PMBOK，ISO12207，CMM，EVM，CCM，FP，IFPUG，COCOMOII，JPMF，PMAJ，P2M，SLCP-JCF2007

　プロジェクトマネジメントの発生はプロジェクトの発生と同じ時期である．そしてプロジェクトは表1.1に示すように有史以来多く存在した．

　プロジェクトとはPMBOKでは「独自のプロダクト，サービス，所産を創造するために実施される有期性の業務」[1]，P2Mでは「特定使命を受けて，資源，状況などの制約条件のもとで，特定期間内に実施する将来に向けた価値創造事業」[2]と定義されている．プロジェクトの語源はラテン語のPROJACEREであり，これは「前に投げ上げる」という意味であり[3]，それから転じて「思いを外出しにする」という意味を持つようになった．それはいまだ存在しないもの（物，サービス，所産，価値）を創造する（作り上げる）ことである．

　人間はこの地球上に存在してから，何百万年といわれる．その間，人間は様々なものを創造してきた．この創造作業は近代や現代になってから発生したものではない．古いところでは石器を発明すること，またその石器と火を使って，新しい食糧の確保や料理法の発明などもプロジェクトの成果だったかもしれない．ただその時代のプロジェクトは一人だけによる（一人でもプロジェクト）偶然の成果だったかもしれない．我々はその頃の成果をはっきりと確認できないためにプロジェクトが存在したことを認識できていないだけである．

　現在の我々が認識できる有名な成果に，ギザの大ピラミッドに代表されるエジプトのピラミッドがある．このプロジェクトは数千年前に多数の人間を投入し，ピラミッドの建設という目的を

表 1.1 プロジェクトマネジメントの歴史

年代	事象
BC2540 頃	エジプトギザの大ピラミッド完成
BC3 世紀	秦の始皇帝万里の長城を建設（以後明代まで改修工事が続く）
BC3 世紀〜3 世紀	ローマの街道および水道建設　プログラムマネジメントの出現
5 世紀	仁徳天皇陵築造
7 世紀	伊勢神宮の式年遷宮の儀式創設
12 世紀	運慶活躍　仏像をプロジェクトで制作
1904〜5	日露戦争　日本におけるプログラムマネジメントの例
1903	ガントによるバー（ガント）チャートの考案
1933	TVA において言葉としてプロジェクトマネジメントが意識され始めた
1942	マンハッタンプロジェクトの設立　近代的なプロジェクトマネジメント概念の確立
1950 年代	SAGE プロジェクト　プロジェクトマネジメントの課題明確化　ポラリスミサイルプロジェクトにおいて PERT, ディポン社において CPM が開発された
1960 頃	座席予約システム開発　SABRE プロジェクト（米国）MARS-1 プロジェクト（日本）
1960 代	国防省で EVM の採用，この頃産業界において様々なプラントやシステムが開発され始めた
1964	IBM システム 360OS 開発　新幹線開業
1969	アポロ計画の成功　PMI の設立
1979	ソフトウェア規模尺度としての FP の出現
1987	PMBOK 初版の出版
1991	CMM の発表　現在 CMMI に発展
1995	ISO12207 の制定　日本では JISX0160　別途 12207 をテイラリングしたものに SLCP-JCF94 が作られた．現在 JcF2007 に発展している
1990 代	エリヤフ・M・ゴールドラッド博士による CCM の発表
1995	ベーム博士による COCOMOII の発表
1998	JPMF の設立　現在 PMAJ
1999	プロジェクトマネジメント学会設立
2001	P2M 初版の出版

達成した．この段階ではプロジェクトマネジメントがあったことは確かである．もしプロジェクトマネジメントがなくて，あのピラミッドが建設されたとしたら，それは奇跡である．奇跡は一度しか起こらない．しかしピラミッドはいくつもできている．そこには目的を達成するために，構想，設計し，資材を調達し，要員を確保し，それらを組み合わせてゴールまで持っていく，明確な意図と，関係者にその意図を認識させる行為があったはずである．

中国では秦の始皇帝によって建設が開始された万里の長城がある．これは匈奴の侵入を防ぐことが目的だった．長さは約 8800 km（人工部分約 6200 km）である．このプロジェクトは断続的に明の時代まで 1500 年以上続いた．

日本でも仁徳天皇陵という古墳の建造がある．また神社や仏教伝来後の寺院建立がある．伊勢神宮の式年遷宮は 20 年ごとに正殿を新たに建て，ご神体を遷すことであるが，持統天皇の時代に第 1 回が行われた．この儀式のポイントは 20 年であり，この期間は技術伝承に適当な期間である．その儀式創設自体が創造である．また鎌倉時代の運慶の仏像はチームで作られた．運慶がデザイナー兼プロジェクトマネージャだったことは有名である．

プロジェクトマネジメントとして特に注目されるのはローマ時代における街道や水道の建設

である．これらの建設は紀元前3世紀にはじまり500年ほど続いた．このプロジェクトは一つ一つの街道や水道を作るという独立した個々のプロジェクトの寄せ集めではなく，「パックスロマーナ（ローマによる平和）」を実現するベースとして，その安全保障と快適さを保つという大きな目的を達成するために行われた．街道は安全保障であり，その目的を達成するために単に1本の街道を作るという単一プロジェクトにとどまらず，それらの街道のネットワーク化を図り，軍団のアジャイルな動きを達成しつつ，ロジスティックスの容易化を図ろうとしたものであった．その結果幹線道路だけでも約8万kmという長さになった．水道は快適さの追求を目的として敷かれた．その結果，ローマ時代はその後の中世のヨーロッパよりも衛生的であり，伝染病の発生も大幅に少なかった．現在のローマで2000年前に敷設された水道がまだ使われているのは驚異である．これらは近代の資本主義的帝国主義とは異なり，植民地搾取という考えはなく，平和を達成するためであった [4]．このローマの戦略には単に個々のプロジェクトの成功だけでなく，最近のPMIやP2Mでいわれている，プログラムマネジメント（その戦略的意図を明確にするポートフォリオマネジメントを含む）の考えが既に見えている．

　ローマとは比較にならないが，日本においてもプログラムマネジメントの成功例として日露戦争がある．日本海海戦における秋山真之の7段戦法という単一プロジェクト計画としては最高のものもあるが，それらを踏まえ，英国との同盟を画策し，ロシア共産党に資金援助して内部からのかく乱を策し，米国を巻き込んでロシアとの講和を取り付けた，その全体戦略を計画し，実行まで持っていったマネジメントはプログラムマネジメントの特筆すべき例であろう [5]．残念ながら，以後の日本にはプログラムマネジメントでそれほど見るべきものがない．

　しかし，プロジェクトおよびプロジェクトマネジメントが，その言葉として意識され始めたのは比較的最近になってからである．一説によると1933年に，米国のフランクリン・ルーズベルト大統領が，世界恐慌の対策として実施したニューディール政策の一環として，テネシー川流域の総合開発を目的として作られたTVA (Tennessee Valley Authority) の頃であると言われている．そして1942年に設立されたマンハッタンプロジェクトにおいて近代的なプロジェクトマネジメントの概念が固まってきたといわれている．このプロジェクトは第2次世界大戦時，アメリカとドイツが原子爆弾の開発を競った際，20億ドル以上をかけたアメリカ側のプロジェクトである．その後米国空軍によるSAGE (Semi-Automatic Ground Environment：半自動防空管制システム) プロジェクトでマネジメントの課題が明確に取り上げられた [6]．SAGEは，複数の大型コンピュータを使用してレーダー施設からのメッセージを集め迎撃機に送るシステムであり，侵入してきた爆撃機に対する攻撃体制をとる時間がこのシステムによって劇的に改善された．これは最初のオンラインシステムのひとつである．そしてその成果を民間に展開したものが，SABRE (Semi-Automatic Business Environment Research：半自動ビジネス環境の研究) プロジェクトだった．これはアメリカン航空のフライト座席予約システム開発プロジェクトである．またこの時期，IBM飛躍のきっかけとなったシステム360におけるOS開発プロジェクトにおいてソフトウェアプロジェクトの問題点が大きく取り上げられた．その時のプロジェクト責任者のブルックスが後日述べた

　「プロジェクトが遅れ始めた時，人を投入すればするほど，プロジェクトは益々遅れる」 [7]という言葉はブルックスの法則（マーフィーの法則という本でも紹介されている）といわれる

までになった．

一方，工場の生産管理において，1903年にガントが考案したガントチャートがプロジェクトのスケジュールを表現する手段として採用されるようになった．ガントチャートはわかり易く便利な表現法であったが，プロジェクト作業全体の関係を表現しきれていなかった．プロジェクト作業全体の関係を表現する手法として，1958年にポラリスミサイルプロジェクトにおいてPERT (Program Evaluation and Review Technique)が開発された．同時期にナイロンで有名なデュポン社においてCPM (Critical Path Method)が開発された．PERTとCPMの基本的な考え方は同じである．違いは一つの作業の期間見積においてPERTは3点見積を，CPMは1点見積を採用していることである．

以上の成果を取り入れ，大きな成功を収めた1960年代の代表的なプロジェクトがNASA（米国航空宇宙局）のアポロ計画である．このプロジェクトは人類初の月面着陸を目指したものであり，1961年にケネディ大統領が1969年までに達成すると宣言し，その通り実現した．これにより，宇宙開発において常にソ連の後塵を拝してきた米国の威信回復を果たした歴史的成果であった．この計画では異なる専門領域の活動を目的達成に向けて結集するために明確にプロジェクトマネジメントを採用することにした．一つの話として，「もしPERTがなかったらアポロ計画は失敗したかもしれない」と言われたほど，PM手法の適用が顕著であった．

このころから一般の業界においてもプロジェクトマネジメントの認識が高まってきた．鉄鋼，化学，電力，交通，通信，金融，物流などの世界で次々とプラントやシステムが作られていった．我が国においても，現在「みどりの窓口」で親しまれているJR座席予約システムの原型となったMARS-1 (Magnetic-electronic Automatic Reservation System 1)が1950年代後半から1960年にかけて開発されたのをはじめ，火力や原子力発電，電力系統制御，鉄鋼プラント，銀行オンラインなどのシステムが開発されていった．

その中でプロジェクトマネジメントの重要性に関する認識は大きく高まってきた．しかしながら，当初の段階ではそれぞれのプロジェクト（または企業）は独自の方法で，プロジェクトをマネジメントし，業界全体としての標準化されたマネジメント手法がなかった．そのためプロジェクト間，企業間でのプロジェクトマネジメントに関する共通認識が確立できず，コミュニケーションに支障をきたし，しばしば混乱することがあった．「プロジェクト崩れ」とか「プロジェクトの破産」という表現はこのころに現れた．この事態を改善し，標準化された，コミュニケーションの基盤としてプロジェクトマネジメントの知識体系の整備をしなければならないという機運が各国に盛り上がってきた．

米国においては1969年にPMI (Project Management Institute)が設立された．PMI設立目的の一つに「プロジェクトマネジメントの基礎プロセスを明確にして，プロジェクト遂行管理を成功に導くためのプロジェクトマネジメントの知識体系を整備する」ことが挙げられている．この目的に対応する成果物のひとつが1987年に公表されたPMBOK (Project Management Body Of Knowledge：プロジェクトマネジメント知識体系) [1]である．したがってPMBOKの大きな使命は業界を超えてプロジェクトマネジメントプロセスの共通概念・用語を設定することであった．現在PMBOKは4年ごとに改訂され，最新版は2008年に刊行されている．

一方，ソフトウェア関連業界では他の業界よりもそれぞれのプロジェクトや企業の独自性が

強く，特定のライフサイクルモデル，作業工程名称，特定技法やツールが一人歩きしている状態だった．このため企業間における契約などでトラブルが発生しやすくなっていた．これを世界的に解消する目的で，ソフトウェア関連業務について共通用語を定義したのが ISO12207 (SLCP：Software Life-Cycle Process) である．これはシステムの企画段階から開発，運用，保守，廃棄に至るシステムのライフサイクル全体に関わるプロセスの内容を定義した標準規格である．この規格の目的は購入者と供給者の二者間契約の客観性，透明性を保つことであり，そのために「Speak the same language」が基本である．

またソフトウェア開発における大きな問題に外注がある．外注により直接的にプロジェクトが破綻をきたすこともあるし，発注側が何も分からなくなる，いわゆる「空洞化」現象をきたすこともある．米国の国防総省はこの問題を取り上げ，情報システムの発注先を評価し，より品質の高い情報システムを調達するための条件の研究を米カーネギーメロン大学ソフトウェアエンジニアリング研究所 (SEI) に依頼した．それに対応して 1991 年に発表されたものが CMM (Capability Maturity Model：能力成熟度モデル) である．これはソフトウェア開発組織の能力を 5 段階に分けて評価する手法であり，米国では，国防総省に限らず官公庁の情報システム調達時の応札条件に利用されている．現在は CMMI (Capability Maturity Model Integration) [8] として拡張されている．

一方個別手法としては PERT や CPM 以外に 1960 年代に，獲得された価値と予算，かかった費用を使って定量的に進捗評価をするものとして，EVM (EVMS ともいわれる：Earned Value Management System) が国防総省で採用された．この手法は PMBOK で取り上げられたため，現在は広く普及している．

1990 年代に入り，PERT や CPM の手法での問題点が指摘され，CCM (Critical Chain Management) がエリヤフ・M・ゴールドラット博士により提唱された [9]．PERT や CPM がスケジュール問題について，単純な数理的最適化を目指していたことに対して，人間心理や行動特性，および社会的・組織的問題に配慮して全体最適を目指そうとする手法である．彼が取り上げたスケジュール遅延要因は学生症候群 (時間があっても追い詰められるまでは作業しない)，早期終了の非伝搬性 (早く終わってもそれは個人の余裕としておく)，掛け持ち作業 (複数の作業を掛け持ちすることによる，スイッチングタイムのロスと必要な時に時間が取れない) の 3 つであり，これらを考慮したスケジューリング手法を提示している．

ソフトウェアにおいては見積の問題が 1970 年代から大きくなっていたが，そのベースになるソフトウェア規模尺度として FP (Function Point) 法が 1979 年に米 IBM の Allen J. Albrecht によって提唱された．これはシステム全体の外部的な機能性に注目し，システムの規模を，データの集合，入出力の数と複雑さに基づいて数値化して表す方法である．それまでは LOC (Line Of Code) が一般的に使われていた．しかし LOC は同一内容のものを作る時でも，言語が異なれば測定数値は違ってしまうという致命的な欠陥があった．FP は外部特性だけから見ているため言語や開発環境に左右されないという特徴がある．FP 法は様々な団体が推進し，大きく発展している．その中心的な母体は IFPUG (International Function Point Users Group) [10] である．またこの FP 法を活用した見積法も提案されている．1995 年 Boehm が発表した COCOMOII (Construction Cost ModelII) はその代表例である．

我が国におけるプロジェクトマネジメントの標準化動向は米国などと比べ，相当な遅れを取っている．団体としては日本プロジェクトマネジメント・フォーラム (Japan Project Management Forum, JPMF) が1998年に設立された．現在は日本プロジェクトマネジメント協会 (PMAJ) になっている．また1999年にプロジェクトマネジメント学会が設立された．PMAJからは2001年に「プロジェクトマネジメントを基礎にしたプログラムマネジメントの標準知識体系」として P2M (Project & Program Management for Enterprise Innovation) が発表された [2]．P2M は「失われた10年」といわれた1990年代の日本を意識して，これからの日本の活性化にはプロジェクトマネジメントの考え方を植え付ける必要があるという認識から発している．そしてより大きな問題として経営層の意識改革の必要性があった．そのために PMBOK では取り上げていなかったプログララムマネジメントを取り上げた．これまでプロジェクトマネジメントは主としてはシステム開発やプラント建設に適用されていた．P2M ではそれを開発や建設をする前の企画段階や後の運用段階まで拡張している．それがスキームモデル，システムモデル，サービスモデルといわれるものである．[1)]

SLCP については，ISO12207の翻訳が JISX0160 として制定されているが，より重要なものとして，ISO12207 をテイラリングした SLCP-JCF (Japan Common Frame) 94 がある．テイラリングした主な点は ISO12207 では開発プロセスとして一括されていたところを企画プロセス，開発プロセスに分けたことである．ソフトウェアやそれを主体としたシステム開発では，開発すべきものは何かを明確にすることがそれをどのように作るかということと同じように重要である．発注者，受注者間における契約ではより重要である．したがってこの部分を明確に切りだすために，企画プロセスとして独立させたことは妥当である．SLCP-JCF は現在，より進化して SLCP-JCF2007 [11] となり，企画プロセスは企画プロセスと要件定義プロセスに細分化されている．

現在プロジェクトマネジメントに関する認識は非常に高まってきている．資格取得者（PMP，PMS など）も増えている．そして知識体系に代表される標準化も改訂に改訂を重ね，進化してきている．それでは実際に動いているプロジェクトはうまくいっているのであろうか．破綻をきたすプロジェクトは常に存在するし，システム開発のプロジェクトが終了し，運用に供された途端に大トラブルが発生する事例を挙げるのには事欠かない．それは標準化の動きよりも現実の世界の動きの方が早く，ダイナミックだからである．要求納期は短くなり，また要求は複雑になり，より抽象化の度合いを強めているため，要求する人と，それを受けて開発する人との間での共通理解がとりにくくなっている．またシステムと環境との間が，よりオープンになり，インターフェースを明確にすることが困難になってきている．ハッカーによる情報爆撃や情報詐取はその一例である．情報処理に関連したところでも旧来の開発プロセスからアジャイルをはじめとして様々なプロセスが出てきており，それらに対応したマネジメントが要求されているが，その対応はまだできていない．

標準化が現実を先取りしていることは滅多にない．したがって現実のプロジェクトにおいては，標準化されたものをただ理解しているだけで，うまくいくほど甘くはない．また標準化さ

[1)] プログラムマネジメントについては，PMI は 2006 に The Standard for Portfolio Management/The Standard for Program Management を発行している．現在第2版がでている．

れたものは「形式知」[12]である．形式知は複数の関係者のコミュニケーションの基本的ツールとしては重要である．しかし形式知のままでは生きたプロジェクトのマネジメントはできない．生きたプロジェクトをマネジメントするためには形式知を自分の体に吸収した上で，現実のプロジェクトにどのように適用できるかを生身の感覚でイメージすることが肝要である．

　これからのプロジェクトマネジメントの発展のためには標準化の発展と普及，そしてそれらを体得した上で，現場のプロジェクトマネージャが現場をしっかりと見て，それに最適なマネジメントを求める姿勢を保つことであろう．

演習問題

設問1 これまで経験した中で，プロジェクトと思われること，およびその理由を挙げよ．

設問2 歴史上でプロジェクトと考えられる事例，およびその理由を挙げよ．

参考文献

[1] 『プロジェクトマネジメント知識体系ガイド・公式版（PMBOK ガイド第4版）』PMI，2008

[2] 日本プロジェクトマネジメント協会企画：『新版 P2M プロジェクト&プログラムマネジメント標準ガイドブック』日本能率協会マネジメントセンター，2007

[3] 藤枝純教：『大型情報処理体系 ── 実践的システム開発論 ── 』共立出版，1974

[4] 塩野七生：『ローマ人の物語 X──全ての道はローマに通ず』新潮社，2001

[5] 司馬遼太郎：『坂の上の雲』文藝春秋社，1969

[6] Perry E. Rosove：*Developing Computer-Based Information Systems*, John Wiley and Sons. Inc, 1967

[7] F. P. Brooks, Jr,：*THE MYTHCAL MAN-MANTH*, Addison-Wesley Publishing Company, 1975. 邦訳，山内正弥：『ソフトウェア開発の神話』企画センター，1977

[8] Carnegie Mellon SEI：*CMMI for Development,Version1.2*, 2006

[9] Eliyahu M.Goldratt：*CRITICAL CHAIN*, 1997. 邦訳，三本木亮：『クリティカルチェーン──なぜプロジェクトは予定通りに進まないのか』ダイヤモンド社，2003

[10] David Garmus and David Herron：*Function Point Analysis: Measurement Practices for Successful Software Projects*, Addison Wesley, 2001. 邦訳，児玉他：『ファンクションポイントの計測と分析』ピアソン・エデュケーション，2002

[11] （独）情報処理推進機構ソフトウェア・エンジニアリング・センター：『共通フレーム 2007 第2版』オーム社，2009

[12] 野中郁次郎，竹内弘高：『知識創造企業』東洋経済新報社，1996

第2章
プロジェクトマネジメントの定義

□ 学習のポイント

本章ではまず，プロジェクトとは何か？ プロジェクトマネジメントとは何をすることか？ その必要性や目的は？ といった素朴な疑問に答えるべく一般的なプロジェクトの定義と身の回りの身近な例について述べ，さらに本書が目指す実践的なプロジェクトマネジメントに向けたプロジェクトマネジメント全体のフレームワークと本書の各章の関係について解説する．次に現在，世界的に普及が進んでいるPMBOKやP2Mで規定するプロジェクトマネジメントの特徴と本書で解説するプロジェクトマネジメント全体のフレームワークとの相違点や対応関係などについて説明する．

- プロジェクトとは何かについて，身の回りの身近な例から理解する．
- プロジェクトマネジメントの理解に必要なプロダクトとプロセスの概念について理解する．
- 本書で示すプロジェクトマネジメント全体のフレームワークを理解する．
- 本書で示すプロジェクトマネジメント全体のプロセスを理解する．
- 現在，普及しているPMBOKの概要を知る．
- 現在，普及しているP2Mの概要を知る．
- 本書のプロジェクトマネジメントと一般的に普及するプロジェクトマネジメントとの対応関係を示す．

□ キーワード

プロジェクト，マネジメント，リスク，プロダクト，プロセス，PDC，ステークホルダー，プロジェクトマネジメントフレームワーク，母体組織，人的資源，制約，支援基盤，PMBOK，P2M

　世界規模で進展するIT革命によるグローバル化や地球環境問題の深刻化など，人類はかつて経験したことのない困難な状況に直面している．インターネットは時間的，空間的制約を超えて世界規模の個人対個人のコミュニケーションを瞬時にかつ安価に実現し，自律した個人による知識資本主義的かつ省資源エネルギーで成り立つ環境や安全，品質を重視した成熟した社会へと変貌を遂げつつある．一方，国内では少子高齢化による労働力人口の減少が進む中で第3次産業がGDP（Gross Domestic Product）の約7割を占めるまでに増加し，産業のトータルな生産性向上が将来に向けての国家的な課題となっている．

　こうした社会情勢の下で個人や日本の企業が生き残り持続的に発展し幸福な社会を実現していくためには，これまで経験したことのない多くの未知の問題や課題を解決し，新技術・製品・サービスの研究・開発，グローバルな販売戦略による新規市場の開拓，大幅な業務改革による

収益性の改善など，プロジェクト活動による不断のイノベーションに取組むことが必要不可欠である．

プロジェクトマネジメントはこのような未知の課題の解決や新たな価値の創造に向けた諸々の活動を成功させ，人類に持続的で真に幸福な社会をもたらすためのマネジメントである．

2.1 プロジェクトマネジメントの定義

本節ではまず，プロジェクトとは何か？ プロジェクトマネジメントとは何をすることか？ その目的は？ といった素朴な疑問に答えるべくプロジェクトの定義について述べ，さらに本書が目指す実践的なプロジェクトマネジメントに向けたプロジェクト全体のマネジメントフレームワークについて解説する．

2.1.1 プロジェクトの定義

以下は一般的なプロジェクトの定義である．

(1) プロジェクト（英：project）
リスクを伴う未知の課題を限られた経営資源で達成する活動
⇒ 語源としては pro + ject ＝前方（未来）に向かって投げかけること
⇒ 継続的・反復的でなく特定の目標を限られた経営資源（人，物，金，時間）で達成する，有期的・独自的な業務
⇒ リスクを伴わないものはプロジェクトと呼ばない

(2) リスク
ラテン語 ⇒ "闇夜の中を船出する" といった能動的な言葉．
⇒ 勇気のいる新しいことへの情熱的な試み

2.1.2 プロジェクトマネジメントの定義

プロジェクトマネジメントは未知の課題を設定した期間内に限られた入力資源で確実に成功させるための計画と実行のマネジメントである．図 2.1 は企業内プロジェクトの例である．この図に示すように企業は縦軸の部門組織の階層からなるが，プロジェクトは部門組織横断的に設置される横軸の組織である．部門組織とプロジェクト組織の相違点は，部門組織が部門のミッションに特化した専任社員によって構成される定常的な組織であるのに対して，プロジェクト組織は特定の目標を達成するために複数の部門および外部組織から選ばれた専門性を有するメンバーで構成される有期的な組織である点にある．プロジェクトマネジメントはプロジェクトで掲げた目標を達成するだけではなく，同時にプロジェクト活動の効率化も求められる．プロジェクトマネジメントには以下の 2 つがある．

(1) 単一プロジェクトマネジメント
特定の目標を達成するための単一プロジェクトの計画と統制およびプロジェクトを効率的に

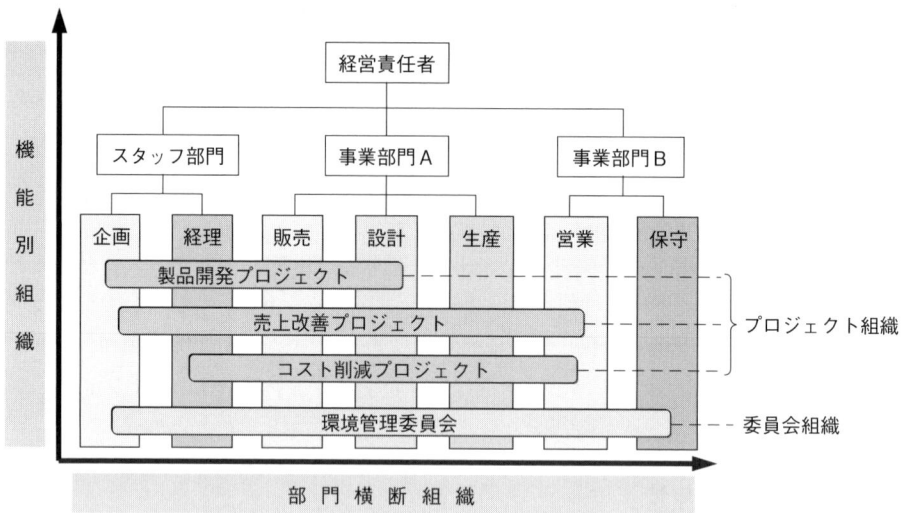

図 2.1 企業（母体組織）内の単一プロジェクト例

実行するためのマネジメントである．

① 計画の立案と計画精度の確保
② プロジェクト計画に基づくプロジェクト遂行過程の統制
③ 進捗管理　⇒ スケジュール計画と進捗実績の差異分析と問題点の是正への対応

(2) プロジェクト横断的な組織的プロジェクトマネジメント（マルチプロジェクトマネジメント）

　母体組織が抱える複数の単一プロジェクト活動全体の最適化を目指した，プロジェクト横断的なマネジメントである．

① 母体組織の経営戦略と整合したプロジェクト戦略の立案
② プロジェクト戦略に基づく単一プロジェクトの統制
③ 単一プロジェクト支援のための組織，制度，支援技術や情報システム基盤の整備
　　プロジェクトのトータルライフサイクルマネジメント

(3) 母体組織の形態

　母体組織には企業だけでなく公共団体，非営利団体なども含む．また，母体組織は部門組織，委員会組織，プロジェクト組織を含む．

① 部門組織
　　⇒ 特定業務機能の遂行を目的とした部門内専任者からなる非有期的な組織
② 委員会組織
　　⇒ 部門組織内だけでは解決できない問題や課題の解決を目的とした複数部門の非専任者からなる部門組織横断的な非有期的組織
③ プロジェクト組織

⇒ 特定の目標達成に向けた複数部門の専任・非専任者からなる有期的な組織

2.1.3 身近なプロジェクトの定義

ここで身の回りのプロジェクトを考えてみる．図 2.2 は人生におけるプロジェクトマネジメントのフレームワークである．

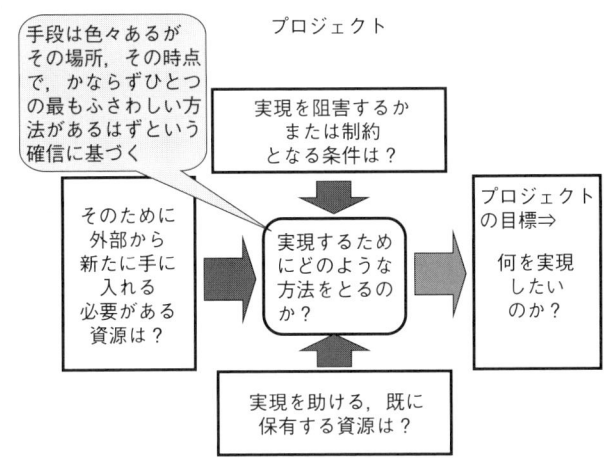

図 2.2 人生におけるプロジェクトマネジメントのフレームワーク

人生では何を実現したいかという目標の達成に向けて，自己が保有する潜在的なスキルや機会，実現を阻害する諸々の制約条件を考慮し，自己に不足したスキルや資格，必要な機会の取得に加えて，最も相応しい実現方法を模索し選択しなければならない．

前述した，プロジェクトの定義に基づくと，人生や学生が日ごろ経験している特定の目標を持ち，入力資源と期間が限られた活動は全てプロジェクトと見なすことができる．

(1) 人生もある意味でプロジェクト ⇒ 諸君の目標は？

人生は平均寿命が 80 年程度であり，生きている間に何らかの価値を生むことができるかどうかを考えると，やはりプロジェクトと言える．もちろん投入できる時間や物理的な健康などの資源は限られている．

(2) 大学生活もある意味ではプロジェクト ⇒ 大学生活の目標は？

大学生活も卒業までの期間は 4 年程度であり，この学生時代に何らかの価値を生む活動や卒業後の進路に向けて有効な成果を生むことができるかと考えると，やはり，プロジェクトと言える．

(3) 大学祭やイベントもプロジェクト

(4) 就職活動もある意味でプロジェクト

2.1.4 プロジェクトマネジメントの概念

図2.3にプロジェクト活動の最もシンプルな概念を示す．

プロジェクト活動はおおざっぱに言うと，何らかのプロダクト（入力資源）を何らかのプロダクト（成果）に変換するプロセスである．（本書では入力資源やプロジェクトの成果をプロダクト，入力を出力に変換する手順をプロセスと呼ぶ．）

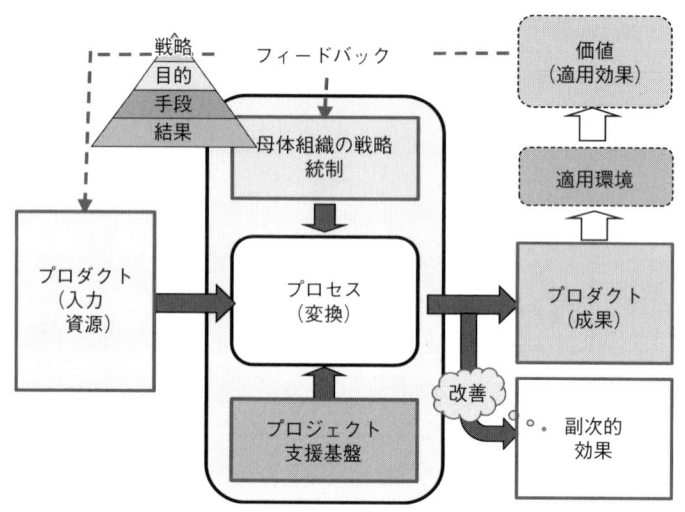

図 2.3　プロジェクトの入出力プロダクトとプロセスの概念

プロジェクトマネジメントはプロジェクト活動を成功させると共に，効率的に進めるためのマネジメントであり，有限な入力資源から目標とする成果（価値）を生み出すために，プロジェクトに関するあらゆる活動プロセスをコントロールする必要がある．

さらに，プロジェクト活動はプロジェクト組織を取り巻く特定の環境の中で，入力資源（経営資源）を使って行われ，その結果として目標とする成果を生むが，その副次的な効果として人材の育成や組織風土の改善，その他の諸々の改善効果など，プロジェクトで掲げた目標以外の効果も生み出す．改善は諸々の入力資源や成果およびプロジェクトマネジメントプロセスを対象とした広い意味を含んでいる．

またプロジェクトの成果が当初，目標とした価値を生むためには，プロジェクトの成果を特定の環境に適用した時の利用や継続的な維持・運営に関する技術がきわめて重要である．

(1) プロダクトとプロセス

図2.4のPDCサイクルの概念に示すようにプロジェクトに限らず世の中のあらゆる活動はプロダクト ⇒ プロセス ⇒ プロダクト ⇒ プロセス ⇒ プロダクトの繰り返しで成り立っている．

またマネジメントは計画（Plan）⇒ 実行（Do）⇒ 評価（Check）と言うPDCサイクルを回すことで実現できる．ここで全てのプロセスの前工程のプロセスの出力が後工程のプロセスの入力になり，前工程のプロセスの出力結果の品質，すなわち，自プロセスの入力品質の影響

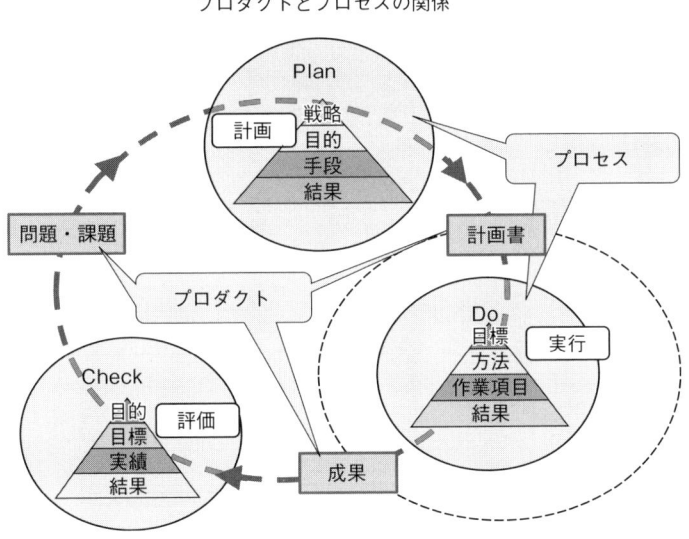

図 2.4 PDC[1]サイクルの概念

を受ける．したがってプロジェクトマネジメントにおいて計画や実行のマネジメントは，それぞれ単独では存在できず，前工程のプロセスのマネジメント品質に依存している．

2.2 プロジェクトマネジメント全体のフレームワーク

図 2.3 に示したように本書では，プロジェクトマネジメント全体のフレームワーク [4] をプロジェクト活動の入力と出力，プロジェクト活動の制約と支援基盤，プロジェクトの入力を出力に変換するプロセスで示す．図 2.5 が本書で示すプロジェクトマネジメントの入力資源，出力，各マネジメントプロセスをさらに具体化し体系化したものである．

本書ではプロジェクトマネジメントで実際に何をする必要があるかの全容やプロジェクトマネジメントの本質が初心者でも理解できるように，実践的なマネジメントを目指している．

したがって現在，普及している PMBOK などのマネジメント手法の解説ではなく，図 2.5 で示すプロジェクトマネジメント全体のフレームワークに基づいて章立てを構成し，各章ごとにプロジェクトマネジメントのエッセンスについて解説を行う．

さらに，このプロジェクトマネジメントフレームワークと一般的なプロジェクトマネジメント技術との対応関係を示す．

プロジェクトの入力は母体組織の外部環境で発生した諸々のステークホルダーからのプロジェクトに対する要求や，プロジェクトのために新たに外部から取得する人的資源および資材，設備などの入力資源である．さらに出力はプロジェクト活動の成果である．次にプロジェクト活動の制約は第一にプロジェクトに対する要求に基づいてステークホルダーと合意したプロジェクトの目標や期限，予算など，第二にプロジェクトを抱える母体組織の経営戦略や保有する諸々

---

[1] 一般的に PDCA サイクルと呼ばれるが，Action の前にも必ず Plan が必要なため本書では PDC サイクルとしている．

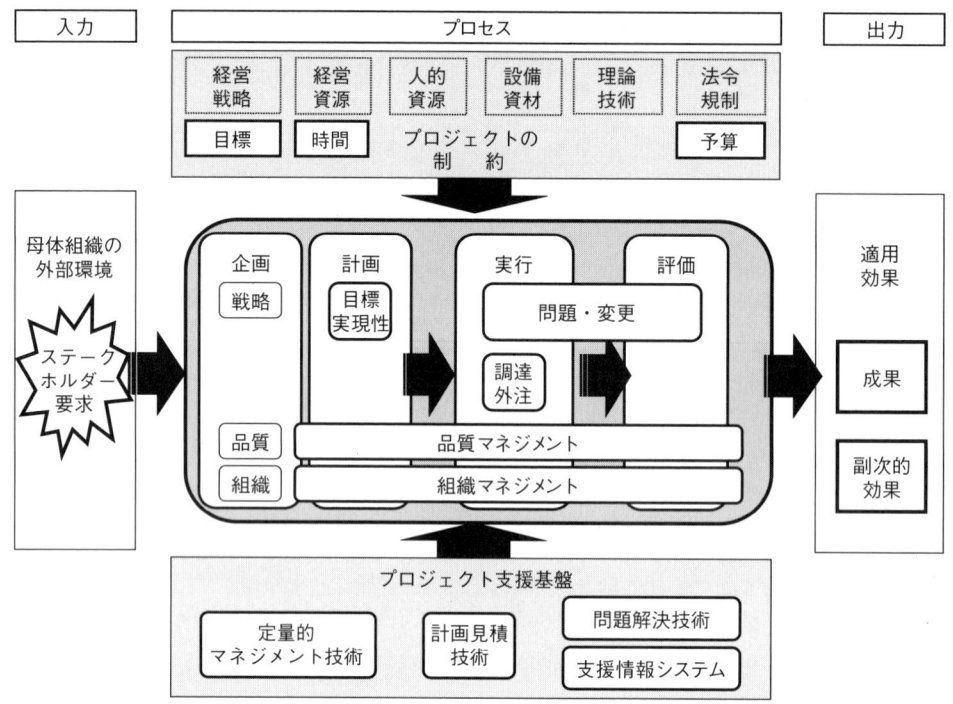

図 2.5 組織的プロジェクトマネジメント全体のフレームワーク

の経営資源，人材や設備環境，プロジェクトマネジメントを支援するマネジメント技術の限界，第三に母体組織を取り巻く外部環境の法令や規制，国際標準，商習慣や経営環境などを含む．

プロジェクトの支援基盤は母体組織が既に保有する諸々の経営資源や支援情報システム，プロジェクトで利用可能な一般的に普及した諸々のマネジメント技術などである．

本書では，このような視点からプロジェクトを成功に導くために必要なプロジェクトマネジメントのエッセンスに絞って解説する．

2.2.1 プロジェクトの入力

図2.5に示すように，プロジェクト活動のために外部から新たに取り入れる必要がある入力資源であり①「ステークホルダーからの要求」，プロジェクト目標の達成に必要な②「人的資源」，③「設備」，④「資材」，⑤「工学・技術」などである．

(1) ステークホルダーの要求

ステークホルダーからの要求の把握はプロジェクト活動の必要性を決定付ける根拠であり，プロジェクト戦略や計画を決定するために最も重要である．

要求はステークホルダーがプロジェクトに期待する成果およびプロジェクトの期限や投資額などである．要求にはステークホルダーが明確に意識している合意済みの「明示された要求」とステークホルダーが要求しない漠然とした，必ずしも明確に意識していないが必要な「暗黙の要求」，ステークホルダーもプロジェクト側も意識していない「想定外の要求」がある．

またステークホルダーからの要求は要求定義プロセスを通して把握し，適切に定義して，プロジェクトの企画書や計画書の目標に織り込む必要がある．

(2) 人的資源

人的資源はプロジェクト活動の主体である．プロジェクト活動の品質向上と効率化は人的資源の質と量に大きく依存する．人的資源は「意志を持って価値を生むことができる唯一の存在」であり要員および複数の要員から構成される組織である．また，組織は「何らかの存在理念，目的に基づき形成された要員の集合」である．

プロジェクトマネジメントのあらゆるプロセスで，そのプロセスに適合した能力や専門性を持つ人的資源が求められる．プロジェクト活動の必要な時期に必要なだけ投入する必要があり，組織外部からの調達も含めて，プロジェクト計画に基づく計画的な人的資源の調達と管理や育成が必要である．(第5章，プロジェクトの人と組織マネジメントおよび第9章，プロジェクト実行マネジメントを参照．)

2.2.2 プロジェクトの出力

図2.3および図2.5に示すようにプロジェクト活動の直接的な成果としての①「達成されたプロジェクト計画書の目標」およびプロジェクト活動で育成された要員や組織風土の改善など，活動に伴って得られた「プロジェクト計画書の目標以外」の副次的な効果などがある．

(1) プロジェクトの成果

プロジェクトで達成すべき目標であり，目指すべき成果である．成果は「価値が世の中に受け入れられて便益が得られるプロダクト」である．成果はステークホルダーの要求に応じて，内容の質と量が異なる．成果にはプロジェクト活動の結果，得られる直接的な成果と図2.3に示すように，適用環境に成果を適用した結果得られる価値（適用効果）があり，直接的な成果の例としては①プロジェクトで導入した情報システム，②開発した新製品，適用効果の例として①情報システムの利用によって改善された生産性や業務効率，②開発した新製品の市場への投入によって得られたシェアや売上げの拡大，収益の改善などがある．また，成果の適用環境には母体組織内の特定部門や母体組織外の市場や業界，消費者などのステークホルダーがある．(第4章，プロジェクト品質マネジメントで説明する．)

(2) 副次的な効果

副次的な効果にはプロダクトとプロセスに関係するものがあり，プロジェクトの成果の品質およびプロセスの効率をどれだけ向上させたかなどである．(第4章，プロジェクト品質マネジメントで解説する．)

ここでプロセスの効率（良し悪し）は，プロセスだけを測っても判断できない．プロセスの効率は下式で示され，プロジェクトの開始前と完了後のプロセスを比較するだけではなく，本質的にはプロセスの入力資源の質・量に対して出力の質・量がどれだけ得られたかの割合を評価する必要がある．

$$プロセスの効率 = 出力結果の質・量／入力資源の質・量$$

2.2.3 プロジェクトの制約

図 2.5 に示すように，プロジェクトの制約は，プロジェクトを実施する母体組織の ①「経営戦略」，保有する ②「経営資源」，③「人的資源」，④「設備や資材」，⑤「理論や技術」，母体組織外部から課された ⑥「法令や規制」ならびにステークホルダーの要求から導かれ，プロジェクト計画書に設定される目標や制約，期限，予算などである．

(1) 母体組織の経営戦略

母体組織の経営戦略と単一プロジェクトには密接不可分の関係がある．単一プロジェクト立上げの前提として，母体組織のプロジェクト戦略を立案する必要がある．プロジェクト戦略は母体組織の経営戦略の下位に位置づけられ，その制約を受ける．

(2) 母体組織が保有する経営資源

単一プロジェクトは母体組織が保有する経営資源の制約を受ける．例えば企業が保有する人的資源はプロジェクト活動の成否に大きな影響を及ぼし，人的資源や設備の不足はプロジェクト成功の大きな制約となる．

(3) 母体組織が保有する技術

単一プロジェクトは母体組織が保有するマネジメント技術の制約を受ける．例えば企業が保有する諸々のプロジェクト支援のためのマネジメント標準や管理様式，管理ルールや標準的な手順に関するマネジメント支援技術の限界などは，プロジェクト活動の成否に大きな影響を及ぼし，その不足は単一プロジェクトの成功に向けた大きな制約となる．

(4) 法令・規制

法令・規制は，プロジェクト活動が順守すべきステークホルダーからの要求事項や母体組織外部の法律や規制，商習慣，製品規格，国際標準，および母体組織内で制定された社内規定，ルールなどで，プロジェクト活動を統制するために適用される．遵守すべき法令や規則は単一プロジェクトのマネジメントプロセスで異なり，企画，計画段階では環境関連法規や製造物責任法，実行段階では労働安全衛生法や労働基準法，プロジェクトに適用する ISO9000 などがあり，プロジェクトに課される法律や規則，規格などの制約を充分に認識し，法令違反のリスクを最少にする必要がある．

2.2.4 プロジェクトの支援基盤

図 2.5 に示すように，プロジェクト活動の実行を支援する，母体組織が保有する支援基盤であり ①「経営資源」，②「人的資源」，③「設備や資材」，④「定量的マネジメント技術」，⑤「計画見積技術」，⑥「問題解決」などの技術，⑦「プロジェクト支援情報システム」などである．

(1) 母体組織が保有する経営資源

単一プロジェクトは，その母体組織が保有する経営資源の影響を受ける．例えば企業が保有する人的資源はプロジェクト活動の成否に大きな影響を及ぼし，人的資源や設備の基盤はプロ

ジェクト活動の大きな支援要因となる．

(2) 母体組織が保有する技術

　理論や技術はプロジェクト活動の品質向上や効率化を目的として活用される．
　プロジェクトを成功させるためには，プロジェクトマネジメントのための技術が必要である．
　例えば企業が保有するプロジェクト支援のための「定量的マネジメント技術」，「計画見積技術」，「問題解決技術」などの有無はプロジェクトの成否に大きな影響を及ぼし，その保有と充実はプロジェクト活動の大きな支援要因となる．支援技術は適用するプロジェクトマネジメントのプロセスによっても異なるため，プロジェクトの企画段階から必要なものを特定し準備あるいは導入する必要がある．

① 計画見積技術

　プロジェクト支援基盤に含まれる計画の見積技術，予算マネジメント手法，適用の要点を示す．
　単一プロジェクトで発生するコストを対象とし，コストの見積，目標を明確化し，実際に発生したコストと目標値の差異を分析することによりコストの適正化，継続的な改善を進める．（詳細は第 7 章，プロジェクトの計画見積技術を参照．）

② 定量的マネジメント技術

　プロジェクト支援基盤に含まれるプロジェクトの定量的なマネジメント技術，適用の要点を示す．（詳細は第 13 章，プロジェクトの定量的マネジメントを参照．）

③ 問題解決技術

　プロジェクト活動のプロダクトとプロセスの品質を確保し改善するために必要な問題解決のための技術である．（詳細は第 14 章，プロジェクトの問題解決技術を参照．）

(3) プロジェクト支援情報システム

　プロジェクトの計画立案，進捗管理，品質管理，要員管理，問題管理や変更管理を支援するための情報システム基盤である．
　プロジェクト活動の品質向上や効率化に向けたマネジメントを支援する目的で導入される．
　情報は無形資産としての属性を持ち，その生成段階でデータ，情報，知識，知恵，ノウハウの区別がある．提供する情報は支援対象となるマネジメントプロセスによって異なるため，支援情報システムはプロジェクトマネジメントを支援する情報を必要なタイミングで収集・管理し，マネジメントに必要な情報をタイムリーに提供する必要がある．ノウフーは「要員に蓄積された知識情報」であり，人的資源を媒体とする情報システムの一種と見なすこともできる．プロジェクト計画や進捗管理の支援を目的とした市販のスケジュール管理ツールなどもある．
　情報システム基盤を利用して，プロジェクト活動の支援に必要な情報の収集・蓄積，管理と個々のプロジェクトマネジメントプロセスで必要なタイミングで利用できるようにするための情報管理基盤システムの導入と維持・管理も行う．また組織の持続的発展を支えるプロジェクトマネジメントを実現していくために，プロジェクト活動のあらゆる場面で発生した情報を可視化し，計画と実績の差異分析を行うことによって PDC サイクルを回し，継続的なプロジェ

クトの成果の品質向上とプロジェクトプロセスの効率改善を進める．

2.3 プロジェクトマネジメントのプロセス

　ここでは単一プロジェクトマネジメントの説明に先だって，プロジェクトマネジメント全体のプロセスの流れについて説明する．図 2.6 は情報システム導入プロジェクトにおける受注から納品までの流れを図 2.5 のプロジェクトマネジメント全体のフレームワークで示した単一プロジェクトマネジメントプロセスに対応付けたものである．プロジェクトマネジメントではプロジェクトの企画，計画，実行，評価を経て，適用環境における価値（適用効果）の評価，是正，恒久対策の策定，次期プロジェクト活動へのフィードバックによる PDC サイクルを回すと共に，単一プロジェクトマネジメントの個々のプロセスの中でも PDC を回して初期のプロジェクト目標を達成すると同時に諸々の改善を進めていく必要がある．

　図 2.6 に示すようにプロジェクトマネジメントの基本プロセスは図 2.4 に示す PDC サイクルに基づいている．⇒ PDC は Plan（計画），Do（実行），Check（評価）の略語である．いかなる活動プロセスにおいても，まず初めに計画し，次に計画に基づき実行し，さらに，その結果を評価する必要がある．プロジェクトマネジメントの全体および各単一プロジェクトのマネジメントプロセスで PDC サイクルが回り，適正な管理が行われているか否かを把握するために，PDC のそれぞれのプロセスで QCD（5W3H は改善を含む）の可視化を行い，この視点からプロジェクト実行の成果（プロダクト）を計画と照合し，一致するか否かを評価し，その良し悪しを判定する．

　もし評価の結果，なんらかの問題点や課題が発見された場合には，その問題や課題を解決す

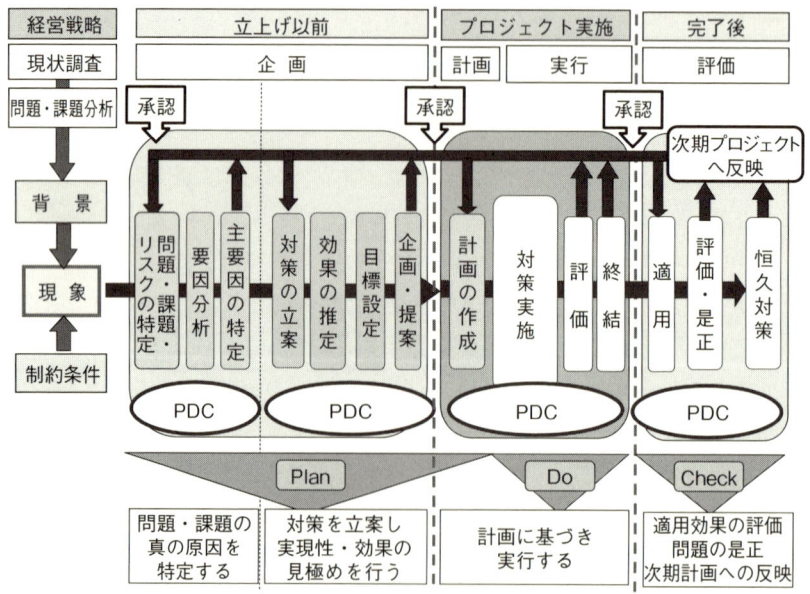

図 2.6　プロジェクトのトータルライフサイクルプロセス

るための是正を行う．PDC サイクルは改善活動の基本であり，第 4 章，プロジェクト品質マネジメントで詳しく説明する．

2.4 母体組織のマネジメント

単一プロジェクトを成功に導くためには，プロジェクト計画の妥当性，プロジェクト計画で設定した目標を達成するためのプロジェクト実行マネジメントの強化が必要である．母体組織が安定的かつ継続的に複数の母体組織が抱える単一プロジェクトを成功させるためには，組織の経営戦略と整合したプロジェクト戦略，複数の単一プロジェクトの組織横断的な統制と支援が重要である．

2.4.1 プロジェクト戦略マネジメント

⇒プロジェクト活動の価値と成否を決定付けるプロジェクト戦略と母体組織の経営戦略との関係およびプロジェクト戦略マネジメントとはなにか？　について解説する．

組織の持続的な発展にとって，母体組織は，その外部の社会動向に配慮し，組織の中長期経営戦略を算定するとともに，この戦略と整合性を取りながらプロジェクト活動全体を戦略的に進める必要がある．（詳細は第 3 章，プロジェクト戦略マネジメントを参照．）

2.4.2 プロジェクト品質マネジメント

プロジェクト活動の成否に関わる広義の品質マネジメントについて，その本質的な意味と管理の重要性を示す．プロジェクト品質マネジメントは「ステークホルダーの要求を満たす成果およびプロジェクト活動プロセスの良し悪し」であり，品質マネジメントは「諸々のステークホルダーの要求を満たすために成果の品質およびプロジェクト活動プロセスの品質（効率）をコントロールすること」である．品質マネジメントではプロジェクト活動の直接的な出力および副次的な効果の品質を確保し改善を進める．また品質マネジメントでは図 2.5 に示す成果の品質に影響を及ぼすプロジェクトの入力資源，プロジェクト支援基盤の品質向上，関連する個々のプロジェクトマネジメントプロセスの効率改善を進める．（詳細は第 4 章，プロジェクト品質マネジメントを参照．）

2.4.3 プロジェクトの人と組織のマネジメント

プロジェクト活動の成否に関わる人的資源のマネジメントについて，その要点とマネジメントの重要性を示す．プロジェクトの人と組織のマネジメントは「プロジェクトの成果の品質を決定した納期と費用で達成できるようにプロジェクトに必要な人的資源の確保を計画し，プロジェクト活動に配置して，プロジェクト活動のプロセスを統制すること」である．母体組織の経営戦略・経営目標の達成とプロジェクトマネジメント全体の目標達成の根幹にかかわるもので，組織や要員が生みだす付加価値の最大化，組織風土のたゆまない向上を図ることである．（詳細は第 5 章，プロジェクトの人と組織のマネジメントおよび第 9 章，プロジェクト実行マネジメント，第 11 章，プロジェクトの調達・外注マネジメントを参照）

2.4.4 プロジェクトの組織的マネジメント

単一プロジェクトを成功させるためには，プロジェクトの企画・計画の妥当性，プロジェクト計画で設定した目標を達成するためのプロジェクト実行マネジメントが重要である．また，母体組織が複数の単一プロジェクトを安定的かつ継続的に，取りこぼし無く成功させるためには母体組織の経営戦略と整合したプロジェクト戦略，複数の単一プロジェクト横断的な組織的統制と支援が重要である．

図 2.5 のプロジェクトマネジメント全体のフレームワークに示す単一プロジェクト横断的なマネジメントとして，プロジェクト活動全般の成否に影響を及ぼす ①「戦略マネジメント」，②「品質マネジメント」，③「人と組織のマネジメント」および単一プロジェクトの計画—実行—評価の支援基盤に含まれる「定量的マネジメント技術」や「計画見積技術」，「問題解決技術」などのマネジメント強化に向けた ④ プロジェクト横断的な組織の統制と支援基盤の要点を解説する．（詳細は第 12 章，プロジェクトの組織的マネジメントを参照．）

2.5 単一プロジェクトマネジメント

本節では図 2.5 のプロジェクトマネジメント全体のフレームワークに基づき，まず始めに単一プロジェクトの計画—実行—評価のマネジメントに含まれる ①「計画マネジメント」，②「目標と実現性マネジメント」，③「実行マネジメント」，④「問題マネジメント」，⑤「調達・外注マネジメント」などの概要を解説する．

2.5.1 プロジェクト計画マネジメント

単一プロジェクト活動の成否を決定付ける計画策定のマネジメントでは，5W3H の視点からプロジェクト活動の計画を策定する必要がある．ステークホルダーの要求を満たすための成果を決定した予算と合意した納期までにステークホルダーに提供できるように，新たに必要な外部からの要員や資材の調達計画やプロジェクト実行計画を立案し，必要な要員の負荷などを可視化する．（詳細は第 6 章，プロジェクト計画マネジメントを参照．）

2.5.2 プロジェクトの目標と実現性マネジメント

単一プロジェクト計画の策定で，最も重要な目標設定のマネジメントである．

プロジェクトの目標は「ステークホルダーの要求を満たすための成果を定義し，実現するための手段を可視化すること」であり，目標マネジメントは「要求を満たすための成果を決定した納期と費用で達成できるように目標の精度と品質を確保すること」である．（詳細は第 8 章，プロジェクトの目標と実現性マネジメントを参照．）

2.5.3 プロジェクト実行マネジメント

単一プロジェクトの実行段階における人，物，金，情報などの QCD (Quality, Cost, Delibaly) やコミュニケーションなどのマネジメントである．プロジェクト計画に基づきプロジェクトを

実行する過程のマネジメントであり進捗管理およびプロジェクト実行段階で発生する諸々の問題や課題への対応，「想定外の要求」の顕在化による変更管理，プロジェクト活動に必要な外部からの要員や資材などの資源の調達および外注などのマネジメントである．（詳細は第9章，プロジェクト実行マネジメントを参照.）

2.5.4 プロジェクト問題マネジメント

プロジェクトの実行段階で発生する諸々の問題・課題およびリスクへの対応，変更管理などへの対応である．

プロジェクト実行段階で発生したプロジェクト計画の達成を阻害する諸々の問題およびプロジェクトの企画や計画段階では気づかなかった「想定外の要求」の顕在化による要求の追加・変更への対応マネジメントである．単一プロジェクトの諸々の制約条件や保有する支援基盤に基づき実現可能な対応が必要である．問題管理や変更管理では関係者による情報の共有と確実な対応が求められ，プロジェクト支援基盤に含まれる定量的マネジメント技術，計画見積技術，問題解決技術，支援情報システムなどの整備が重要である．（詳細は第10章，プロジェクトの問題マネジメントを参照.）

2.5.5 プロジェクト調達・外注マネジメント

プロジェクト計画段階の調達および実行段階の外注管理の要点を示す．

プロジェクトにおける調達は「プロジェクト計画で設定された目標を達成するために必要な人的資源や資材を組織の外部から新たに調達する行為」であり，プロジェクト調達マネジメントは「プロジェクト計画で設定された目標を取り決めた納期と費用達成できるように入力資源調達の品質，納期，費用をマネジメントすること」である．（詳細は第11章，プロジェクト調達・外注マネジメントを参照.）

2.6　世の中で普及しているプロジェクトマネジメント技術

近年，プロジェクトマネジメントの重要性が高まり，PMBOKとP2Mと言う二つのプロジェクトマネジメント技術が普及している．そこで本節では，これらのプロジェクトマネジメント技術の概要について解説すると共に，本書で示すプロジェクトマネジメント全体のフレームワークとの関係について説明する．

2.6.1　PMBOK (Project Management Body of Knowledge) の概要

PMBOKは米国のPMIが策定したプロジェクトマネジメント技術の知識体系であり，現在，世界中で普及している．

主に「単一プロジェクトマネジメント」を対象とし，図2.7に示す5つのプロジェクトマネジメントプロセス群と，図2.8に示す9つのマネジメント領域でプロジェクトマネジメントを定義している．

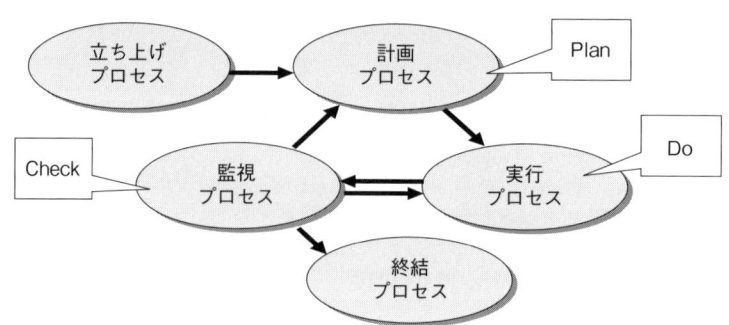

図 2.7　PMBOK の 5 つのマネジメントプロセス群

⇒　PMI (Project Management Institute)
プロジェクトマネジメント協会　⇒ アメリカのプロジェクトマネジメント技術に関する非営利団体で PMBOK に基づく資格認定試験を行っている．

(1) プロジェクトマネジメントの定義
　以下は PMBOK におけるプロジェクトマネジメントの定義である．プロジェクトマネジメントを「独自の成果物またはサービスを創出するための有期活動」と定義している．

(2) 5 つのマネジメントプロセス
　図 2.7 は PMBOK のプロジェクト総合マネジメントに含まれる 5 つのプロジェクトマネジメントプロセス群である．
① 立ち上げプロセス群 ⇒ プロジェクトの定義と承認 ⇒ プロジェクト辞令の発令 ⇒ プロジェクト憲章の作成とプロジェクトのスコープ，記述書暫定版の作成などを行う
② 計画プロセス群 ⇒ プロジェクト計画書を作成する
③ 実行プロセス群 ⇒ プロジェクト実行の指揮・管理 ⇒ プロジェクト計画書に従って実行する
④ 監視コントロールプロセス群 ⇒ プロジェクトの監視コントロールと統合変更管理 ⇒ プロジェクトの実行の監視 ⇒ 問題，原因の究明と対策などを行う
⑤ 終結プロセス群 ⇒ プロジェクトの成果の受け入れで終了 ⇒ プロジェクト完了宣言 ⇒ プロジェクトの成果物のプロジェクトオーナーによる正式承認によってプロジェクトの終結を行う

(3) 9 つのマネジメント領域
　図 2.8 は PMBOK のマネジメント領域の概要である ① 総合，② スコープ，③ タイム，④ コスト，⑤ 品質，⑥ 人的資源，⑦ コミュニケーション，⑧ リスク，⑨ 調達の 9 つのマネジメント領域で，プロジェクトマネジメントに必要な知識を記述している．

① プロジェクト統合マネジメント ⇒ プロジェクトマネジメント全体の管理
② プロジェクトスコープマネジメント ⇒ プロジェクトの対象，実施範囲の管理
③ タイムマネジメント ⇒ プロジェクトの時間管理，スケジュールの管理
④ コストマネジメント ⇒ プロジェクトの予算面の管理

■品質マネジメント(TQM)	■スコープマネジメント	■タイムマネジメント
・品質計画 ・品質保証 ・品質管理 ⇒ISO10006で補完	・スコープ計画 ・スコープ定義 ・WBS作成 ・スコープ検証 ・スコープコントロール	・アクティビティ定義 ・アクティビティ順序設定 ・アクティビティ資源見積 ・アクティビティ所要期間見積 ・スケジュール作成 ・スケジュールコントロール
■リスクマネジメント	■統合マネジメント	■人的資源マネジメント
・リスクマネジメント計画 ・リスク識別 ・定性的リスク分析 ・定量的リスク分析 ・リスク対応計画 ・リスクの監視・コントロール	・プロジェクト憲章作成 ・プロジェクト・スコープ記述書の作成 ・プロジェクトマネジメント計画書作成 ・プロジェクト実行の指揮・マネジメント ・プロジェクト作業の監視コントロール ・総合変更管理 ・プロジェクトの終結	・人的資源計画 ・プロジェクトチーム編成 ・プロジェクトチーム育成 ・プロジェクトチームマネジメント
■コストマネジメント	■コミュニケーションマネジメント	■調達マネジメント
・コスト見積 ・コストの予算化 ・コストコントロール	・コミュニケーション計画 ・情報配布 ・実績報告 ・ステークホルダー・マネジメント	・購入・取得計画 ・契約計画 ・納入者回答依頼 ・納入者選考 ・契約管理 ・契約締結

図 2.8 PMBOK の概要 [8]

⑤ 品質マネジメント ⇒ プロジェクトの品質管理
⑥ 人的資源マネジメント ⇒ プロジェクトの要員管理
⑦ プロジェクトコミュニケーションマネジメント
⑧ プロジェクトリスクマネジメント ⇒ プロジェクト活動にともなうリスクの管理
⑨ プロジェクト調達マネジメント
　　⇒ プロジェクトに必要な外部資源の調達に関する管理

2.6.2 P2M の概要

　わが国は"ものづくり"で繁栄を謳歌してきたが，1990 年代に入り工業化社会から知識・情報化社会への転換の流れに乗り遅れて急速に国際競争力を失ってきた．その要因の一つとして，個々の専門分野の人材に比べ知識・情報化社会に求められる専門分野横断的に価値を見出せる総合型人材が少ないという問題の指摘もあり，プロジェクトマネジメント（PM）の分野における実践型人材の再活性化が重要となってきた．そのような背景から平成 13 年度に日本の実務風土を反映させた日本発の「プロジェクト＆プログラムマネジメント知識体系（P2M）」が経済産業省（当時の通産省）主導のもとに構築された．
⇒ 複雑化，複合化した課題を複数の課題（プロジェクト）に分割・統合して，全体の最適化を図るプログラムマネジメント手法を世界に先駆けて開発し，企業価値向上の戦略的な「仕組みづくり」に活用することが期待されている．P2M は実務家がその有効性や妥当性を認めたマネジメント科学，システム科学，情報科学，人間科学に基づき内容が実践形式で整理されている．
⇒ 実践力の形成には体系的知識，実践経験，職業的倫理を含む姿勢・資質の 3 つの要件を満た

すことが不可欠との認識に基づき，使命達成型職業人は学習と実践により能力向上に努める責務がある．

(1) 開発の歴史
- 第1世代 ⇒「目的を明確にして確実に成果物を獲得する」知識体系が基本思想であった．
- 第2世代 ⇒ プロジェクト業務の進め方や手順などの「プロセスを重視し，合理的に進めて効率や効果，応用性を高め内部競争力もつける」という知識体系として展開．
- 第3世代

基本思想は複雑な現象を見抜き，現状打破のために，使命を読み解き達成可能なプロジェクトへと道すじをつけることである．先人が構築したプロジェクトマネジメントの知識を基盤として「使命に従った問題解決により具体的なサービス価値を獲得する」という構想から解決までの領域に拡大した．

(2) P2Mの目指す使命達成型職業人

P2Mは「実践力形成」(Capability Building Baseline = CBB) を目的とした使命達成型職業人による価値創造を目指している．
⇒ 広い範囲で利害を調整し「受容性」を向上する価値活動を進めることができる．
⇒ 部分的な問題ではなく，複合的な問題の解決を図ることにより満足度を提供する専門家．
⇒ 曖昧で深い意味をもつ要求を具体的なテーマとして明確化し，価値創造に結実させる専門家．
⇒ 複合的な問題を関係性の問題としてとらえ，複雑で不確実な関係を取り扱う専門家．
- 実践力
⇒ 全体使命 (Holistic Mission) を達成するために外部環境の変化に対応しながら柔軟に組織の遂行能力を適応させる実践力であり，プロジェクト間の関係性や結合を最適化し，全体価値を高め使命を達成する統合活動能力である．

(3) プロジェクトの定義

特定の使命を受けて，始まりと終わりのある特定期間に資源，状況などの特定の制約条件のもとで達成を目指す将来に向けた価値創造事業．

(4) プログラムの定義

P2Mでは全体使命を実現する複数の単一プロジェクトが有機的に結合された事業として「プログラム (program)」の概念が定義されている．プログラムの基本属性として ⇒ オーナーから全体使命として提起される事業概念や要求がプログラムを構成する複数の単一プロジェクトに反映されている．複合的な問題解決を前提とした要求には，色々な発想 (concept) が多様に絡み合い問題解決のロードマップを示唆した豊かな内容と文脈 (context) を含む．
⇒ 多義性 (Multiplicity of Context) には政治的，経済的，社会的，技術的，倫理的など，いろいろな要素が総合されており，プログラムはこれらの要素の組み合わせにより規模，領域，構造の拡張性 (scalability) をもつ．

(5) プロジェクトマネジメントの体系

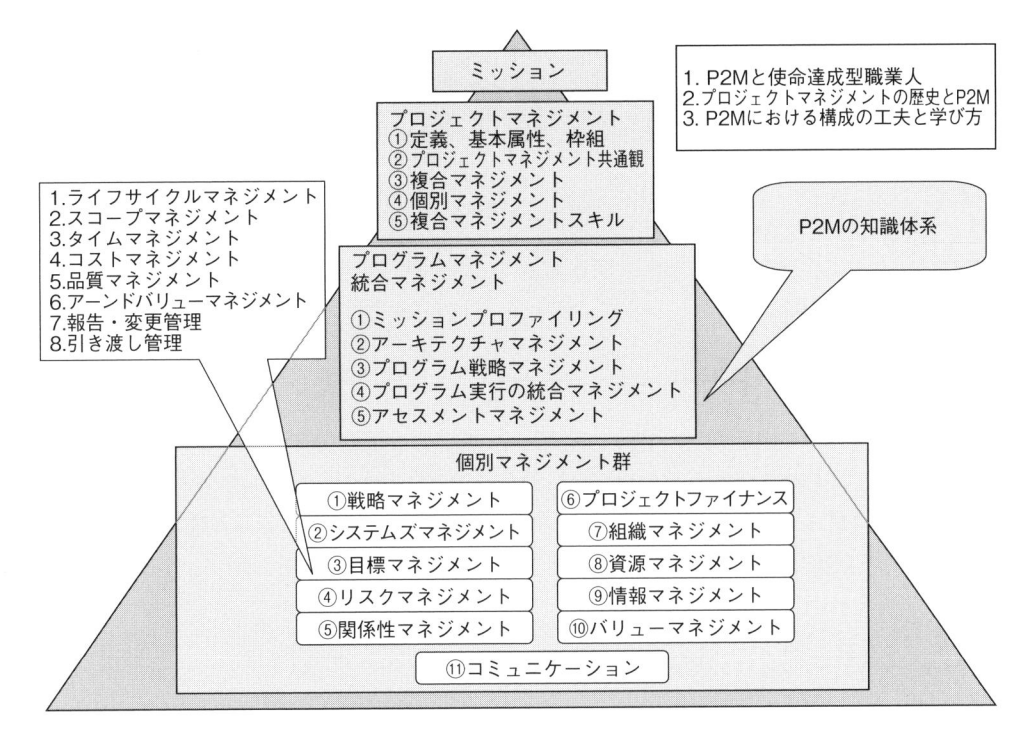

図 2.9 P2M のプロジェクトマネジメントの概要
（出典『新版 P2M プロジェクト&プログラムマネジメント標準ガイドブック』，日本プロジェクトマネジメント協会）

図 2.9 は P2M のプロジェクトマネジメント体系の概要を示す．以下は P2M のプロジェクトマネジメント概要である．

① 戦略マネジメント

企業（公共団体，非営利団体を含む）の経営戦略と単一プロジェクトの関係を明確化し，プロジェクト活動を企業の価値創造に効果的に組み込むマネジメントである．

② プロジェクトシステムズマネジメント

システム概念に基づく問題解決型のアプローチであり，全体の枠組みを明らかにしたうえで物事や対象をシステム（秩序をもつ諸要素の集合体）としてとらえ，その構成要素と要素間の関係を明らかにし，要素の細部を具体的に考察する．

③ 目標マネジメント

プロジェクト目標マネジメントは i) ライフサイクルマネジメント (When), ii) スコープマネジメント (What), iii) タイムマネジメント (When), iv) コストマネジメント (How much), v) アーンドバリューマネジメント (When), vi) 品質マネジメント (What), vii) 報告・変更管理 (How To), viii) 引き渡し管理 (How To) などのマネジメントプロセスを含む．

④ プロジェクトリスクマネジメント

⑤ 関係性マネジメント

プロジェクトに関与するステークホルダー間の関係のあり方を定め，良好な状態に維持し，プロジェクトを成功に導く一連の管理活動であり，「設計」⇒「維持」⇒「再構築」の3つのプロセスを定義している．

⑥ ファイナンスマネジメント

プロジェクトに必要な予算について記述する．

⑦ 組織マネジメント

プロジェクト活動に必要な人と組織のマネジメントを記述する．

⑧ 資源マネジメント

プロジェクトに必要な資源を明確化し，資源を適切な時期に投入して初めてプロジェクトは成功する．プロジェクトの入力資源として「物的資源」，「基盤資源」，「人的資源」，「知的資源」，「情報資源」，「金融資源」の6つを記述している．

⑨ 情報マネジメント

プロジェクトを成功させるためには情報・通信技術の適切な活用が不可欠である．プロジェクトを効率的に行うことは当然として，自らの組織だけでなく世の中に存在する技術・知識・ノウハウをできるだけ多く取り入れ迅速かつ的確な意思決定を行うマネジメントを記述している．

⑩ バリューマネジメント

⇒ 企業の定型的な活動やプロジェクト活動において派生する知識・経験などを価値の源泉として蓄え，プロジェクト（すなわち新たな価値の創造）にフィードバックする価値循環のプロセスである．「価値の認識」，「価値の評価」，「価値の創造と提供」，「価値の実現と獲得」，「価値の源泉」，「環境」という6段階のマネジメントから成る．

⑪ コミュニケーションマネジメント

2.6.3 プロジェクトマネジメントフレームワークとPMBOK，P2Mの関係

図2.10に本書のプロジェクトマネジメント全体のフレームワークとPMBOK，P2Mの対応関係を示す．

PMBOKは単一プロジェクトマネジメントを対象としているが，P2Mは単一プロジェクトマネジメントに加えてプログラムマネジメントも含んでいる．本書のプロジェクトマネジメントフレームワークは5W3Hの視点から，単一プロジェクトマネジメントに加えて，複数の単一プロジェクト横断的な組織的プロジェクトマネジメントも含めたプロジェクトマネジメントの全体について解説している．

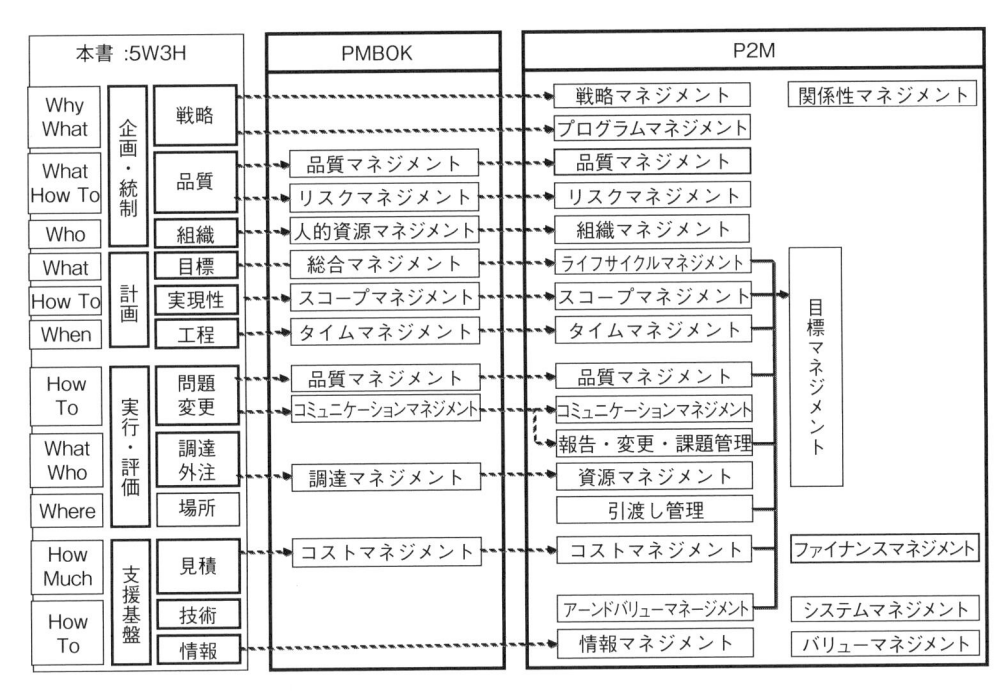

図 2.10 本書と PMBOK，P2M の対応

> **演習問題**
>
> 設問 1　プロジェクトには何をともなうか？
> 設問 2　プロジェクトの定義にあてはまる自己の活動の例を示し，理由を述べよ．
> 設問 3　プロジェクトは目標を達成したらどうなるか？
> 設問 4　プロジェクトが目標を達成できていないのに，期限がきたらどうすべきか？
> 設問 5　プロジェクトが完了したかどうかは，どうやって判定するか？
> 設問 6　プロジェクトのリスクはどうやって防止するか？

参考文献

[1] 江崎和博：「情報システム導入プロジェクトの目標品質向上に向けた3次元統合価値モデルの提案」プロジェクトマネジメント学会誌，Vol10, No.5, pp.15–19, 2010年10月

[2] 江崎和博：「ソフトウェア開発の品質，生産性向上に向けた ISO/IEC 25030 制定の意義」情報処理学会誌ディジタルプラクティス，Vol.1, No.2, pp.94–100, 2010年04月

[3] 江崎和博：「組織的なプロジェクトマネージャの育成に向けて」プロジェクトマネジメント学会誌，Vol11, No.4, pp.20–21, 2009年08月

[4] 江崎和博：「総合的なプロジェクト管理フレームの提案」プロジェクトマネジメント学会誌，Vol11，No.2，pp.20–21，2009 年 04 月
[5] 江崎和博：「プロジェクト品質向上に向けた ISO25030 適用の意義」プロジェクトマネジメント学会誌，Vol10，No.5，pp.3–7，2008 年 10 月
[6] 江崎和博：「経営視点から見た IT 投資における総合的なリスクマネジメント」プロジェクトマネジメント学会誌，Vol6，No.4，pp.9–14，2004 年 8 月
[7] 江崎和博，他 6 名:『これならわかる生産管理』MMBOK，工業調査会，2009.
[8] 『プロジェクトマネジメント知識体系ガイド・公式版（PMBOK ガイド第 4 版)』，PMI，2008.
[9] 日本プロジェクトマネジメント協会企画：『新版 P2M プロジェクト&プログラムマネジメント標準ガイドブック』日本能率協会マネジメントセンター，2007
[10] （独）情報処理推進機構ソフトウエア・エンジニアリング・センター：『共通フレーム 2007 第 2 版』オーム社，2009
[11] 『プログラムマネジメント標準 第 2 版』PMI 日本支部，2009.
[12] 『組織的プロジェクトマネジメント成熟度モデル 第 2 版』，PMI 日本支部，2010.
[13] 『プロジェクトマネジメントオフィス』，トーマス・R・ブロック，J・デビットソン・フレーム，生産性出版，2002．

第3章
プロジェクト戦略マネジメント

□ 学習のポイント

　通常，組織は経営課題の達成に向けて複数の単一プロジェクトを抱えている．プロジェクト活動と組織の経営課題には密接不可分の関係があり，組織全体としてのプロジェクト活動を有効にするためには，母体組織の経営戦略と連動した複数の単一プロジェクト活動全体のプロジェクト戦略が不可欠である．そこで，本章ではプロジェクト戦略とはなにか？　プロジェクト戦略マネジメントとはなにか？　一般的な組織戦略や戦術の定義と第2章，プロジェクトマネジメントの定義から導かれるプロジェクト戦略マネジメントについて解説する．

- 一般的な戦略や戦術の概念について理解する．
- プロジェクト戦略の定義について理解する．
- プロジェクト戦略マネジメントについて理解する．
- プロジェクト戦略と単一プロジェクトマネジメントの関係を理解する．
- プロジェクト企画プロセスについて理解する．
- プロジェクトポートフォリオマネジメントの概念について理解する．
- プロジェクト品質評価の概念について理解する．
- プロジェクト審査の目的，方法について理解する．

□ キーワード

　戦略，戦術，プロジェクト戦略，経営戦略，事業戦略，事業計画，ポートフォリオ，目的適合性，実現性，プロジェクト企画，プロジェクトグレード区分，プロジェクト品質，プロジェクト審査

3.1 プロジェクト戦略の定義

(1) 戦略
　一般的に戦略とは具体的，実際的な「戦術」に対してより大局的・長期的な計画である．
① 戦争に勝つための総合的・長期的な計画
② 政治・社会運動などを行う上での長期的な計画
⇒ プロジェクト戦略マネジメント　　⇒ プロジェクトの組織的なマネジメントの一部

(2) 戦術
① 戦いに勝つための個々の具体的な方法
② ある目的を達成するための具体的な方法・手段
⇒ 本書で解説する単一プロジェクトのマネジメントが戦術マネジメントに対応する．

(3) プロジェクト戦略

　戦略とは組織の活動目的を達成するための総合的かつ中長期的な計画であり，組織の掲げる目的や目標は組織の存在根拠や活動理念と一致する必要がある．

　また，その目標達成に向けた活動には実現性が必要である．プロジェクトは母体組織戦略の下位に位置づけられ，母体組織の戦略や目的と独立しては存在し得ない．プロジェクトは組織の経営戦略や事業計画で掲げた目標を実現するための手段である．したがってプロジェクト活動の適正化に向けては，まずはじめに，母体組織の中長期的な組織戦略を把握し，組織戦略で設定された組織目標と単一プロジェクトの目標との関係，組織戦略から見た当該プロジェクトの重要度や優先度，それらを考慮したプロジェクトのグレード（重要度）を決定し，プロジェクトの管理レベルとプロジェクトに対する資源配分の妥当性などを確保する必要がある．

3.2　戦略マネジメント

　プロジェクト戦略マネジメントは第2章，プロジェクトマネジメントの定義で述べた単一プロジェクトやプログラムおよびマルチプロジェクトを，図3.1「経営戦略とプロジェクト戦略の関係」に示すように，母体組織全体の中長期的な経営戦略や経営目標と整合させる．また，母体組織内で実行される複数の単一プロジェクト全体の中長期的な計画を最適化し，単一プロジェクトの目的的合性と実現性を確保するためのマネジメントである．

　本章では，組織におけるプロジェクト戦略立案の方法と立案した戦略を単一プロジェクトに適用するための考え方や方法について解説する．また，組織がプロジェクトを戦略的に進めるためにはプロジェクト活動全体を統制し支援するための単一プロジェクト横断的な取り組みが必要であり，これに関しては第12章，プロジェクトの組織的マネジメントで解説する．

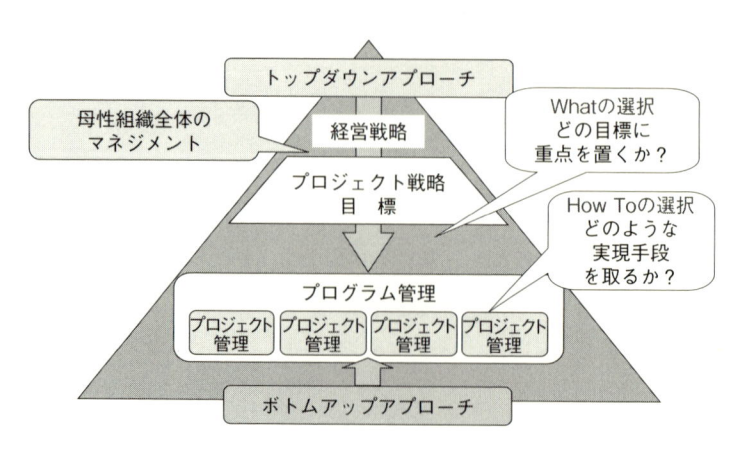

図 3.1　経営戦略とプロジェクト戦略の関係

(1) 戦略マネジメントの要件

国家や企業（公共団体，非営利団体を含む）などの組織，個人の経営戦略で設定した中長期的な目標と，その組織が母体となって実行するプロジェクトが掲げる目標との整合性を確保し，母体組織が抱える複数のプロジェクト活動全体を組織全体の戦略実現に向けて適切に組み込む．

(2) 戦略マネジメントのための2つの課題

① 母体組織内で実行する単一プロジェクトの実行可否判断と統制の仕組み

⇒ 目標および実現手段決定のための科学的，客観的，合理的なアプローチ

② 単一プロジェクトの成功率を高め効率的に実行するための支援基盤の整備

3.3 経営戦略とプロジェクト戦略

表3.1に組織の経営戦略に対応するプロジェクトの目標・課題の例を示す．プロジェクト戦略は経営戦略を達成していくために母体組織内で実行する複数の単一プロジェクト全体の中長期戦略，投資計画などである．この表に示すように，組織の経営戦略とプロジェクトの目標や課題には密接不可分の関係がある．

表 3.1　経営戦略の区分と課題

戦略区分	経営戦略	プロジェクトの目標・課題
地球・国際	国際戦略，グローバル化戦略 経済戦略，国際軍事戦略	地球環境問題への対応，テロへの対応 世界平和の維持・経済安定化への対応 大規模自然災害，食料問題，人口増加などへの対応
国家経営	国家戦略，国家理念（国家目標，価値） 国益，政治的リーダーシップ，資源エネルギー戦略， 軍事戦略，経済成長戦略 軍事的合理性の追求，作戦計画の妥当性， 指揮運用能力	国土防衛・治安維持，財政破綻問題， 食料自給率向上への対応 自然災害発生リスクなどへの対応 少子高齢化への対応 社会的インフラの整備，雇用問題への対応，国際紛争への対応
企業経営	企業の経営戦略，事業戦略，資金調達 人事戦略，グローバル対応戦略，海外展開 技術戦略，研究・開発戦略 販売戦略	企業競争力，収益力の向上 CSRへの対応，業務遂行能力の向上 新製品の開発，コアコンピタンスの強化，販売チャネルの確立
個人	人生設計，ライフプラン	人生の目標，進路選択

(1) プロジェクト戦略と経営戦略の関係

第2章の図2.5，プロジェクトマネジメント全体のフレームワークに示すようにプロジェクト戦略は経営戦略の一環として，経営戦略を実現するための複数のプロジェクトマネジメントプロセス全体を対象とするマネジメントである．

表3.2は表3.1に示す企業の経営戦略とプロジェクト戦略および戦術，単一プロジェクトの関係，各レベルの課題をさらに具体的に示したものである．

ここで，単一プロジェクトの計画はプロジェクト戦略に基づいて立案されプロジェクトの具体的な活動目標や実現方法を定義した戦術レベルの計画である．

組織の経営戦略が組織内の各事業戦略や事業計画に展開され，さらに，その事業戦略や計画の実現に向けてプログラムや単一プロジェクトの計画に展開される場合と，現場の必要性から発した単一プロジェクトの実行要求が組織全体の経営戦略に反映される場合がある．プロジェクト戦略マネジメントは，組織の経営戦略を達成するためにどのようにして母体組織内で実行する複数の単一プロジェクト活動を全体最適化し，中長期的な見通しを持って戦略的に進めるかという総合的なマネジメントであって，いずれの場合でも単一プロジェクトは経営戦略や事業戦略との整合性をとりながらプロジェクトの重要度や優先度，予算の配分などを決定する必要がある．

表 3.2 経営戦略のレベルと課題

レベル		課　題
戦略	経営戦略	経営理念，中期経営計画，事業計画，経営合理性の追求 組織の経営戦略，事業戦略 人事戦略，グローバル対応戦略 技術戦略，研究・開発戦略，販売戦略
	プロジェクト戦略	経営戦略とプロジェクト戦略の整合 複数プロジェクトの優先度決定と資源の配分 プロジェクト統制ルールの策定 プロジェクトの目的適合性の確保 プロジェクトの実現性の確保 プロジェクト要員の育成 プロジェクト支援基盤の強化
戦術	単一プロジェクト計画	単一プロジェクト計画の立案と進捗管理 単一プロジェクト目標を達成するためのチーム編成 単一プロジェクト内チームの統括，チーム内の結束・士気向上 チーム目標に照準を合わせたチーム内連携 方法論，技術，各種ツールの錬度向上
技術		最適な方法論・支援ツール・技術の戦略的な活用

(2) プロジェクト戦略の取り組み

プロジェクト戦略には母体組織の傘下で実行される複数のプロジェクト活動の全体最適化に向けた戦略・統制と支援基盤の強化に関わる中長期的な計画など以下のような取り組みが含まれる．

① 経営戦略の一環として実施される単一プロジェクトの重要度や優先度，管理レベルを決定するための判断の基となるプロジェクトグレード区分の決定基準の制定，
② プロジェクト活動を統制するための諸々の審査，監査および管理・報告ルールの制定
③ プロジェクトマネジメントを支援するために提供されるプロジェクト関連文書の各種標準様式の整備
④ 定量的マネジメントおよび問題解決，計画見積などの支援技術の導入，整備
⑤ プロジェクトマネジメント全般を支援するための情報システム基盤の整備

⑥プロジェクトマネージャ，要員の確保と育成計画の策定

(3) プロジェクト戦略と単一プロジェクトの関係

　組織活動には戦略レベルと戦術レベルがあり，戦略レベルとしてプロジェクト戦略がある．企業が市場で生き残るためにはプロジェクト戦略を明確化し，戦略レベルと戦術レベルの活動を重層的に組み合わせて実施する必要がある．また，母体組織内で実行するプロジェクトを確実に成功に導くためには，母体組織が抱える複数の戦術レベルの単一プロジェクトを組織全体として統制し支援して，プロジェクト活動全体を最適化していく戦略がある．複数の単一プロジェクトが同時並行的に実行されている組織にとっては，組織が抱える全てのプロジェクトが成功して，組織全体の利益（短期のみならず，中長期的利益）が確保できなければ成功とは言えない．一つのプロジェクトが失敗するだけで，その他の全てのプロジェクトの成功で得られた利益を全て食い潰してしまい，母体組織自体が危うくなることもあり，単一プロジェクトの実行可否やプロジェクトの重要度，優先度，資源配分に関する経営判断のミスが特定のプロジェクト活動の破綻による企業崩壊の原因になることもある．

　したがって単一プロジェクトの活動は母体組織のプロジェクト戦略と切り離しては存在しえず，組織を取り巻く外部の環境変化に配慮し，自社のコアコンピタンスや経営資源を考慮して立案されたプロジェクト戦略との関係を抜きに実行することは許されない．企業組織の外部の経営環境は常に時代と共に色々な要因で変化していくので，その中で自組織が最も有利になるようなプロジェクト戦略を立てる必要があり，組織を取り巻く外部環境の変化を常に監視し，普段からこれらの環境変化を予知し，組織として対応するための戦略を準備しておく必要がある．

　経営者は，新規のプロジェクト案件が現われたとき，市場の変化をウォッチ（自ら現場を見て理解）し，自社の経営戦略，プロジェクト戦略，戦術，技術のレベルなどに目配りし，自社の力（強み，弱み）を十分に理解してそのプロジェクトを実行すべきか否かを見極め，もしプロジェクト計画に設定された目標が既に存在する経営戦略やプロジェクト戦略と矛盾する場合には，プロジェクトの立上げを却下するか，あるいは経営戦略やプロジェクト戦略を見なおす必要がある．経営者は経営戦略の実現に向けて限られた経営資源の配分に十分配慮しなければならない．自組織の利益を最大化するためにはプロジェクトに対する経営資源の配分に優先順位をつけることが重要である．大きな利益を生み出すプロジェクトに必要十分な経営資源を配分し，赤字案件からは手を引くことも重要である．また，ある特定のプロジェクトが他のプロジェクトに配分されるべき資源を横取りし組織全体に悪影響を与えることがある．プロジェクトによっては経営資源の不足を補うために外部の組織と提携する必要もある．資金力がある組織では経営者は不足する資源を外部から調達することによってプロジェクトの要員や技術のレベルをコントロールすることができる．ただし資金力があっても，要員の能力や技術的な対応能力などのプロジェクト戦術レベルの限界がプロジェクト戦略の制約になることもある．

　この場合には戦術レベルの限界がプロジェクト戦略の制約になり，それが経営戦略の制約になる．したがって経営者は自組織が保有する経営資源や要員の能力の限界と資金力を見極めながら経営戦略や事業戦略，プロジェクト戦略を考える必要がある．したがって経営者は各戦術レベルの能力を上げるために各戦術レベルを背後から支援するプロジェクト支援基盤の強化を

戦略的に進める必要もある．経営者のプロジェクト戦略の必要性に対する理解は母体組織のプロジェクト活動能力向上にとって，必要不可欠である．

3.4 プロジェクトの目的適合性

プロジェクトの目的適合性とは，そのプロジェクトが本当に必要かどうか？　である．プロジェクトの企画段階で，プロジェクト立ち上げの必要性と目的の妥当性を見極め，プロジェクトがかかげる目標の妥当性を確保する必要がある．

- 設定するプロジェクトの目標が経営戦略や事業戦略から見て適切か？
- 設定するプロジェクトの目標が適切で実施するに値するか？
- 今すぐに実施する必要があるか？
- プロジェクトを実施した結果，本当に効果が見込まれるか？

3.5 プロジェクトの企画プロセス

プロジェクト企画書の目的はプロジェクトの必要性，組織における他の類似プロジェクトとの関係や位置づけの明確化，プロジェクトの目的適合性や妥当性，実現性の明確化と文書化であり，プロジェクトの立ち上げ可否について組織の責任者の承認やプロジェクトのステークホルダー間の合意を得ることである．

プロジェクト戦略マネジメントで最も重要なことがプロジェクトの企画によるプロジェクトの目的適合性の確保である．図3.2にプロジェクト企画のプロセスを示す．プロジェクト企画では母体組織を取り巻く経営環境と自組織の経営戦略に基づき，プロジェクトに対する要求を洗い出し，問題や課題の把握と特定，問題や課題の解決を阻害する要因の分析と真の要因の特定，その要因を除去するための対策を明確化する．このとき特定された解決すべき問題や課題

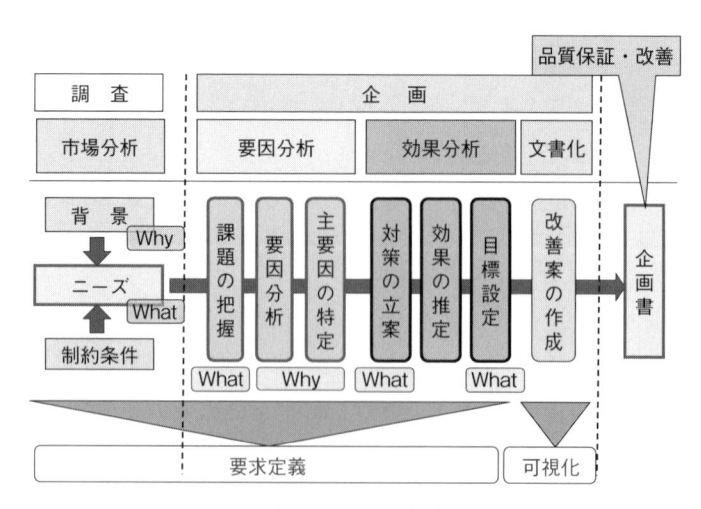

図 3.2　プロジェクトの企画プロセス

がプロジェクトの目的であり，その問題や課題を解決するための対策が目標になる．

特定された問題は速やかに解決する必要がある．一方，課題は緊急度や放置した場合のリスクを考慮し，優先度をつけて対応する．プロジェクト企画プロセスでは経営戦略の実現を阻害する問題や課題の特定，真の原因の特定，真の原因を除去するための対策の立案，プロジェクト目標の設定というプロセスを確実に踏むことによって，プロジェクトの目的適合性を確保する．ここで，問題や課題を解決するための対策には暫定的な対策と恒久的な対策がある．恒久的な対策には長期間を要する，費用がかかるなど，プロジェクトの規模が大きくなる傾向がある．

一方，暫定的な対策にはプロジェクトの規模が小さく，プロジェクトを起こすまでもない場合もある．最も重要なことは不適切な目的や目標のために不用意にプロジェクトを立ち上げて実施しないことである．なぜならプロジェクトを実行すると組織の多くの関係者が活動するために，100％確実に負の効果であるコストが発生するからである．プロジェクトの目標が経営戦略と整合していない場合や目標が不適切な場合には，例えプロジェクトが成功して設定した目標を達成したとしても，プロジェクト自体が組織全体に負の効果をもたらし甚大な被害を与えるリスクがある．

3.6 プロジェクトポートフォリオ (Project Portfolio)

プロジェクトのポートフォリオマネジメントには2つの目的がある．
・第一はプロジェクトの目的的合性と実現性の見極めによる実施可否の判断である．
・第二はプロジェクトの重要度と優先度，期待効果に基づく経営資源の配分である．

経営資源の配分では母体組織内部から起案された類似プロジェクトへの重複投資を防止するためにプロジェクトの取捨選択，統合なども行う必要がある．母体組織がプロジェクト活動を通して成果をあげるためには組織の抱える複数の単一プロジェクトの価値と，その活動に内在するリスクを見極め，プロジェクトに対する経営資源の適切な配分を行わなければならない．
⇒ 組織の限られた経営資源を，どのプロジェクトに優先的に投入するかは組織の将来を左右する重要な意思決定のテーマであり，もし優先度を誤ると機会損失により組織の命運さえも左右しかねない重要な問題となるリスクがある．
⇒ リスクの高い多くのプロジェクトを扱う製薬では，企業（臨床試験開始からの成功確率はわずか10％程度）で限られた経営資源をどのプロジェクトに投入するかが重要な意思決定事項である．

図3.3はバブルチャートに基づくプロジェクトの実施可否判断の例である．プロジェクト活動の相対的な価値とリスクを認識し，重要度の順位を決定し，プロジェクト案件の取捨選択と実行の優先順位を決定する．
⇒ 通常，個々の単一プロジェクトの成功確率を横軸，目的の妥当性を縦軸とし，バブルをプロットして作られる．この図ではプロジェクトの目的適合性および実現性が高い場合にのみプロジェクトを積極的に立ち上げる．一方，プロジェクトの目的適合性および実現性が低い場合，プロジェクトを実施しないようにする．ここでプロジェクトの目的適合性とは組織の経営戦略との整合度とプロジェクトを実行した結果，期待できる効果である．また，プロジェクトの実

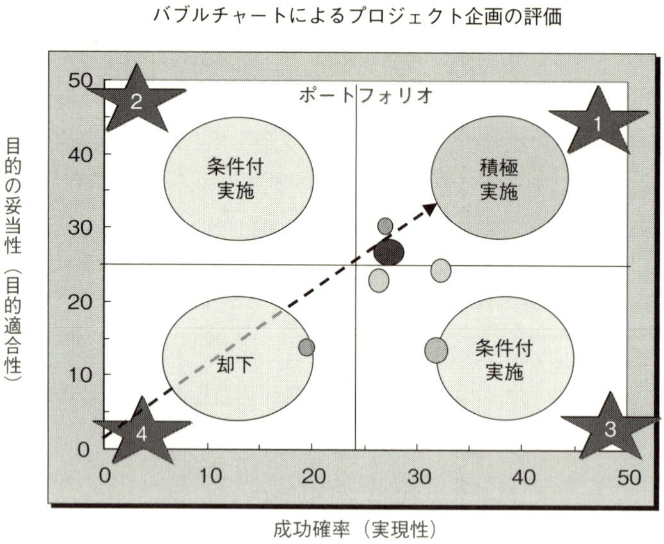

バブルチャートによるプロジェクト企画の評価

図 3.3 プロジェクト価値の評価

現性とはプロジェクトを実行に移した場合の成功の可能性であり，プロジェクトの目的や目標達成に向けた困難性である．プロジェクト戦略マネジメントでは組織内部で起案された複数のプロジェクトの中から第 12 章 12.4.2 項，表 12.1 に示すプロジェクトグレード区分決定基準に基づき戦略的に重要度の高いプロジェクトを明確化し，そのプロジェクトの母体組織内におけるプロジェクトの管理レベルを決定する．これに基づき，起案されたプロジェクトの重要度，緊急度，期待効果の視点から適切な経営資源の配分を行うとともに戦略的に重要度の高いプロジェクトの重点的な管理を進める必要がある．ここで経営資源とはプロジェクトの実行にかかる人的資源や費用，設備や資材，社内の情報システム支援基盤などである．

- 目標（What）選択のためのポートフォリオ分析　⇒ 要求分析 ⇒ 目的手段展開
  ⇒ 実現方法の決定プロセスの透明化が必要である．

3.7 プロジェクトの評価

図 3.4 は情報システム導入プロジェクトにおける総合的なプロジェクト品質評価の枠組みである．プロジェクト品質の評価は以下の 3 つの視点から行う．

① プロジェクトの「実施可否の評価」
② プロジェクトの「成功確率の評価」
③ プロジェクトの「成功可否の評価」

プロジェクト立上げ前の「実施可否」の評価では，プロジェクト企画書に設定した目的や目標の目的適合性と実現性の 2 つの視点から評価する．次にプロジェクトの「成功確率」の評価では，プロジェクトの入力資源（人的資源や設備）の質・量とプロジェクトマネジメントプロセスの品質（良し悪し）の視点からの評価が必要である．

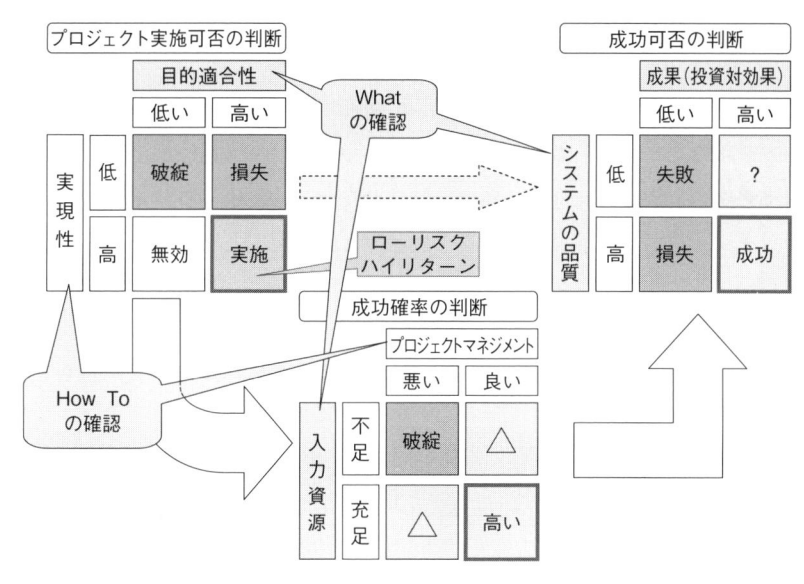

図 3.4 プロジェクトの評価

さらにプロジェクト「成功可否」の評価では，企画・計画段階で設定した情報システムの品質と達成できた成果（投資対効果）の評価が重要である．プロジェクト品質の確保ではプロジェクト企画・計画段階で設定したプロジェクト目標の目的適合性と実現性の両方が担保された成功領域に落とし込んでいくことが極めて重要である．

3.8 プロジェクト企画書の審査

無駄なプロジェクトの立ち上げや，掛け声は大きくても非現実的な無理なプロジェクトの立ち上げは組織に大きなダメージを与える．プロジェクト活動にともなう経済的・機会的損失の発生や信用の失墜を未然に防止し，プロジェクト活動を有効にするためには，プロジェクト企画段階におけるプロジェクト企画書の組織的な審査が極めて重要である．（組織的なプロジェクト審査の詳細については第 12 章，プロジェクトの組織的マネジメント参照．）

3.8.1 プロジェクト企画書の審査の考え方

プロジェクトの目的適合性および実現性の確認を行う．また，当該プロジェクトのグレード区分を第 12 章，12.4.2 項，表 12.1 に記述するプロジェクトのグレード区分決定基準（投資の規模，戦略的重要度，新規性，システムの規模，品質要求度，リスクの度合いなど）に基づき決定し，戦略的に重要度の高いプロジェクトは重点戦略プロジェクトとして登録する．

類似プロジェクトの重複，プロジェクトの目的や目標の妥当性をプロジェクトの背景や現状の問題点，課題から見極め，さらに，その推定原因から対策と目標の妥当性を確認する．

プロジェクトの目的や実現性は妥当でも緊急性が無い場合や実施する時期が不適切な場合は優先度を明確化し，プロジェクトが組織の外部に与える影響も考慮して，その実施の可否を判断する．

プロジェクトを成功に導き品質・納期・コストを確保し，リスクの低減を図るためにはプロジェクト立ち上げ前に，経営戦略や投資対効果に基づいてそもそも，そのプロジェクトを実施する必要があるか？　という視点からプロジェクトの関係者をまじえて徹底的にブレークスルーし，不必要なプロジェクトや失敗する可能性の高いプロジェクトの立ち上げを未然に防止する事が最も重要である．組織として特に重要な戦略的プロジェクトや，失敗した場合の損失や外部への波及効果が大きい大規模プロジェクトなどでは，プロジェクト企画書の審査はプロジェクトのメンバー，ステークホルダーに加えて，経営者や第三者部門も交えた全員で組織的な審査を実施する必要がある．

またプロジェクト実施可否を決定付ける，考えられる技術的なリスクなどの審査では，その技術に精通した専門家の参画，プロジェクトの人的資源や予算の確保，プロジェクト目標や期限の審査では人事や財務などの関連部門の責任者の参画が不可欠である．（第12章，12.4.2項，表12.1，プロジェクトグレード区分決定基準と審査範囲の例を参照）

● 審査の対象となる文書の例
　以下に，プロジェクト審査時に必要となる審査対象文書の例を示す．
⇒ プロジェクト企画書／完了報告書
主要関連文書（例：組織の外部動向／経営戦略／中期経営計画／事業計画／要求仕様書／問題分析／要因分析／対策リスト／リスクコントロールマトリクス／見積仕様書など）

演習問題

設問1　企業の新製品開発プロジェクトは何と整合させる必要があるか？
設問2　企業の経営戦略と反するプロジェクトはどうすべきか？
設問3　プロジェクト計画を企業の事業戦略と整合させるためにどのような活動を行うべきか？
設問4　組織内で実施するプロジェクトを戦略的に進めるためには何の存在が不可欠か？
設問5　プロジェクト計画が組織の戦略と整合していないとどのような問題があるか？
設問6　目的が重複するプロジェクトが発生した場合はどうすべきか？

参考文献

[1] 江崎和博：「情報システム導入プロジェクトの目標品質向上に向けた3次元統合価値モデルの提案」プロジェクトマネジメント学会誌，Vol10，No.5，pp.15–19，2010年10月
[2] 江崎和博：「ソフトウェア開発の品質，生産性向上に向けた ISO/IEC 25030 制定の意義」

情報処理学会誌ディジタルプラクティス，Vol.1，No.2，pp.94–100，2010 年 04 月

[3] 江崎和博：「組織的なプロジェクトマネージャの育成に向けて」プロジェクトマネジメント学会誌，Vol11，No.4，pp.20–21，2009 年 08 月

[4] 江崎和博：「総合的なプロジェクト管理フレームの提案」プロジェクトマネジメント学会誌，Vol11，No.2，pp.20–21，2009 年 04 月

[5] 江崎和博：「プロジェクト品質向上に向けた ISO25030 適用の意義」プロジェクトマネジメント学会誌，Vol10，No.5，pp.3–7，2008 年 10 月

[6] 江崎和博：「経営視点から見た IT 投資における総合的なリスクマネジメント」プロジェクトマネジメント学会誌，Vol6，No.4，pp.9–14，2004 年 8 月

[7] 江崎和博，他 6 名：『これならわかる生産管理』MMBOK，工業調査会，2009.

[8] 『プロジェクトマネジメント知識体系ガイド・公式版（PMBOK ガイド第 4 版）』，PMI，2008.

[9] 日本プロジェクトマネジメント協会企画：『新版 P2M プロジェクト&プログラムマネジメント標準ガイドブック』日本能率協会マネジメントセンター，2007

[10] （独）情報処理推進機構ソフトウエア・エンジニアリング・センター：『共通フレーム 2007 第 2 版』オーム社，2009

[11] 『プログラムマネジメント標準 第 2 版』，PMI 日本支部，2009.

第4章
プロジェクト品質マネジメント

―□ 学習のポイント ―――――――――――――――――――――――
　プロジェクトは何らかの未知の問題や課題を解決し，プロジェクト計画書に設定した目標を限られた入力資源で達成するための期間限定の活動であるが，プロジェクトの実行過程では必ず何らかの想定外の問題や課題が顕在化することが普通である．したがってプロジェクトマネジメントは見かたを変えれば問題や課題解決のための品質マネジメントとも言える．本章ではプロジェクト品質およびプロジェクト品質マネジメントについて解説する．

- 一般的な品質および品質管理の定義について理解する．
- プロジェクト品質の構造およびマネジメントのスコープについて理解する．
- プロジェクトの品質保証と改善，リスクおよび投資の管理について理解する．
- プロジェクト品質マネジメントの入出力，制約と支援基盤について理解する．
- プロジェクト品質の可視化の視点と測定および評価について理解する．
- プロジェクトの問題分析，要因分析と対策立案について理解する．
- プロジェクトのリスクマネジメントプロセスについて理解する．

―□ キーワード ―――――――――――――――――――――――
　品質，ISO，JIS，プロダクト品質，プロセス品質，一次品質，二次品質，適用時の品質，源流管理，適合度，問題，課題，リスク，原因，品質保証，品質改善，投資管理，リスク管理，可視化の視点，5W3H，測定，品質評価，総合評価，主要因分析，特性要因図，パレートの法則，暫定対策，恒久対策，事後対策，予防対策，予知対策

4.1 プロジェクト品質マネジメントの定義

　品質 (Quality) は ISO や JIS の定義では「明示または暗黙の要求を満たす能力に関するある"モノ"の特性の全体」としている．本書では第2章，図2.3のプロジェクトのプロダクトとプロセスの関係に基づき，このある"モノ"をもう少し厳密に「明示的または暗黙的な要求を満たす能力に関するプロダクトおよびプロセスの特性の全体」と定義する．プロジェクトマネジメントの品質には ① 一次品質「計画品質」と ② 二次品質「適合品質」，③「適用時の品質」がある．
⇒ 目標を達成するためのプロジェクトのプロダクト（成果）およびプロセスの良し悪し

4.1.1 品質の定義

(1) プロダクトの品質
　第2章，図2.3に示すようにプロジェクトの中間結果や達成できた成果の品質およびプロジェクトの成果を適用環境に適用した時に得られる効果である．

(2) プロセスの品質
　第2章，図2.3に示すように，プロセスの品質は入力資源（プロダクト）を出力（成果）に変換するプロセスの効率であり下式で示される．

$$\text{プロセスの効率} \Rightarrow \text{プロセスの出力（成果）／入力資源}$$

ここでプロセスの「一次品質」の良し悪しは基本的には
⇒ 要求された目標や規則，ルールが守られているか？
⇒ PDCサイクルが回っているか？
⇒「源流管理」が実施されているか？　⇒ 品質をプロジェクトの最上流のプロセスから作り込んでいるか？
などのプロセスの属性を評価するが，真のプロセス品質の改善に向けては，式に示すように各プロセスの入力資源（プロダクト）の品質に対する出力（成果）の質・量が増大しているか？と言う視点からの評価が重要である．

(3) 一次品質「計画品質」⇒ 当たり前の品質への取組み
　プロジェクトが目標とした品質，すなわち，ステークホルダーとの契約や要求仕様書，プロジェクト計画書に設定された目標を満たす品質（問題が無い）で，当たり前の品質とも呼ばれる．
◆問題の解決 ⇒ 問題分析（評価）–原因分析–対策立案–是正（計画）–（実行）–（評価）

(4) 二次品質「適合品質」⇒ 魅力的な品質への取組み
　プロダクトやプロセスの課題に対応する品質のことでステークホルダーの期待を満たす品質（課題が無い）であり魅力的な品質と呼ばれる．以下は二次品質向上の例である．
◆改善活動 ⇒ 現状分析（評価）–原因分析–対策立案–改善（計画）–（実行）–（評価）
◆研究開発 ⇒ 要求分析（評価）–原因分析–対策立案–製品（企画）–（開発）–（評価）

(5) 適用時の品質
　図4.1に示すようにプロジェクトの成果を特定のステークホルダーが特定の目的のために対象となる特定の適用環境に適用した時の効果の品質である．適用時の品質はプロジェクトの成果そのものの品質の充足度とその成果に対する適用環境の要求度によって決まるので，プロジェクトの成果の品質と，その成果の適用時の品質は必ずしも一致するとは限らない．適用時の品質はプロジェクトで達成できた成果の品質だけでなく，成果を適用した時の環境の影響も受けるので，適用時に顕在化した課題が必ずしも二次品質に等しいとは限らない．ステークホルダーからのアンケート調査などで要求分析を行うことにより，二次品質の改善に向けた課題の絞込みが必要となる．

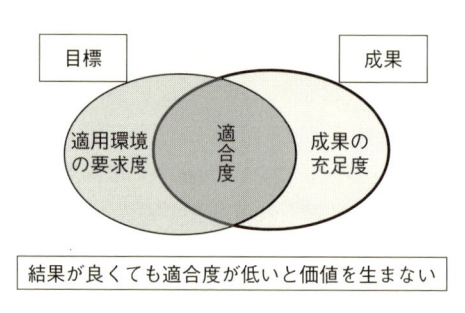

図 4.1 プロジェクト成果の適合度の概念

　顧客の要求を満たすとは，顧客の要求に対するプロジェクト成果の適合度が高いということである．したがって，プロジェクトの成果はプロジェクト計画書に設定した目標の達成度によってのみ評価できるが，この評価の結果がどれほど良くても，その事実のみで最終的な顧客にとっての価値や満足を生むとは限らない．プロジェクトの成果の品質が良いということは，顧客の満足度を高めるための必要条件ではあっても十分条件ではないということである．したがって，より大きな視野を持ち，いかにしてプロジェクト計画に掲げる目標の精度を上げて行くかが極めて重要である．

4.1.2　品質マネジメントの定義

　JIS Z 8101 では品質管理を「買手の要求に合った品質の品物またはサービスを経済的に作り出すための手段の体系」と定義している．また，「発注者（注文者）の要求する品質や製品を合理的かつ経済的に生み出す為の手段や手法の検討」とも定義される．品質管理には広義と狭義の品質管理がある．

(1) JIS で規定された狭義の品質管理

　コントロールとしての品質管理 (Quality Control) のことを指し，JIS では「品質保証行為の一部をなすもので，部品やシステムが決められた要求を満たしていることを前もって確認するための行為」と定義している．プロジェクトの現場で「品質管理」と言えば一般に狭義の品質管理（プロジェクトの成果の一次品質の管理）を指す．

(2) JIS で規定された広義の品質管理

　マネジメントとしての品質管理のことを指し，品質マネジメント (Quality Management) として知られ，JIS では「品質要求事項を満たすことに焦点を合わせた品質マネジメントの一部」と定義している．

　将来に向けたプロジェクトなど新しい未知の取り組みを確実に成功させるための活動品質（プロジェクトの品質）の向上に向けた品質管理が求められる．

(3) 本書で述べるプロジェクトの品質マネジメント

　プロジェクトの品質マネジメントは経営戦略の一環として，経営戦略を実現するための組織全体のプロジェクト活動品質の確保に向けた活動である．プロジェクト計画書に設定した目標

を達成するためのプロダクトおよびプロセスを対象とした一次品質，二次品質および適用時の品質管理と，複数の単一プロジェクト横断的な組織的マネジメントによるプロダクトおよびプロセスを対象とした一次品質，二次品質の管理である．

⇒ プロジェクトの出力（成果），副次的効果およびプロジェクト活動プロセスの品質（効率）の管理と単一プロジェクト横断的な組織全体の品質マネジメントで，組織の品質管理方針で設定した品質目標の達成に向けた一次品質，二次品質および適用時の品質向上を進める．

⇒ 母体組織の品質管理方針や管理ルールに基づくプロジェクト活動の統制と支援基盤の品質などを向上させ，組織の複数のプロジェクト全体の品質向上と効率の改善を図る．

プロジェクト品質マネジメントの対象は第2章，図2.5に示すプロジェクトマネジメントに関連する全てのプロダクト，プロセスであり，これらの管理対象を5W3Hの視点から測定し，可視化し評価することによってPDCサイクルを回し改善を進める必要がある．

- 3点セット＝ 現象・原因・結果
- 対策　⇒ 真の原因の除去　⇒ 再発防止，暫定，恒久

4.2 プロジェクト品質の構造

第3章で解説したように，プロジェクト活動は組織の経営戦略を実現するための手段であり，プロジェクト品質マネジメントも経営戦略の下位に位置付けられ，母体組織全体の経営品質や組織風土と独立には存在し得ない．すなわち，基本的に経営品質や組織風土の悪い企業では品質の良いプロジェクトマネジメントは実行できず，結果的に良い成果や業績の達成にむすびつけることが極めて困難である．

図4.2にプロジェクト品質マネジメントに向けたプロジェクト品質の構造を示す．

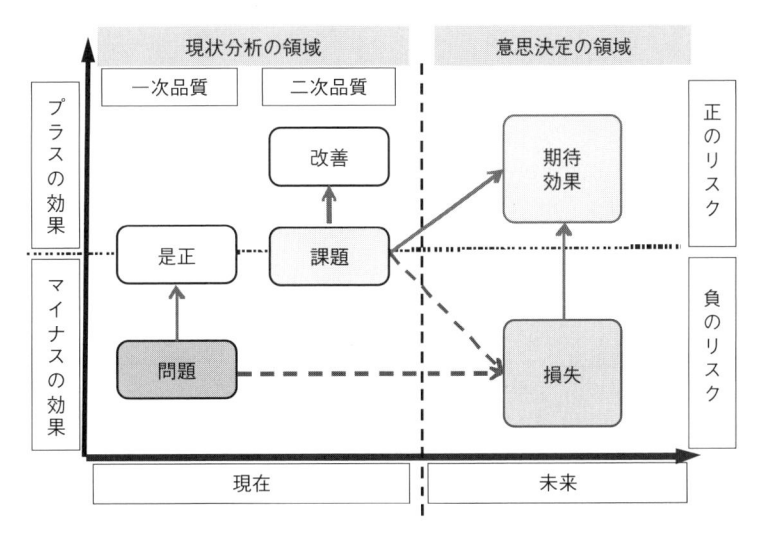

図 4.2　プロジェクト品質問題の構造

図4.2に示すように横軸に時間，縦軸に品質の影響をとると，プロダクトやプロセスで発生した問題（一次品質の不適合）は過去または現時点で顕在化しているプロジェクト計画から逸脱した状態であり，マイナスの効果（損失）が発生しているので，速やかに計画した状態に是正する必要がある．

一方，課題（二次品質）は過去または現時点で顕在化しているより期待される状態であり，プロジェクト計画の目標から逸脱しているわけではないのでマイナスの効果（損失）は無く，その重要度や緊急度に応じて優先度をつけて改善する必要がある．

問題は現時点でマイナスの効果を生むが，そのまま是正せずに放置すると将来さらに重大なマイナスの効果（損失）につながる負のリスクがある．課題は現時点ではマイナスの効果（損失）を生まなくても，そのまま放置すると将来，大きな問題として顕在化しマイナスの効果（損失）を生む負のリスクがある．一方，課題は改善を図ると将来，プラスの効果として顕在化し，プラスの効果が期待できるため正のリスクである．

4.2.1 問題と課題および原因

(1) 問題への対応

問題とは本来あるべき正常な姿から逸脱した状態である．　⇒ 故障，エラー (error)，欠陥 (defect)，障害 (fault，obstacle)，不適合 (not conform to)，不具合などである．

⇒ 本質的にはプロジェクト計画書を満たせば良く是正を進めればゼロにすることができる．

⇒ 特定された問題は真の原因を究明し原因を除去するための対策を明確化して速やかに是正する必要がある．

⇒ 問題の原因がプロジェクト内部に起因する場合にはプロジェクトが保有する経営資源の見直しで解決できる可能性がある．一方，問題の原因がプロジェクト外部の組織や環境に起因する場合には，プロジェクト外部の経営資源を活用するか，プロジェクト内部に原因を除去するための経営資源を取り込まなければ対策が打てず，解決もできない．

- 故障 ⇒ 機械や身体などの機能が正常に働かなくなること
- 障害 ⇒ 機能が十分に働かないこと
- エラー ⇒ 人間が介在して引き起こす故障
- 不具合 ⇒ 状態・調子がよくないこと
- 欠陥 ⇒ 欠けて足りないこと．不備な点
- 不適合 ⇒ 要求した条件や事情に当てはまらないこと

a) プロダクト（成果）の問題

顕在化したプロダクトの不備で，プロジェクトの成果が計画の目標を達成できていないことである．

b) プロセス（手段）の問題

顕在化したプロセスの不備で，プロジェクトが計画どおりの手順で進められない場合や予算のオーバ，納期遅延，手順の不適合（ISO9000や規則の要求事項を満たさないこと）およびプ

ロジェクト活動で PDC が回っていないことなどである．

(2) 課題への対応

プロダクトの品質やプロセスの効率向上をもたらす可能性のある顕在化した改善テーマである．

⇒ 特定された課題は優先度を付けて改善する必要がある．
⇒ 課題の改善を阻害する要因を究明し，その真の要因を除去するための対策をうつ．

(3) リスク

⇒ 事象の発生確率と起こった時の被害（影響）の大きさ
⇒ 特定されたリスクは優先度を付けて対策を打つ必要がある．
⇒ リスク分析によりリスク要因を究明し，その要因を除去するための対策をうつ．

(4) 要因・原因　⇒　問題や課題の解決を疎外する原因である．

4.3　品質マネジメントのスコープ

図 4.3 は図 4.2 に示した品質問題の構造をさらに広義の品質マネジメントの視点から 2 次元平面に展開したものである．広義のプロジェクト品質マネジメントは図 4.3 に示す品質保証，品質改善，リスク管理，投資活動の管理を対象とする．したがって本書では従来からある狭義の品質管理の概念を整理し，さらに拡張したプロジェクトマネジメントの広義の品質マネジメントについて解説する．

4.3.1　品質保証 (Quality assurance)

プロジェクトの一次品質を確保するためのマネジメントであり，ステークホルダーとの契約

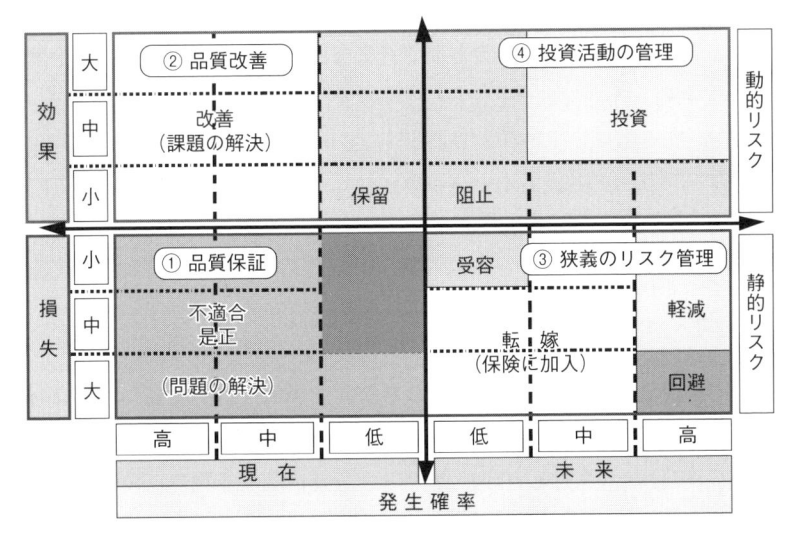

図 4.3　広義のプロジェクト品質マネジメントのマトリクス

やプロジェクト計画書の目標をプロジェクトのプロダクト（中間・最終成果）やプロセス（手順の不備）が満たさない，契約の不履行，法令や社内ルールなどに違反するなどの問題（不適合）発生時の対応である．プロジェクト計画書に設定された目標を達成する活動でありステークホルダーと約束した目標を納期どおりに約束したコストで達成するために単一プロジェクトに関わる入出力およびプロセスの品質を確保する．過去および現在時点でプロダクトやプロセスが抱える顕在化した問題点や不適合の是正活動でもある．通常プロジェクトで発生した問題（不適合）には契約に基づく品質保証責任（瑕疵責任）が発生する．

プロジェクトの結果がプロジェクト計画書に設定されたプロダクトおよびプロセスの品質目標を満たしているか否かを評価し，結果が，もしプロジェクト計画書どおりに実現されていなかった場合には，その問題点の速やかな是正を図る．また，品質保証では単にプロジェクトの成果の問題を是正するだけでなく，同じ問題が他のプロジェクトや他のステークホルダーで二度と発生しないように水平展開し再発防止策を打つ必要もある．

問題の是正には暫定対策と恒久対策があり，投入できる経営資源の制約から問題の重大性や緊急度，要員のスキル，コスト，期間の制約などを考慮して暫定対策と恒久対策に切り分け，優先度をつけて実施する必要がある．（詳細は第9章，プロジェクト実行マネジメント，第10章，プロジェクトの問題マネジメントおよび第14章，プロジェクトの問題解決技術を参照．）

4.3.2 品質改善 (Quality improvement)

プロジェクトの二次品質を高めるための活動であり，ステークホルダーが期待する要求を満たすためにプロジェクトが抱える課題を解決し，魅力的な品質に高める活動である．プロジェクトのプロダクト（中間・最終成果）やプロセス（手順の不備）が抱える過去または現時点で顕在化している課題へ対応する．

課題はプロジェクトの成果の適用環境によっても変化し，必ずしも瑕疵責任が発生するわけではないので，目標の高度化，コストダウン，納期の短縮などステークホルダーの要求の強さや緊急度などを見極めながら優先度をつけて対応する必要がある．課題への対応では，その課題を解決した場合に期待できる効果や必要となる経営資源を評価し，費用対効果が期待できる場合にのみ，その重要度，緊急度を考慮して，優先度をつけて改善を進める．ステークホルダーとの契約（仕様）が在る限り，問題の発生は有限に留まるが，課題は有限に留まることは無く，二次品質の改善はプロジェクト活動の永遠のテーマである．改善に当っては品質マネジメントの手法で述べる諸々の方法が活用できる．（詳細は第9章プロジェクト実行マネジメント，第10章プロジェクトの問題マネジメントおよび第14章，プロジェクトの問題解決技術を参照．）

4.3.3 リスク管理（静的リスクへの対応）

プロジェクト実行段階でプロジェクトのプロダクト（中間・最終成果）やプロセス（手順の不備）に潜在するリスクへの対応であり，一般的にはリスク管理として扱われている．静的なリスクへの対応では①リスク対応方針，②リスク分析に基づき現時点のプロダクトやプロセスに内在するリスクを洗い出し，③リスクアセスメントで，その発生確率と発生時の被害の規模を定量的に算出し推定する．また，図4.3に示すように④静的リスク対策では原則としてリ

スク分析の結果に対応して a. 受容, b. 転嫁, c. 軽減, d. 回避の4つのリスク対策を入力資源に対する効果の大きいものから優先度を付けて実施する必要がある.（リスク対策の基本プロセスについては4.5.2項で詳細に説明する.）

4.3.4　投資活動の管理（動的リスクへの対応）

プロジェクトは将来，期待する効果を獲得するための投資活動ともいえる．したがってプロジェクトマネジメントはプロジェクトを実行することによって新たに起こる投資リスクに対するマネジメントとも言える．投資活動の管理は一般的には品質マネジメントの対象外でPMBOKではプロジェクトのリスクマネジメントとして扱われている．プロジェクトの投資管理ではプロジェクト立上げ前の企画段階で企画書に設定されたプロジェクトの目的や目標達成に向けた実現性に内在するリスクを洗い出し，その成功確率と実施した場合の効果を推定する．図4.3に示すように，プロジェクトのリスクマネジメントは原則としてリスク分析やポートフォリオ分析の結果に対応してプロジェクトを ① 実施するか，② 阻止するかの2つの実施可否判断をプロジェクトの成功確率と費用対効果の視点から行う必要がある．（プロジェクトのリスクマネジメントについては次章で説明する.）（詳細は第9章，プロジェクト実行マネジメント，第10章，プロジェクトの問題マネジメントおよび第14章，プロジェクトの問題解決技術を参照.）

4.4　プロジェクト品質マネジメントの入出力

図2.5のプロジェクトマネジメント全体のフレームワークに示すようにプロジェクト品質マネジメントの入出力は多岐に渡り，プロジェクトの入力資源，各プロセスおよび出力で発生した情報などである．

4.4.1　品質マネジメントの入力

品質マネジメントの対象となるプロダクトや諸々のプロセスの品質関連実績情報である．
単一プロジェクトに対する品質要求と入力資源，要員，設備，予算，期間などの情報，成果や副次的効果に関する情報および単一プロジェクト横断的な組織的品質マネジメントに関係する諸々の規定類や支援基盤となる工学や理論，管理技術，支援情報システムなどに関する情報などである．

4.4.2　品質マネジメントの出力

品質マネジメントの結果，達成できたプロジェクトの成果（プロダクト）の品質とプロセス効率の改善結果である．品質マネジメントの過程で発生した問題や課題，原因や対策（3点セット）などの情報も含まれる．最終的には，これらの品質関連情報を活用した結果がプロジェクトの目標である品質，納期，コストなどの確保と改善につながる．

4.4.3　品質マネジメントの制約

プロジェクト計画に設定された目標，納期，コストや母体組織が保有する経営資源，人的資

源，品質マネジメントに適用する管理技術の限界など，単一プロジェクトの品質マネジメントに関する制約である．

4.4.4 品質マネジメントの支援基盤

組織が保有する経営資源や人的資源，品質マネジメントのため支援技術や管理ツール，支援情報システムなど単一プロジェクトの品質マネジメントを支援する基盤である．

4.5 品質マネジメントのプロセス

プロジェクトマネジメントでは問題や課題の発生，予想される静的，動的リスクへの確実な対応に向けて踏まなければならない共通的かつ普遍的な基本プロセスがある．そこで本節では問題や課題，リスク対応への原則について解説する．

4.5.1 問題や課題解決のプロセス

図 4.4 に問題や課題の解決に向けた普遍的なプロセスのモデルを示す．このプロセスは以下に示すように問題の解決（品質保証），課題の改善（品質改善），リスク対策（静的，動的リスクへの対応）でも基本的には同じ流れになる．

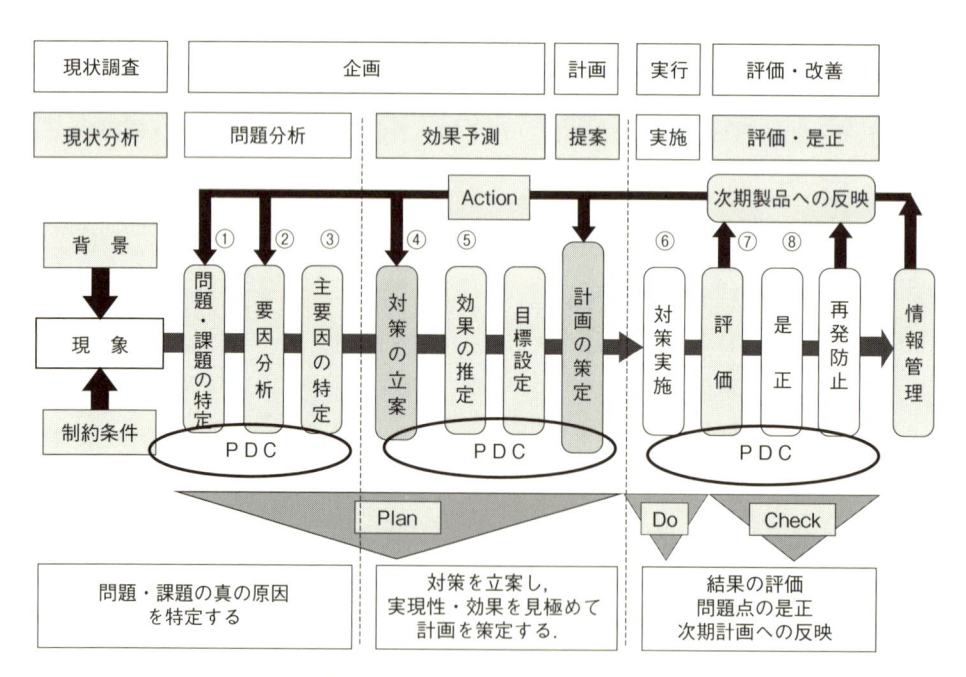

図 4.4 問題解決のプロセスモデル

① 問題点や課題，リスクの把握と特定
② 原因・要因の分析

③ 主要因の特定
④ 主要因を除去するための対策の立案
⑤ 効果推定と目標設定
⑥ 対策の実施（暫定対策と恒久対策）
⑦ 対策実施結果の評価
⑧ 問題の是正と再発防止

　ここで ① 問題・課題の特定，② 要因の特定，③ 主要因の特定，④ 対策立案，⑤ 効果の推定と目標設定までが Plan（計画），また，⑥ 対策の実施が Do，⑦ 対策の実施結果の評価が Check（評価）になる．すなわち，問題解決のためには PDC サイクルを回す必要がある．

(1) 問題や課題の把握と特定
① 可視化（見える化）の重要性
　見えない物は，その良し悪しがわからないのでマネジメントできない．
　例えば車の運転で目的地に対して今，車がどこを走っているのかがわからなければハンドルを右に切るべきか？　左に切るべきかといったコントロールができないことと同じである．そこで，見える化（可視化）のための測定の視点について説明する．

② 可視化の視点
　プロジェクトマネジメントではプロダクトやプロセスの問題や課題を把握するために図4.5に示す Plan（計画）–Do（実行）–Check（評価）の各段階でプロセス別に，最低限 QCD，すなわち Quality（品質）⇒ What，Cost（コスト）⇒ How much，Delivery（納期）⇒ When の可視化が必要であるが，本書では，さらに 5W3H の視点からプロジェクトの品質関連データを収集し，可視化して評価する．

③ 5W3H
　プロダクトやプロセスを測定するためには，起こっている現象を 5W3H⇒ Why（背景），What（目的），When（時間），Where（場所），Who（人），How much（価格），How many（個数），How to（方法）の視点から可視化する必要がある．それぞれの頭文字をとった 5W に How To の 1H を加えた 5W1H に，プロジェクトマネジメントの実務で重要な管理要素である，いくらで (How Much) と，何人 (How Many) を加え 5W1H (+2H) の 5W3H として捉える．

④ 測定と評価
　プロジェクトをマネジメントするためにはプロジェクトのプロダクトやプロセスを測定して問題や課題，リスクの有無を評価する必要がある．図4.5に示すように 5W3H と PDC の視点から品質測定法に基づく品質関連実績データの収集を行い，プロジェクトのプロダクトとプロセスを測定する．

⑤ プロジェクトの品質評価指標 (KPI: Key performance indicator)
　プロジェクトの問題解決や課題改善のためには，プロジェクトの入出力（プロダクト）およ

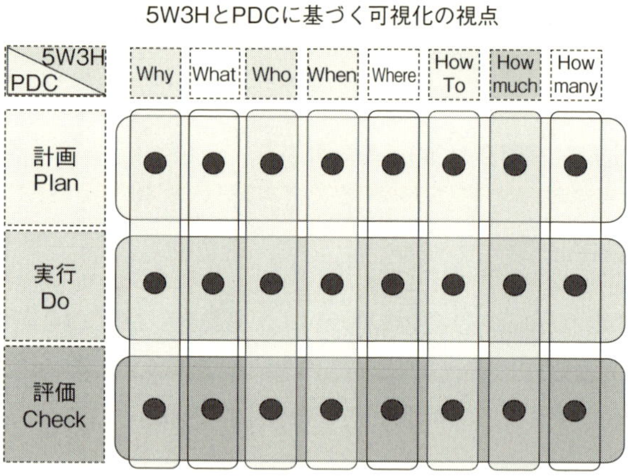

図 4.5 プロジェクトマネジメントの可視化の視点

びプロセスの良し悪しを定量的に評価するための品質評価指標 (KPI) が必要である．
　測定対象には過去・現在・未来があり，品質測定方法には直接測定と間接測定法がある．
- 過去・現在の実績値の直接測定 ⇒ 測定と呼ぶ．
- 過去・現在の実績値の間接測定 ⇒ 推定と呼ぶ．
- 未来の予測値の間接測定 ⇒ 予測と呼ぶ．

　過去・現在の品質関連データの直接測定により，プロジェクトがかかえる問題や課題を顕在化させ特定することができる．一方，過去・現在の間接測定では，現在起こっているが，直接的には測定できない現象を何らかの数理モデルに基づき推定し，プロジェクトに内在する問題や課題を顕在化させ特定する．

　推定には統計的な手法が有効である．さらに，未来の間接測定は，現在起こっている現象を直接測定によって把握し，何らかの数理的な予測モデルに基づいて，プロジェクトに将来起こる潜在的なリスクを予測する．予測や推定のモデルは，予測や推定の結果に妥当性（予測値と実績値の誤差が小さい）があることと同一環境，同一条件であれば誰がやっても何回予測（推定）しても結果に再現性があることが重要である．

- 過去・現在の測定・推定 ⇒ 問題点や課題の可視化
- 未来の予測 ⇒ リスクや効果の可視化

⑥ 測定と評価のプロセス

　プロジェクトの入出力（成果）やプロセスの良し悪しを見極めるには，図 4.6 に示すようにプロジェクトの開始前に測定対象（属性）を決定し，5W3H の視点か品質評価指標 (KPI) に基づくプロジェクト品質の定量的な目標を設定する．次にプロジェクトの開始前，実行中および完了後に同じ品質評価指標 (KPI) を用いて測定対象を測定し，評定水準に基づいて評価する必要がある．図 4.6 はプロジェクト品質の測定と評価にも適用できる JIS X0129 で規定されたシステム品質の測定と評価のためのプロセスモデルである．図 4.6 に示すように，プロジェクト品質の評価では何 (What) を評価するかを決めた後で，その何かを評価するための定量的な

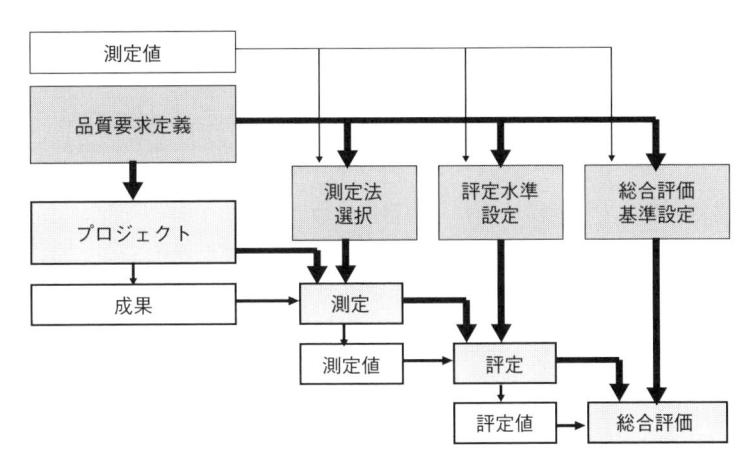

図 4.6　プロジェクト品質の測定と評価のプロセス (JIS X0129)

品質目標の設定 ⇒ 測定 ⇒ 評定水準の設定 ⇒ 評定 ⇒ 判定というプロセスを踏む．品質測定法による評価では以下の条件を満たす必要がある．

a) どのように現象を把握し，どのような基準で良し悪しを評価し判定するか？
b) 評価の結果が多くの人に納得され受け入れられるか？
c) 誰がやっても何回やっても結果に再現性があるか？

⑦ 評定と総合評価

図 4.7 に示すように，プロジェクト品質の良し悪しを評価するためには計画や設計段階で品質評価指標 (KPI：Key performance indicator) を用いて定量的に設定した目標値に対する実績値（結果）を測定し，測定値（実績値）と目標値（計画値）の比較を行って評定を行う．また，これらの評定値に基づいて総合的な判定を行い，プロジェクト品質の総合的な良し悪しを評価する．

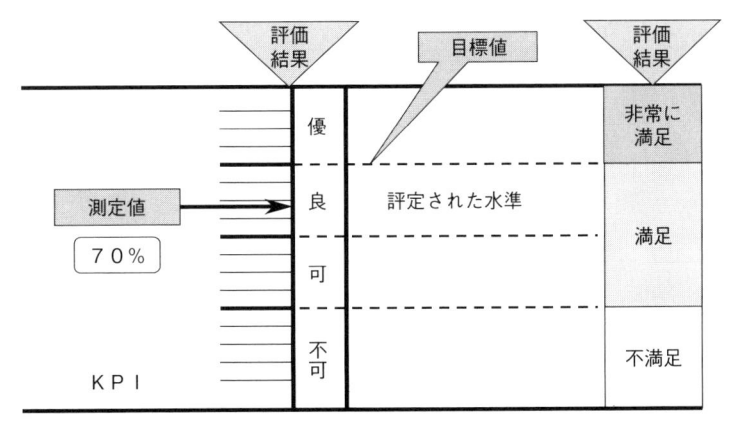

図 4.7　プロジェクトの測定と評定 (JISX 0129)

通常，計画と実績の差異は，計画より実績が下回る場合は問題であり，実行プロセスに何らかの問題があると判断する．一方，計画を実績が上回る場合には実行マネジメントプロセスに何も問題が無いと判断するが，実績が計画を大幅に上回る場合にはなぜ，それほど良い結果が得られたかの原因を特定し，その妥当性を見極める必要がある．もし計画段階で充分に想定できた原因により実績が良い場合には，むしろ計画の精度が悪かったと判断し，プロジェクトマネジメントの適正化に向けて計画段階の問題と原因を分析して解決を図る必要がある．このような意味で特別な理由が無い限り，プロジェクト実行の結果は計画値の上下付近に位置するのが望ましいと考えられる．また，問題や課題の特定では単に問題や課題の有無を認識するだけでなく，その問題によって起こる被害の規模や波及効果，解決の緊急度を考慮して，問題や課題の重要度を明確化（可視化）する必要がある．

(2) 要因の分析

測定と評価の結果，問題や課題，リスクが認められる場合には図 4.8 に示す特性要因図などを用いて重要な問題の順に原因（要因）の洗い出しを行い，問題を引き起こしている推定原因（要因）との因果関係を可視化する．

- 特性要因図 (Cause and effect diagram)

プロジェクトマネジメントでは問題や課題，リスクの真の原因（要因）を把握し，問題と原因（要因）の因果関係を可視化するために特性要因図などを用いて原因の洗い出しを行う．図 4.8 に示すように，ある問題に対して推定原因の洗い出しを行い，問題と，その発生原因（要因）と考えられる事項を矢印で結んで図示する．その図の形状が魚の骨の形に似ていることから別名魚の骨図 (fishbone diagram) とも呼ばれる．

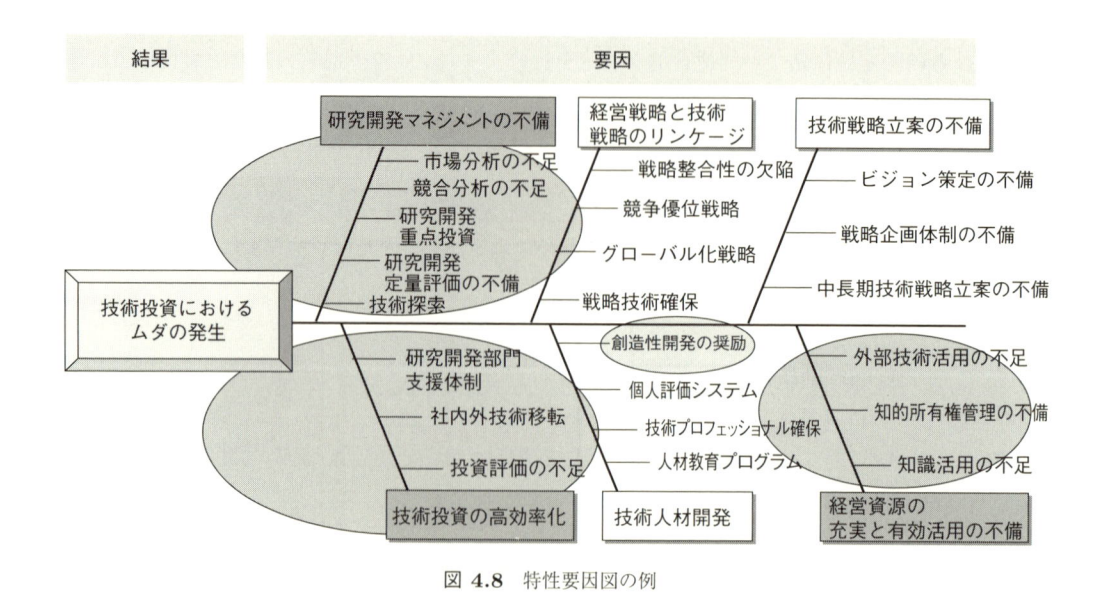

図 4.8 特性要因図の例

特性要因図は起こった現象と，その原因（要因）を検討し，その検討結果を可視化して整理

（構造化）するために有効な手法である．従来からプロジェクトの現場では問題に対する原因（要因）として 4M（人，機械，材料，方法）や測定器・測定方法 (measure) を加えた 5M の要因が洗い出しに必要とされてきたが，真の原因を漏れなく追求するためには，場所や時間などの視点も含めた 5W3H の視点から要因を洗い出すことが有効である．発生した問題事象を引き起こしている要因を推定する方法としてブレインストーミングなどの方法があるが，要因を列挙する際に最初からブレインストーミングで列挙しても無意味な場合がある．ブレインストーミングは過去の知識や経験から推定できる要因だけでは解決しない場合に有効である．

(3) 主要因の特定

問題に対する有効な対策を立案するためには，問題を引き起こしている主な要因を図 4.9 に示すパレートの法則（ABC 分析）などに基づき特定し，最小の経営資源の投入で，最大の効果を狙った対策を立案する必要がある．問題に対する主要因とは，全商品の 20%が売上全体の 80%に寄与する，全顧客の 20%が売上全体の 80%を占める，100 の蟻の内，よく働くのは 2 割だけ，税金を納める人の上位 20%が税金総額の 80%を負担しているなどの 20%を示す．例えば商品の品質マネジメントの分野で重点的に改良すべき製品を重要な製品から順番に 10 項目あげた場合，まずその最上位の 2 つの項目だけを改良すると全体の 80%を改良したのと同等の効果が期待できる．

● パレートの法則（ABC 分析）

イタリアの経済・社会学者，ヴィルフレド・パレート (Vilfredo Federico Damaso Pareto) が欧州各国や米国の統計データに基づいて，統計的に所得配分の研究を行い 1896 年にローザンヌ大学の論文集に発表した．問題の解決や課題の改善に向けて，その主な原因や要因を特定する場合や対策の優先度を明確化し決定する場合に有効な手法である．これは ABC 分析や 2:8 の原則とも呼ばれる．

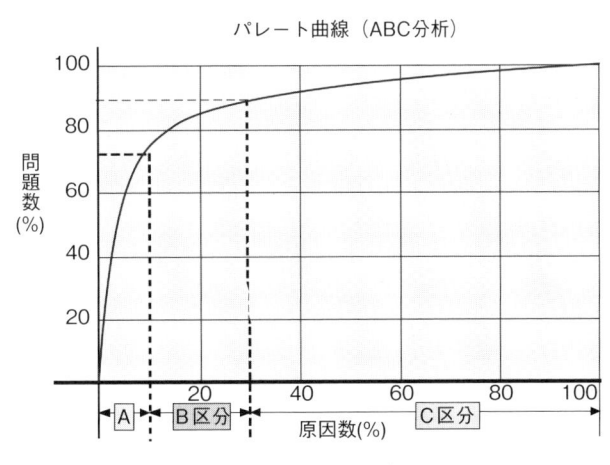

図 4.9 パレートの法則

(4) 主要因を除去するための対策の立案

問題や課題を解決するための対策は問題を引き起こしている主な原因（真の要因）を除去するための何らかの手立てであり，的確な施策を効果的に実施する必要がある．

問題解決や課題の改善，リスク対策のための対応には図 4.10 の対策のマトリクスに示す縦軸の ① 暫定対策と ② 恒久対策の 2 つおよび，そのそれぞれに対応して横軸に示す a) 事後対策，b) 予防対策，c) 予知対策の 3 つがある．

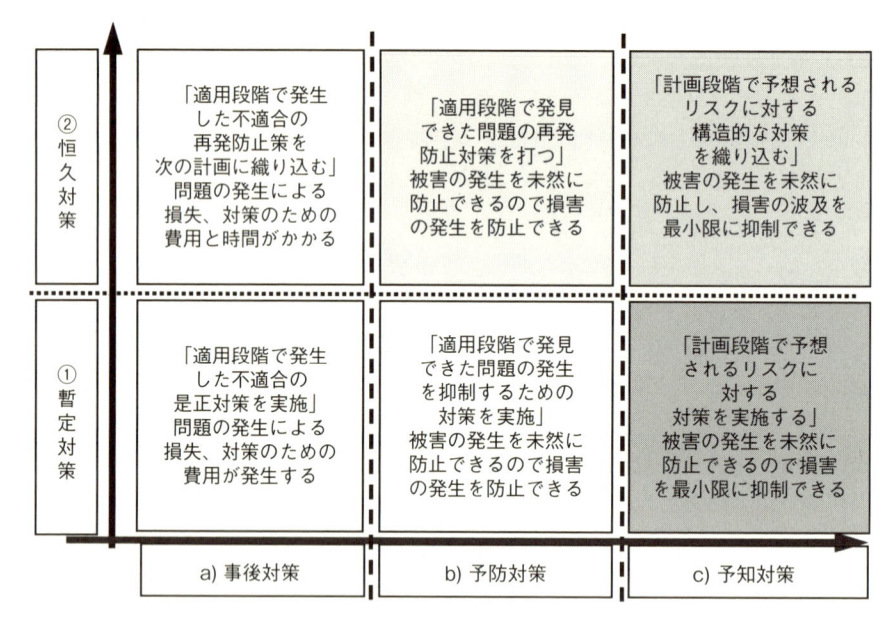

	a) 事後対策	b) 予防対策	c) 予知対策
② 恒久対策	「適用段階で発生した不適合の再発防止策を次の計画に織り込む」問題の発生による損失、対策のための費用と時間がかかる	「適用段階で発見できた問題の再発防止対策を打つ」被害の発生を未然に防止できるので損害の発生を防止できる	「計画段階で予想されるリスクに対する構造的な対策を織り込む」被害の発生を未然に防止し、損害の波及を最小限に抑制できる
① 暫定対策	「適用段階で発生した不適合の是正対策を実施」問題の発生による損失、対策のための費用が発生する	「適用段階で発見できた問題の発生を抑制するための対策を実施」被害の発生を未然に防止できるので損害の発生を防止できる	「計画段階で予想されるリスクに対する対策を実施する」被害の発生を未然に防止できるので損害を最小限に抑制できる

図 4.10 プロジェクト対策のマトリクス

① 暫定対策

障害や不適合の復旧に向けて短時間で比較的コストもかけずに速やかな是正を図る．原因の特定が不十分であっても，一次品質の回復を最優先させるため，対策は必ずしも根本原因を除去できない場合もある．

② 恒久対策

障害や不適合の再発防止に向けて，その真の原因（要因）を究明し根本原因を除去するための対策を実施する．企画，設計段階まで遡って対策を打たなければならない場合もあり，多くの場合は時間やコストがかかる．

a) 事後対策

予期しない障害や不適合が顕在化した後に対策を実施するので，損失の発生を未然に防止できない．通常は緊急を要するので対策の選択肢が少なく，技術的に解決が難しい場合も多いので，場合によっては多大なコストと時間を要する．恒久的な対策を打つのが理想的だが時間的，コスト的，技術的な制約からとりあえず暫定対策を実施し，その後，じっくりと主要因を特定し，

時間とコストをかけ充分な計画をたて根本原因を除去するための恒久対策を打つようにする．

b) 予防対策

定期的なプロジェクト監査などにより，積極的に不適合を検出し，検出された障害や不適合，リスクに対して対策を実行する．予期しない不適合の発生による損失を未然に防止できる半面，的確な診断に基づく問題，課題およびリスクの特定，主要因に対する除去対策が実行されないと無駄なコストと機会損失が発生する．

c) 予知対策

プロジェクト審査や監査などにより，プロジェクトの状態変化（トレンド）を見守り，特定の予測モデルを使って将来，起こる可能性のある損失や不適合の発生を予知し，リスク対策を実行する．予期しない障害や不適合の発生による損失を未然に防止できる．早期発見，早期治療と同じで事前に余裕を持って対策を実行できるので対策の選択肢も多く，対策にかかるコストや時間を最小限に抑制できる可能性がある．一方，予測の精度が悪いと無駄なコストが発生する．

(5) 効果の推定と目標設定

限られた時間や経営資源を活かして対策を実施し，最大の効果を引き出すためには対策と期待できる効果の関係を明確化し，効果に影響する主な対策を特定する必要がある．ここでも図4.8，特性要因図や図4.9で示したパレートの法則などの活用が有効となる．

(6) 対策の実施

対策の実施にあたっては可及的速やかな是正が不可欠なもの，対策に大きな投資や時間がかかるもの，小さな投資や短い時間で即効性があり効果も大きいものなどがあるので，通常は暫定対策と恒久対策に分けて優先度を明確化して実施することが重要である．

(7) 対策実施結果の評価

対策を打った後，本当に問題や課題が解決されたか否かを追跡評価し，その効果をかならず確認する必要がある．

(8) 問題の是正と再発防止

対策の結果を確認し，もしプロジェクトの目標とした期待効果が得られていない場合は，図4.4に示す問題解決のプロセスに基づき再度問題の是正をはかり，その対策を支援情報システムなどに蓄積・管理して類似プロジェクトにおける再発の防止を図る．

4.5.2　リスクマネジメントのプロセス

一般的にリスク対策と問題解決は別のマネジメントテーマとして論じられているが，リスク対策のプロセスは問題解決や課題改善のプロセスと同様である．なぜならリスクは図4.3で示すように，未来に発生が予想される問題や効果だからである．

図4.11に示す静的なリスク（起こることが想定される損失）や動的なリスク（期待される効果）への対応は図4.4で示した問題解決の基本プロセスの「問題」や「課題」を「リスク」と

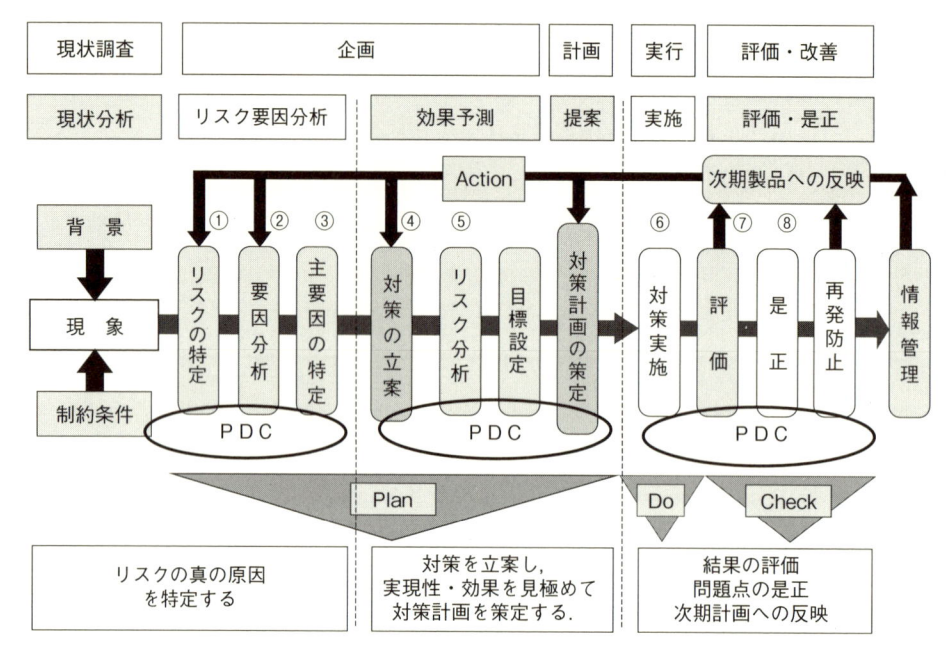

図 4.11 リスク対策のプロセス

読み変えることにより対応できる．図 4.4 の問題解決のプロセスで ① 問題点や課題の把握と設定から ③ 主要因の特定までがリスク分析と評価に，④ 対策の立案から ⑤ 効果の推定および目標設定までがリスクマネジメント目標の設定とリスク対応策の選択のプロセスに対応する．

ここで ① リスクの特定，② リスク要因の分析，③ 主要因の特定，④ リスク対策の立案，⑤ リスク分析とリスク対策のための目標設定までが Plan（計画）に対応する．また，⑥ 対策の実施が Do，⑦ 結果の評価，有効性の確認が Check（評価）に対応する．リスク対策でも問題の解決や課題の改善をまったく同じように，それぞれのプロセスで PDC サイクルを回す必要がある．

⇒ リスク対応方針の決定
　リスクの何に力を入れるかなどの対応方針を設定する．

(1) リスクの特定
⇒ 将来どのような問題が起こりそうか洗い出し特定する．

(2) リスク要因の分析
　特定したプロジェクトのリスクについて，その要因を推定する．

(3) 主要因の特定
⇒ リスクにどのような原因が存在するのかを調査・確認し，その中の主な要因を特定する．

(4) リスク対策の立案
　リスク要因分析の結果，明らかとなったリスクの主要因を除去するための対策候補を立案する．

(5) リスク分析 (Risk Analysis) と対策のための目標設定

リスクの大きさを定量的に評価し，そのリスクが許容できるか否かを決定する全体的なプロセスである．また，リスク対策の優先度，重要度を明確化し，そのリスクへの対策の効果を定量的に推定し，リスク対策を決定して，目標を設定する．
⇒ 特定したリスクの発生確率と被害の規模，対策の実現性と効果・優先度・重要度を明確化する．

① リスク因子の影響度を評価する．⇒ 重大性，緊急度，波及度，クリティカリティ
② どのリスク因子に優先的に対処するかの優先順位の決定．
③ リスク対策のコストパフォーマンスを影響度も含めて分析評価し再検討する．
④ リスク対策の優先度をつけて，決定し，目標を設定する．

(6) リスク対策の実施

(7) リスク対策の効果を評価し，問題を是正する．

4.5.3 問題・課題およびリスク対策の企画

図 4.12 に問題・課題およびリスク対策のプロセスに対応した企画提案書の記述項目を示す．

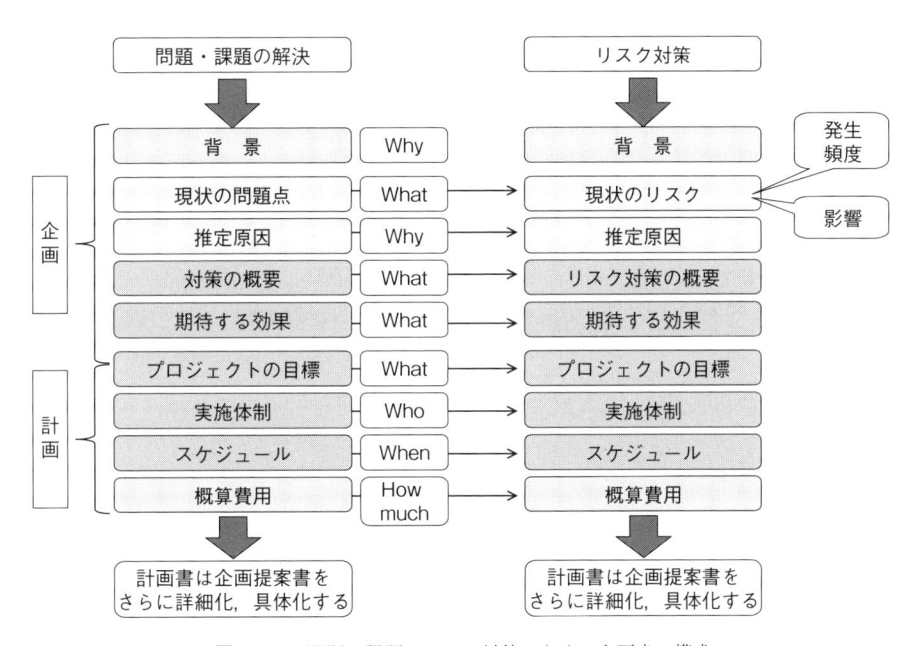

図 4.12 問題・課題・リスク対策のための企画書の構成

図 4.12 のように，プロジェクト活動の目的となる問題や課題の解決，リスク対策のプロセスは同一であり，プロジェクト立上げのための企画提案書は図 4.4 および図 4.11 のプロセスにそって，検討した結果を順次，5W3H の視点から記述することによって作成できる．

> **演習問題**
>
> 設問 1　問題を発見したら，直ちに是正しなければならない理由を述べよ．
>
> 設問 2　問題と課題の違いを述べよ．
>
> 設問 3　プロダクトの品質が悪い例をあげよ．
>
> 設問 4　プロセスの品質が悪い例をあげよ．
>
> 設問 5　一次品質と二次品質の違いを述べよ．

参考文献

[1] 江崎和博：「情報システム導入プロジェクトの目標品質向上に向けた 3 次元統合価値モデルの提案」プロジェクトマネジメント学会誌，Vol.10, No.5, pp.15–19, 2010 年 10 月

[2] 江崎和博：「ソフトウェア開発の品質，生産性向上に向けた ISO/IEC 25030 制定の意義」情報処理学会誌ディジタルプラクティス，Vol.1, No.2, pp.94–100, 2010 年 04 月

[3] 江崎和博：「総合的なプロジェクト管理フレームの提案」プロジェクトマネジメント学会誌，Vol.11, No.2, pp.20–21, 2009 年 04 月

[4] 江崎和博：「プロジェクト品質向上に向けた ISO25030 適用の意義」プロジェクトマネジメント学会誌，Vol.10, No.5, pp.3–7, 2008 年 10 月

[5] 江崎和博：「経営視点から見た IT 投資における総合的なリスクマネジメント」プロジェクトマネジメント学会誌，Vol.6, No.4, pp.9–14, 2004 年 8 月

[6] 江崎和博，他 6 名：『これならわかる生産管理』MMBOK，工業調査会，2009.

[7] 『プロジェクトマネジメント知識体系ガイド・公式版（PMBOK ガイド第 4 版）』，PMI, 2008.

[8] 日本プロジェクトマネジメント協会企画：『新版 P2M プロジェクト & プログラムマネジメント標準ガイドブック』日本能率協会マネジメントセンター，2007

[9] （独）情報処理推進機構ソフトウエア・エンジニアリング・センター：『共通フレーム 2007 第 2 版』オーム社，2009

[10] 『ポートフォリオマネジメント標準 第 2 版』，PMI 日本支部，2009.

[11] 日本規格協会編：『JIS X0129 ソフトウェア製品の評価：品質特性及びその利用要領』，1994.

[12] 日本規格協会編：『JIS X0133-1 第 1 部：全体的概観』，1999.

[13] 日本規格協会編：『ソフトウェア品質評価ガイドブック』，日本規格協会，1994.

第5章
プロジェクトの人と組織のマネジメント

□ 学習のポイント

　プロジェクトはそれに関係する人（ステークホルダー）によって推進される．そしてプロジェクトを成功させるためには，それらの人々が目標の方向にベクトルを合わせることが肝要である．そのキーは各人の役割の明確化とコミュニケーションである．

　ここではプロジェクトとそれを取り囲むステークホルダー，特にプロジェクトの母体組織，およびプロジェクトの体制について理解する．次に組織や体制をつくる目的であるコミュニケーション，最後にその中心的役割を果たすプロジェクトマネージャのあり方を理解する．

□ キーワード

　ステークホルダー，母体組織，風土，機能型組織，プロジェクト型組織，マトリクス型組織，プロジェクト体制，基本体制，機能的役割，責任，作業，指示系統，プロジェクトマネージャ（－／の役割／のあるべき姿／の心構え），イメージ，読み，コミュニケーション（－／の重要性／の本質／における勘所），コンテキスト，経験の共有，公理系，心の窓，リーダーシップ，素直さ，人間に対する本質的な温かさ，ネアカ，直感的，感覚的，執念，信念，裁定的，決断力

　どのようなマネジメントをしても，どのようなツールや技術を採用しても，コミュニケーションの悪い組織やプロジェクトは効果的な，また効率的な成果を出すことは困難である．コミュニケーションの善し悪しは組織とマネージャおよびその組織に内在する風土によって決まる．また組織が問題に気付くまでは（問題を受け入れるまでは），その中の個人が気づいても，それを解決することはできない．そして組織が問題に気づくためのキーはマネージャのセンスと意識によって決まる．またマネージャの言動が組織の雰囲気を決める．マネージャの言動の歴史的積み重ねがその組織の風土になる．したがってマネージャのリーダーシップがプロジェクトの成功に非常に大きな役割を果たす．

　本章ではまずプロジェクトを取り囲むステークホルダーについて述べ，次にプロジェクトの母体組織，およびプロジェクトの体制について述べる．次に組織や体制をつくる目的であるコミュニケーション，最後にその中心的役割を果たすプロジェクトマネージャのあり方について言及する．

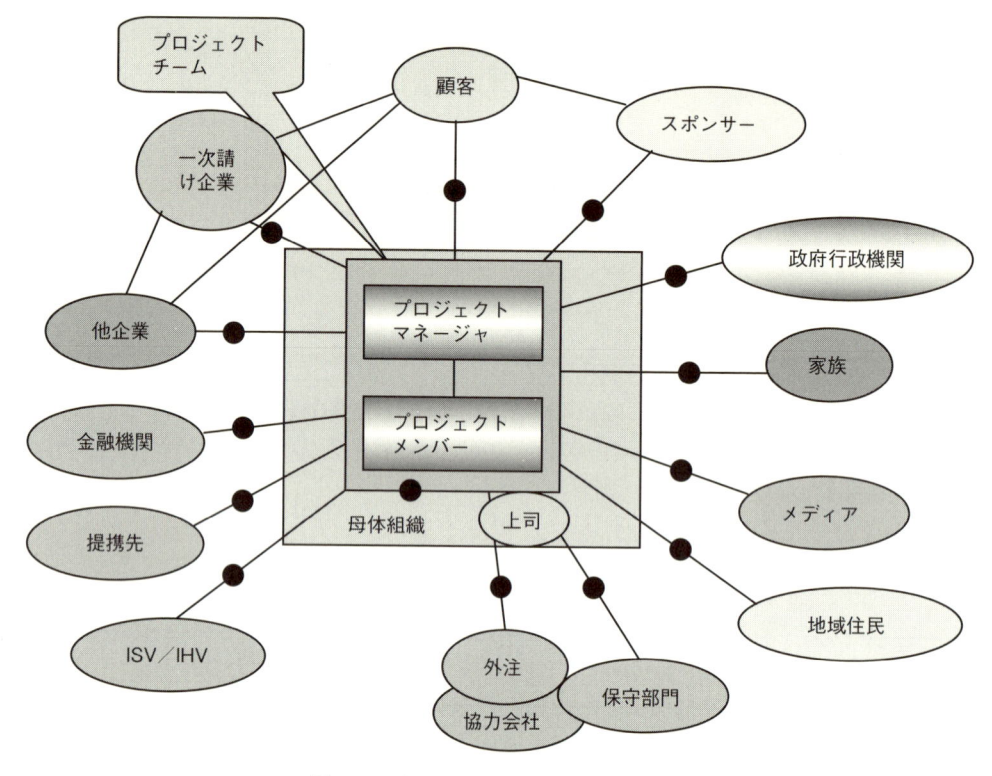

図 5.1 プロジェクトのステークホルダー

5.1 ステークホルダー

プロジェクトは様々な関係者を持っている．この関係者をステークホルダーという．図5.1にプロジェクトのステークホルダーの例を示す．

自分のプロジェクトのステークホルダーは誰かをきちんと把握し，コントロールしてプロジェクトを推進することはプロジェクトマネージャにとって必須である．プロジェクトチーム以外のステークホルダーとの関係が安定して初めてプロジェクトチームのマネジメントが有効になる．プロジェクトのステークホルダーをコントロールできなければプロジェクトは成功しない．

5.2 プロジェクトと母体組織

母体組織とプロジェクトの関係について図5.2に示す．母体組織とは広義ではプロジェクトの仕事を行う上で最も直接的に関与する従業員（プロジェクトメンバー）を雇用する企業（組織体）である．狭義ではプロジェクトが所属する部門であり，他のライン部門や企業全体の間接スタッフ部門を含まない．プロジェクトは母体組織の構造，文化，風土，専門技術のレベルに大きく影響される．プロジェクトが所属する母体組織を考慮せずに，安易に外部からプロジェクトマネジメントの方法論等を鵜呑みで導入，採用してもプロジェクトが成果を上げることは困難である．

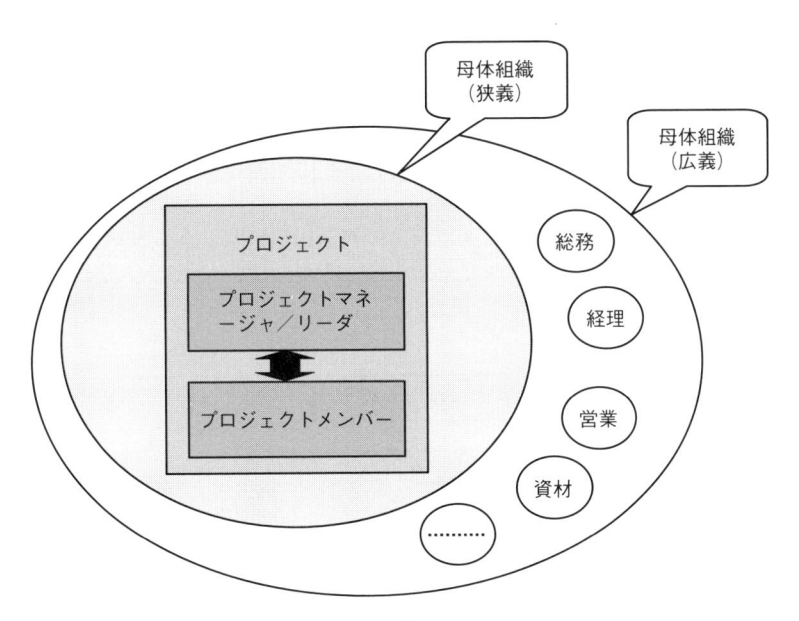

図 5.2 母体組織とプロジェクト

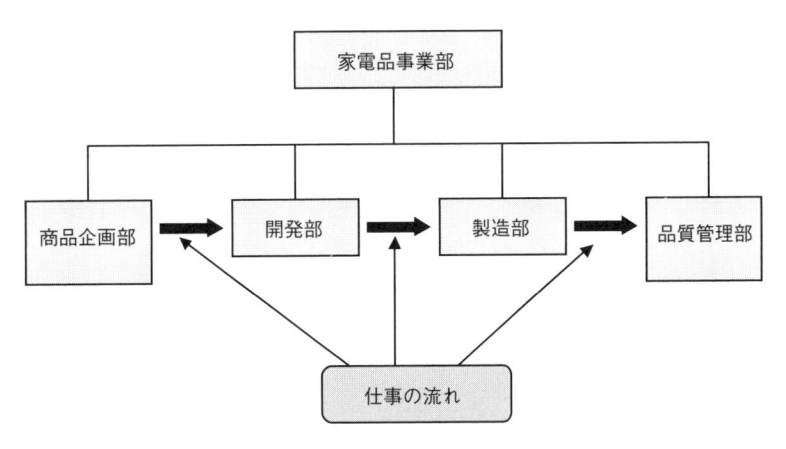

図 5.3 機能型組織

　母体組織の構造には大きく分けて，機能型組織，プロジェクト型組織，マトリクス型組織がある．

　機能型組織は定常的組織として必要な機能部門に分解されたもので，それぞれの機能の効率性を重視する組織形態である．例えば図 5.3 に示すように，家電品事業部で商品企画部，開発部，製造部，品質管理部などに部門機能（役割）を特化させ，商品は各部門を流れながら作られていく．各部門は商品生産の機能の全てに関与するわけではない．

　機能型組織の特徴は，部門内は階層的序列が明確であり，それぞれの従業員には一人の明確な上司がいる．したがって部門内コミュニケーションは比較的円滑で，専門的なスキルの向上がしやすい．反面，各部門特有の部門文化を持ち，部門間では，この違いによる敷居が高い．いわゆるセクショナリズムが発生しやすい．

図 5.4　プロジェクト型組織

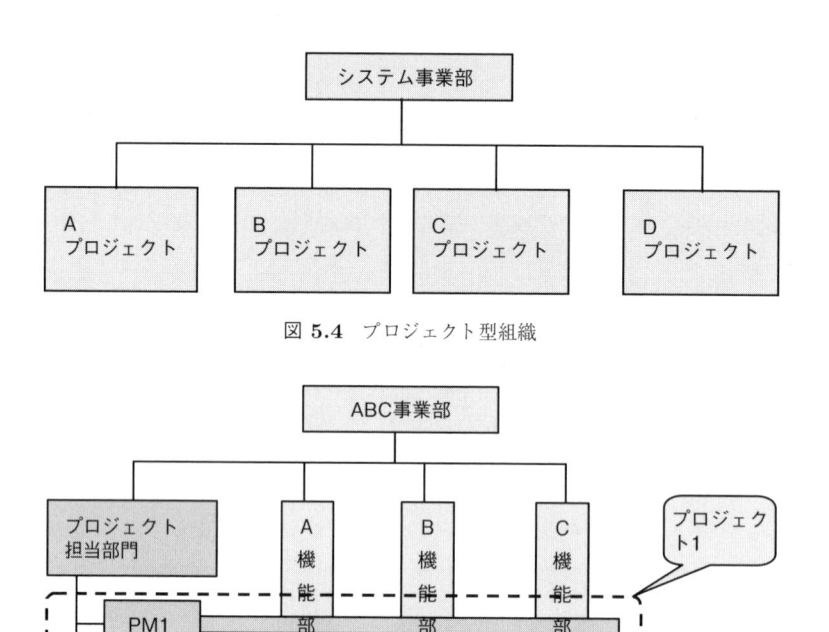

図 5.5　マトリクス型組織

　プロジェクトを作っても専任のマネージャが選任されなかったり，選任されても権限が与えられなかったりして，委員会的になってしまうことが多く，プロジェクトの責任の所在が曖昧になることも多い．またメンバーは，機能部門の仕事を優先する傾向があり，部門間の調整も面倒になる．プロジェクトの運営は困難になり，成果をあげにくい．機能型組織でプロジェクトの成果をあげるためには，プロジェクトの目的を関係者が徹底して認識することが肝要である．
　プロジェクト型組織は変化する目的を達成するために，必要に応じてプロジェクトを編成し，遂行する．要員などはプロジェクトの要求に応じて，組み込まれる．仕事は通常プロジェクト内で一貫して遂行される．例を図5.4に示す．
　プロジェクト型組織は指揮・命令系統や情報の流れが単純で明確である．またプロジェクトチームと機能別組織間調整の必要がなく，課題の優先度をプロジェクト単独で決定しやすい．したがって事象に対して敏速な対応・処理が可能であるという特徴を持っている．
　マトリクス型組織は機能型組織とプロジェクト型組織の中間的性格を持つ組織形態である．例を図5.5に示す．マトリクス型組織はプロジェクト目標達成の遂行過程における必要な技術，要員供給の敏速な対応がしやすく，情報が他のプロジェクトに利用されやすい．また　エキスパートの養成，保持が効果的に進められるなどの特長を持っている．ノウハウの蓄積，人材の育成，継続性が特徴である．反面プロジェクトと機能別部門という二つの顔を持っているため，プロジェクトとしてのディジョンに混乱や遅れを生じやすい．
　プロジェクト型組織の短所はマトリクス型組織の特長の反対，マトリクス型組織の短所はプロジェクト型組織の特長の反対ということもできる．

もちろん現実の組織はこれら性格を踏まえて多様な変化形がある．

5.3 プロジェクト体制

　プロジェクトの体制は母体組織の戦略，構造，プロジェクトの位置づけ，目的，制約条件や前提条件，リスク，ステークホルダーとの関連を考慮して作られる．

　一般的にプロジェクトの目的は通常一人では達成が困難である．したがって複数のメンバーによってプロジェクトは推進される．プロジェクトの目的に合わせてこれらのメンバーの役割およびそれらの関係を明確にしたものがプロジェクト体制である．

　プロジェクトの体制を作る目的は「コミュニケーションを安定化させ，行動のベクトルを合わせること」[1] である．すなわちプロジェクトメンバーの役割，各メンバーの役割の関係を明確にし，必要な役割のところに必要な情報が伝わるようにし，コミュニケーションの偏りや不安定を防ぎ，その安定性を保持し，プロジェクト全体を目的の方向にベクトル合わせするために体制は作られる．

　体制，すなわち体制図とアサインされた担当者名を見ればそのプロジェクトの成否が予測できるといわれる．それは体制図によってそこに示された役割の関係から，それらがきちんと果たされればプロジェクトの最終目的を達成できるようになっているかどうか，またそこに実際にアサインされたマネージャや担当者からその役割を果たせる力を持っているかどうかが見通せるためである．

　体制を作り，その体制の中での各人の役割を決め，それを徹底することにより，各人の行動がプロジェクトの推進方向と一致してくる．その意味で体制を作ることはプロジェクトの骨格を作ることにもなる．

　体制を計画するに当たっては次のような手順を踏むとよい．

① プロジェクトを取り巻く外部組織との関係を明確化し，位置づけを明確にする
② プロジェクトの期間全体を通しての基本体制はどのようにしたらよいか
③ プロジェクトの各段階において体制はどのようにしたらよいか
④ その体制は現実にできるか
⑤ できなければ現実にとれる体制はどこまでか
⑥ 現実にとれる体制では，想定していることのうちどこまでができるか
⑦ できない部分はプロジェクト推進において致命的な問題になるか
⑧ 現実にとれる体制で遂行できるもののうち，止めても致命的にならないものがあるか
⑨ 遂行すべきものでレベルを落とすことが可能なものがあるか
⑩ ⑥，⑦，⑧，⑨を考慮して最終的な体制を決める
⑪ 最終的な体制でレベルを落としたところ，それにより予想される問題点（リスク），発生した場合の方針を整理する．

　なお②の基本体制とは，プロジェクト全期間を通しての基本的な役割を決めることである．基本的な役割とは例えばプロジェクトマネージャ，システム開発プロジェクトならば，開発シス

テムの基本（アーキテクチャ）設計，プロジェクト推進のためのマネジメント機能に関与する担当者などである．

次に体制を作るに当たって留意すべき事項を挙げる [2]．

① 機能的役割と実際の担当を分けて考える

機能的役割とはプロジェクトとして本来遂行すべき役割であり，実際の担当とはその役割を誰がするかである．実際の担当がいくつかの機能的役割を兼務することは差し支えない．ただし，この場合，担当者が兼務する役割の責任と権限，立場をきちんと認識すること，兼務したために作業が過負荷にならないこと，過負荷に陥った場合は，兼務者は上位の作業を行うことが原則である．

② 責任と作業を分けて考えてみる

責任者は，責任を負うべき範囲の関係する情報は全て押さえておかなければならない．また，必要な情報が責任者にきちんと伝達されるように体制とルールを作らなければならない．責任者だからといって必ずしもその作業をしなければならないわけではない．また責任者であるからといって，自ら作業をしてはいけないということでもない．責任者は自分の責任範囲としてのチーム全体のアウトプットを最大にするように考えることである．そのアウトプットはチームが作られてから存続する期間を通じて，チームの保有する力がフルに発揮されるように常時配慮することが必要である．

③ 機能的役割を各人にアサインする場合，各人の実際の当事者能力をよく見極めてアサインをしなければならない

要員不足で，どうしても役割に対する能力が不足した要員をアサインしなければならない場合でも，要員の選択基準として，経験をさせれば将来は期待のできる力を備える可能性のある人材を選ぶようにする．ただし能力不足のために予想される問題点は，アサインした時点で，リスク対策として検討しておくことが必要である．

④ 1人の担当に複数の指示系統ができる体制はできるだけ回避する．指示系統が複数ある場合，それらの指示の優先度は担当だけでなく，指示する人も決定できないからである．その決定ができるのは，複数の指示者のさらに上位の者となり，プロジェクトの動きは大きく制限されるか，混乱するからである．

⑤ 指示内容が基本的には変わらないのに，いくつもの担当を経由していく体制はよくない．この場合情報伝達の信頼性とスピードが向上することはなく，むしろ低下することが多い．

5.4 プロジェクトマネージャの役割

プロジェクトマネージャはプロジェクトをとりまとめ，目標を達成することが役割である．図5.6に顧客から受注したシステム開発プロジェクトのとりまとめ業務を示す．とりまとめ業務として明確な成果が要求されるものに，プロジェクト目標設定，プロジェクト計画の策定，プロジェクト実行管理，成果物の顧客への引渡しがある．これらの業務を達成するために，日常発生する業務に顧客との折衝作業，プロジェクトチームのマネジメント，関連部門（例えば外

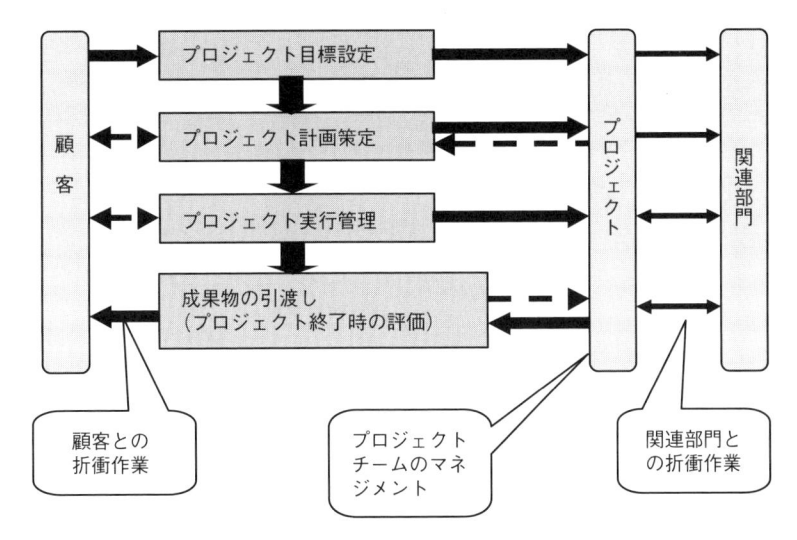

図 5.6 システム開発プロジェクトのとりまとめ業務

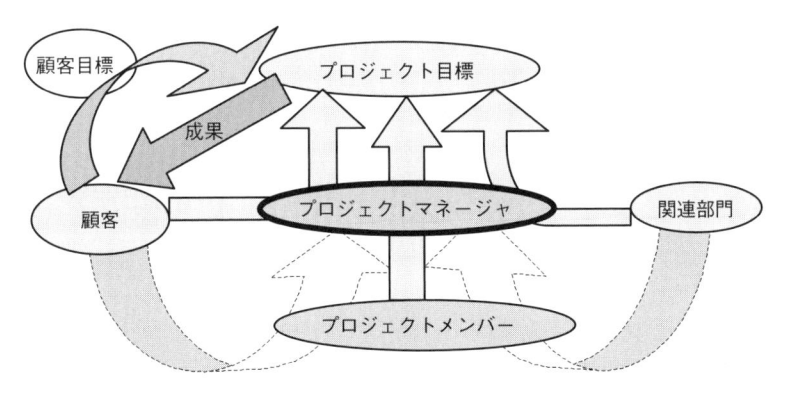

図 5.7 プロジェクトマネージャの役割

注など）との折衝作業がある．プロジェクトマネージャの役割を別な観点から見れば図 5.7 のようになる．顧客の目標を実際に推進するプロジェクトの目標に展開し，顧客，プロジェクトメンバー，関連部門を，プロジェクト目標を達成する方向に糾合し，最終的にはその成果を顧客に提供することである．この中心になるのがプロジェクトマネージャである．目標を達成し，成果を提供するためにプロジェクトマネージャに必要な要素は図 5.8 に示すように，イメージ，読み，コミュニケーション，リーダーシップである．

　プロジェクトマネージャが意識しなければならないのは，まずイメージである．プロジェクトの成功はイメージから始まる．イメージがないまま，断片的な要求からスタートしたプロジェクトは必ず失敗する．イメージしなければならないものには，プロジェクトの目的のイメージとプロジェクト推進のイメージがある．

　プロジェクトの目的のイメージでは，プロジェクトの成果として何がほしいのか　何が必要なのか　何が要求されているのかを明確にする．それは具体的にどんなものと想定できるか，プロジェクトが具体的に達成するものは何か．この具体的に達成するものが目標になる．シス

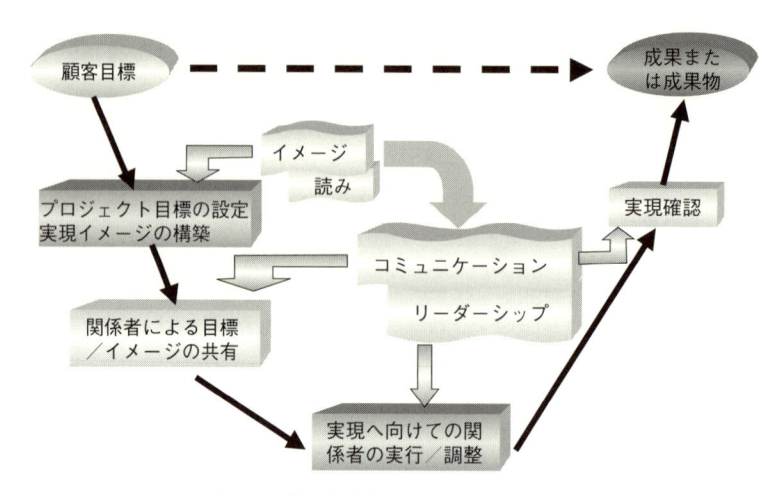

図 5.8 役割を達成するために必要な要素

テム開発プロジェクトにおいてはできあがったシステムの動く姿をまざまざと思い浮かべられるかがポイントである．発電所の建設など，プラント関係のプロジェクトは比較的失敗が少なく，IT 関係のプロジェクトに失敗が散見されるのは，IT 関係が技術的に難しいからではなく，このイメージを作りにくいからである．

　プロジェクト推進のイメージは目的のシステムを作るためのプロジェクトの動き方のイメージである．これはスタートから終了までのプロジェクトの動きを，映画を観るように想像することである．特に以下の事項を具体的にイメージし，計画に反映することが肝要である．

・現在の状態のままでプロジェクトをすすめたらどうなるか（成り行きイメージ）
・どのように進めれば品質・納期・コストなどの制約条件をキープできるか（あるべきイメージ）
・あるべきイメージ通りにプロジェクト推進できないと想定される場合，何が障害になるのか
・その障害を排除するにはどうすればよいか
・排除できないとした場合に，制約条件を変更できないか

　プロジェクト計画はあるべきイメージを作ると共に，成り行きイメージとあるべきイメージにギャップがある場合に，このギャップをいかにしてうずめるか，そのためにどうするかを反映することが重要である．

　「読み」はイメージしたものに抜けがないか，またその実現する各手段が妥当であり，現実に実現できる可能性があるか，問題があるとすれば何か，それはどのようにすれば対応可能になるかを徹底的に追及し，具体的な対策を明確化することである．リスクマネジメントの本質は「読み」である．ポイントを以下に示す．

・どの時点でどのような問題が発生しそうか
・その要因を現在排除しようとした場合の障害は何か
・その障害を突破するためにどうすべきか

・突破できないとすればその要因は何か

またその要因を排除することをせずに放置したら何が起こるかを読み，放置したときの問題と現在手を打つ軋轢とどちらがより重大な問題かを評価することが肝要である．

コミュニケーションとリーダーシップはチーム／関係者にプロジェクトのイメージを共有させるために必須であるが，重要であるので節を改める．

5.5 コミュニケーション

5.5.1 コミュニケーションの重要性

プロジェクトを推進するためにはそれぞれのメンバーは作業をしなければならない．しかし現実に作業をした結果，それが有効だったかどうかは疑問の余地がある．作業を有効作業，無駄作業に区分すると，ソフトウェアを主体としたシステム開発プロジェクトの無駄作業は非常に大きい．経験的には顕著な成功プロジェクトで20％，平均的なプロジェクトで50％，危険と見られたプロジェクトで80％，プロジェクト崩れのプロジェクトで95％程度と想定される．

無駄作業の最大の要因は「コミュニケーション」にある．情報伝達の例を挙げると，伝達する側の問題として

・伝達すべき情報が不明／曖昧である
・伝達すべき役割のところに伝達していない
・伝達すべきタイミングで伝達していない

伝達される側の問題として

・伝達された情報の価値を判断できない
・伝達された情報に気がつかないとか，無視をする

などである．これらによるロスは計り知れない．一説によるとプロジェクトマネージャの時間の90％はコミュニケーションにとられているとまで言われている．

情報伝達のロスを少なくするにはコミュニケーションの本質を理解し，そのレベルを上げることである．レベルを上げるには携わる人間の意識・姿勢，行動や情報の位置付けを明確にする組織とその役割，および組織と人を有機的に結び付ける風土について実感的に理解することが重要である．

5.5.2 コミュニケーションの本質 [1]

コミュニケーションの目的は「認識の一致と思いの一致」である．すなわち現状認識や課題について関係者の認識を一致させ，目的に対して思いを一致させることである．報告（伝達），話し合い，ドキュメンテーション（文書化）などは認識の一致と思いの一致を達成するための手段にすぎない．

図5.9にコミュニケーションの本質を示す．コミュニケーションの目的は「相手を動かす」

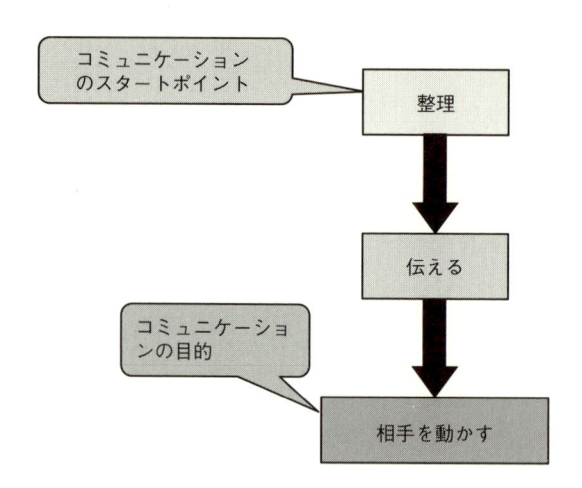

図 5.9　コミュニケーションの本質

ことである．どんなに言葉を尽くしても，スマートなプレゼンテーションをしても，その結果相手が動かなければ（少なくとも動こうとして第一歩を踏み出してもらえなければ）コミュニケーションをしたことにはならない．「相手を動かす」ためには，その思いを伝えなければならない．「伝える」ためには，第一に伝える当事者自体が本当に伝えなければならないことは何かを「整理」しておかなければならない．伝えるべき内容を「整理」することがコミュニケーションのスタートの第一歩である．

「整理」では伝えるべき内容を整理し，明確に把握することである．すなわち「誰に」，「何を」，「いつ」がきちんと決められ，決めたことについて，筋道を立てて，表現することである．システム技術，整理技術，固有技術はそのためのツールとして活用できる．

「伝える」では整理して把握している内容を相手に正確に伝えることである．管理技術，言語駆使能力，表現能力が活用できる．

「相手を動かす」で重要なことは人間に対する理解である．しかも反感的理解ではなく，共感的理解でなければならない．相手の性格，習慣，風土，文化，そして特に相手と自分の気持ちのマッチングについての感度を養うことに最重点の注意を払わなければならない．

コミュニケーションというと，「伝える」ことに注目が集まるが，より注意しなければならないのは，伝えるべき内容と「相手を動かす」という目的をしっかり認識し，そのために自分の頭を「整理」することである．

現在は，マネジメントする側にコミュニケーションの本質についての深い理解をすることが厳しく要求されている．この本質に対する理解が乏しければ，どんなに話し合いの機会を設けても，最新といわれているコミュニケーションツールを使っても，有効なコミュニケーションは実現できないであろう．

5.5.3　コミュニケーションにおける勘所

ここでは現実のコミュニケーションにおいて留意すべき事項について，その勘所としてコンテキスト，経験の共有，公理系，心の窓について解説する．

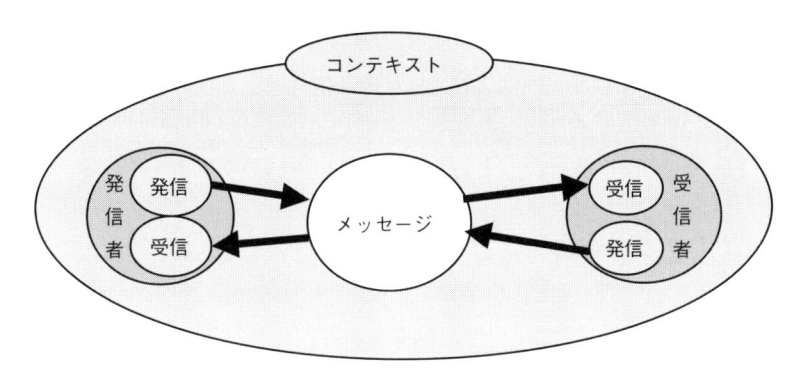

図 5.10 コンテキスト

(1) コンテキスト

図 5.10 にコミュニケーションの概念を示している．コミュニケーションの当事者には何かを伝えようとする発信者とそれを受ける受信者がある．発信者は受信者に対してメッセージを発信する．受信者はそのメッセージを受けて理解したならば，「理解した」というメッセージを発信し，そうでなければ「わからない」とか「反対」とかのメッセージを返す．発信者はそれを受け，次のメッセージを発信する．このメッセージの交換により，発信者は「相手を動かす」という目的を達しようとする．このとき交換するメッセージ（言語とは限らない）のみでお互いが理解できるわけではない．メッセージが持っている情報は不完全である．そのときお互いのメッセージを理解するための背景がコンテキストである．発信者と受信者のコンテキストが違っている場合，両者の間では同じメッセージでも異なったイメージが作られる．そこに誤解や，無理解，反発が発生する．

コンテキストには発信者，受信者それぞれの「経験」が含まれる．またお互いの「関係」がある．たとえば親と子の関係である．また「場所」，例えば熱帯地方に住んでいる人と寒帯地方に住んでいる人．それから「言語」，英語と日本語，それぞれの文化，歴史，また「時間」，忙しいと思っている人と暇だと思っている人，それから「時代」，昭和 20 年に小学校 1 年生だった人とバブル華やかなりしときに 1 年生だった人，それぞれのコンテキストは異なる．

コンテキストは，厳密にいえば各人ごとに異なるのが一般である．したがって発信者，受信者とも，自分の固有のコンテキストにこだわり，他のコンテキストを理解しようとしないならば，コミュニケーションは成立しない．特に「相手を動かそう」としている発信者は受信者のコンテキストを理解することが必要である．

(2) 経験の共有

各人のそれまでの人生における「経験」はコンテキストの中でも大きな要素を占める．ドラッカーは「コミュニケーションが成立するためには経験の共有が不可欠」[3]であると言っている．たとえば親と子がなかなか理解し合えないのは経験が共有されていないからである．一緒に住んでいるだけでは経験の共有にはならない．大きくは立場が異なる．子は親の立場を経験していない．江戸時代から言われている「子を持って初めてわかる親心」はこれを端的にあらわしている．

また学生時代，数年一緒だっただけの人でも，50歳を過ぎてから10年以上，同じ仕事をしたよりもわかりあえる（と思う）のは，若いころ未知の経験を一緒にしたからである．また困難なプロジェクトを協働して乗り切ったとか，スポーツで厳しいトレーニングを一緒に受けた例では，よく「同じ釜の飯を食った」という言葉で表わされているように以後，お互いにわかりあえる関係が作られる．

　しかし，一見同じような経験をしたように見えながらそうでない場合がある．例えば「上司と部下」，「先生と生徒」，「プロジェクトマネージャとプロジェクトメンバー」，「同一システム開発における顧客とベンダー」はそのままでは経験を共有したことにはならない．「立場」が異なるからである．例えば「上司と部下」では上司は指示する人，部下は指示される人である．したがってその経験は，場合によっては正反対の視点からなされるからである．他の例も同様である．しかし，異なる立場でも経験を共有するようにできる場合がある．それは相手と自分を峻別することではなく，共通の目的に向かって協働者にする場合である．上司と部下でも指示する人，される人ではなく，協同して，共通の課題を解決しようとする立場で関係を築くことである．その中で役割分担し，お互いの持ち場を守って，合わせて大きなことを達成しようとする姿勢である．

　経験の共有をするためには，活動の対象，すなわち，目的を共有することである．例えば「将来達成したい夢」，「協同して解決すべき問題，課題，対象」，場合によっては「共同の敵」を作ることも効果があるであろう．すなわち「あなたと私」という関係ではなく，「われわれ」という関係にすることが肝要である．

　最近注意しなければならないのはバーチャルな似非経験を経験と勘違いすることである．例えばTVでのイラク戦争の生中継をみて戦争を経験したとか，東日本大震災の津波の画面を見て，津波を経験したと思いこんだり，こたつに入って雪見酒をしながら，雪を経験したと思ったり，冷房の効いたところからの真夏の風景を見て，夏を経験したと勘違いすることである．現代はバーチャルな似非経験をすることが多く，それでわかったつもりになった表面的解説の言葉が氾濫している．そのために言葉が飛び交えば飛び交うほどコミュニケーションは悪くなってくる．

　「経験の共有」ということを強調するするとかえってコミュニケーションは困難になってくるのではないかという危惧の念が出てくるかもしれない．確かに個人にとって経験を共有した人はそんなには多くはない．また若い人は老人が経験したことを経験していない場合が多い．これを乗り越えるために経験を「過去の経験」ということに制限されずに「現在の経験」，「未来の経験」に拡大することが有効である．

　「過去の経験」とは実際に体験したことである．「現在の経験」とは現在直面している現実の状況や問題を感じている意識である．「未来の経験」とは実際にはまだ経験していないが，未来のある時点において経験するだろうという生々しい予感である．

　「未来の経験」について例を挙げる．子供を産んだことがある女性が妊娠から出産までの経験と，そこから得られた色々なノウハウを若い2人の聞き手に話した．一人は男性であり，もう一人は将来子どもを産むと思っている女性であった．経験者の話を聞いて男性は精子と卵子が合体して子供が生まれるのは当たり前で，それを仰々しく話すほどのことはないと思った．一方，女性の方は素晴らしい話で，大変参考になったと思った．男性は自分が妊娠するなどとは

思ってもいない．女性は将来妊娠すると思っている．この場合，男性は「未来の経験」を持っていないが，女性は「未来の経験」を持っている．プロジェクトマネジメントでも同じである．プロジェクトマネージャとしてプロジェクトを成功させたり，失敗させたりした人がその経験談を話した時，未来の経験を持たない人は，その話を，前の例での精子と卵子が合体したら子供が生まれるのは当たり前という認識でしか物事が捉えられないであろう．

　未来の経験を豊富にするために要求される事は知識ではなく，当事者意識，瑞々しい感覚，共感しようとする姿勢である．

(3) 公理系

　人は理屈では動かないといわれる．どんなにプレゼンテーションをうまくやっても，どんなに理路整然と説明されても人は動かないことがある．この現象が，論理的見方，論理的思考の訓練ができていないことからきているのならば，改善は簡単である．論理的思考や見方を教育，訓練しさえすればよい．しかしそのようなことをしても人は動かない．それはなぜか．それはお互いの公理系が異なるからである．

　図5.11にその関係を示す．ここで「Z」を納得させるために「AならばB」，「BならばC」……「YならばZ」と順序立てて説明していったとする．そのとき「XならばY」という論理を相手は全て納得したとする．しかし最後に相手は「しかし俺はZを認めない」と主張することがある．これは論理の部分が問題だからではない．最初にとりあげた論理の前提となるAを説得する側は自明のこととしているが，説得される側は認めていないからである．説得する側はAを公理と思っている．ところが説得される側の公理は「A」ではなく「甲」だったとする．そのとき同じ論理で「甲ならば乙」という論理が展開され，異なった結果になる．

　ユークリッド幾何学と非ユークリッド幾何学が同じ論理を使いながら，公理が異なるために異なった結論になるのと同じである．

　説得する側の「A」や説得される側の「甲」は当事者には公理に思われる．ただし第三者からは仮説とみなされる．この公理または仮説に対する理解がないと心から相手を納得させることは不可能に近い．この公理は各人の背景，すなわち経験，環境，生き方から出てくるものである．したがって説得する側は相手のAを理解し，感じることができなければならない．また自分のAができるだけ世の中に受け入れられるよう，広い視野と高い見識を持てるよう自分を磨かなければならない．

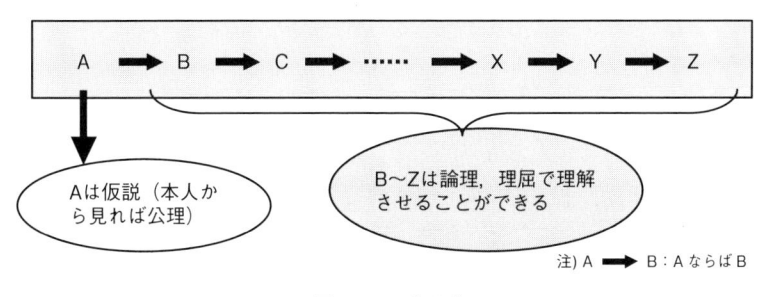

図 5.11　公理系

(4) 心の窓

誤解されやすいのはコミュニケーションの主導権が発信側にあると思われることである．これは間違いである．コミュニケーションの主導権は受信側にある．受信側が「心の窓」を開くかどうかでコミュニケーションが成立するかどうかが決まる．「心の窓」は受信側が公理と思っているところにある．発信側はこの窓を探さなければならない．この窓を探さずに「壁」を叩いでこじ開けようとしている場面を見かけるが，瞬間的な面従腹背を除けばほとんど効果はない．壁をどんなに叩いても窓は開かない．

受信側には様々な壁がある．いくつかの例を挙げてみる．

① バカの壁　　「知っているつもりの壁」または「ガラスの壁」P70〜71 の例の男性の壁
② 無関心の壁　　発信者に対して関心がない
③ 軽侮の壁　　発信者に対して，心の底では「あいつがいいことを言うはずがない」，「あいつはどうせ駄目な人間だ」，「あいつにできるはずがない」
④ 傲慢の壁　　「自分が一番知っている」，「自分が一番できる」，「俺以上に力のある奴はいない」
⑤ 不信の壁　　発信者の下心ばかりを感じてしまう
⑥ 嫌悪の壁　　発信者を嫌っている
⑦ 自己保身の壁　　全て自分の立場がどうなるかという視点からしかものが見えない
⑧ 臆病の壁　　行動の第一歩を踏み出す勇気がない人．言葉では相手の言うことがわかるような気がするが，それを行動に移すのが怖い．やらなければいけないことできない自分のギャップにますます自信がなくなってしまう
⑨ 恐怖の壁　　発せられる内容よりも発信者からの威圧感に圧倒されてしまう
⑩ 視野の壁　　視野が狭いため，または視点が低いために相手の発している内容を理解できない．「異文化コミュニケーションの壁」は「視野の壁」

また発信側の態度によって受信側が壁を作る場合がある．受信側に壁を作らせるようにする発信側の態度についていくつかの例を挙げる．

① 相手を呑んでかかる人　　相手を小さな物，小者と考え，相手をするまでもないと無視してしまう，というよりも相手のことが見えない
② 卑屈な人　　自分をいやしめて，相手に迎合しようとする
③ ひがむ人　　何事も悪いほうに解釈する．「卑屈な人」と根っこは同じ
④ 冷たい人　　相手に関心がない，自分の世界だけに閉じこもっている．人との交流や折衝は自分の殻だけで通そうとする人間
⑤ 人によって態度が極端に変わる人　　相手の地位や立場の強弱，自分の好き嫌いで態度を変える．好きな人とか重要と思っている人には丁重に応対するが，そうでもない人には意を用いない
⑥ 必要以上に知識をひけらかす人　　ちょっとしたことでも自分は知っていると言うことを示すために，知っていることはなんにでも口を出し，他人が話している中の小さなことの

誤りを滔滔と弁じる．また，自分がたまたま知っていることを他人が知らなかったりすると小馬鹿にし，逆に自分の誤りを指摘されると，感情的になって強弁したり，その弁解に，また浅い知識をひけらかす

⑦ どうでもよいことに自分の主張を貫く人　　A を選んでも，B を選んでもどちらでもよいときに，例えば A に固執する

⑧ 自分は常に人のためを考えていると思っている人　　本当に他人のためになっているかどうかを吟味しないで，自分の考え，好みのみから他人に干渉している．自分はよいことをしていると言う独善

発信側は常に受信側の「心の窓」を察知する感度を持ち，彼らが持っている壁を認識し，彼らに壁を作らせるような態度をとらないよう注意しなければならない．

5.6　リーダーシップ

組織と人を目的の方向に結び付けて成果を上げるキーは組織のマネージャである．マネージャは組織の目的や方向性を示すイメージ共有の核である．ここがしっかりしていなければ組織は成果を挙げることはできない．マネージャは「リーダーシップ」を持たなければならない．

リーダーシップとは「目的へ向けて関係者を動かす影響力」である．

リーダーシップの原動力は

$$\text{「目的に対する思い入れの強さ」} \times \text{「コミュニケーションの力」}$$

である．「目的に対する思い入れが強い」ためには，その前提として目的の具体的イメージを明確に描いていなければならない．そしてそのイメージに対して実感としての妥当性に対する確信，情熱と執念を強く持っていなければならない．しかし思い入れが強ければ強いほど，それを持っていない人との間ではギャップが生じる．これは歴史が教えるところである．このギャップをうめるのが「コミュニケーションの力」である．マネージャは自分が持っている「目的に対する思い入れ」を「コミュニケーションの力」によってプロジェクトメンバーや他のステークホルダーにも持ってもらうように行動しなければならない．もし，これができればどんなに困難なプロジェクトでも，はつらつとした展開ができるであろう．

5.7　プロジェクトマネージャのあるべき姿 [1]

5.4～5.6 節でプロジェクトマネージャの役割について述べ，コミュニケーションとリーダーシップに言及してきた．次に，この核となるプロジェクトマネージャがどうあらねばならいかについて述べる．本節でマネージャが持つべき特性，5.8 節でマネージャの心構えについて述べる．

マネージャが持つべき特性として素直さ，人間に対する本質的暖かさ，ネアカ，直感的／感覚的，執念，裁定的の 6 項目を挙げる．もちろんここで述べていることはある意味で理想的な特性である．現実の人間でこれらの特性を十全に持っている人は滅多にいない．しかしこれら

の特性は重要である．大切なことは，プロジェクトマネージャが，これらの特性を持っているかどうかを査定的に判断することではなく，これらの目指すべき特性に，昨日よりは今日，今日よりは明日というように，一歩でも近づいているという実感を持つことが肝要である．

5.7.1 素直さ

インプットとしての素直さとは「あるがままの現状をそのとおりに認識」することである．
良いことは良く見え，悪いことは悪く見える．これは一見簡単そうであるが，非常に難しい．
固定観念，独断，硬直，焦り，傲慢，プライド，恐怖心などがフィルターとなり，結局物事をあるがままに見ずに，自分が見たいものしか見ない．素直になるためには，自分が何となく，不安を感じたり，悩ましいとか焦っていると思ったりした時，それを見つめることである．そして潜在的に感じられる不安とか，こうしなければならないと思うことに静かに耳を傾ける訓練をすることである．

アウトプットとしての素直さとは「思っていることをそのまま表現できる」ことである．
すなわち本音をだすことである．世の中は本音だけでは通じない．たてまえも必要であるといわれる．しかしたてまえはその場を取り繕うだけのものである．病気を根本的に治すことではなく，とりあえず痛み止めを打っているだけである．もちろん本音を出せばいつでも，どこでも物事が通じるほど世の中は甘くはない．本音が通じるかどうかが実力である．本音が通じないとき，たてまえに逃げるのではなく，通じさせる力を持てるように努めなければならない．

ただし本音のレベルは高くしておかなければならない．低レベルの本音とは「瞬間的／短期的自己保身」である．レベルの高い本音の原点は「目的に照らして，喜怒哀楽を素直に表現」することである．常にプロジェクトや組織の目的から物事を判断し，その実現に向けて思いをぶつけることである．

コミュニケーションは「相手の言いたいことの中で良いものを探し出す」という積極的な意味での素直さが基本になる．

5.7.2 人間に対する本質的な温かさ

「温かい」ということは，他の人が何を考え，何を望んでいるかについて，真に関心を持っているように思われる時に相手が感じる気持である．マネージャに「温かさ」を感じた時，メンバーは思い切って仕事ができる．すなわち「味方から鉄砲を撃たれる」とか「二階に上がってはしごを外される」という不安感を取り除かれ，対象は外部にのみ存在するという安心感をメンバーに与える．そしてその対象に対して集中して力を向けさせる．

「温かさ」の基本は誠実，落ち着き，相手の立場で話を受け止められることである．それらが混然一体となり，抱擁されるような感じとして受けとられることである．また「相手を好きになること」，そのためには「相手の長所を探し出す」という視点からコンタクトすることが重要である．相手の短所を探すことに熱心な人は，そのことによって自分の優位さを誇っているだけで，真に相手からの共感は得られない．

5.7.3 ネアカ

ネアカとは，その本人がいるだけで集団全体が明るく，積極的な雰囲気になるようなものである．本人が外見上明るく見えているとか，言動が派手であるとかには関係しない．静かで，あまりしゃべらなくてもよい．ただ本人がいることによって，自然と周りが活気づいて，談論風発するような雰囲気をかもし出すような状態である．

プロジェクトにおいて，ネアカの本質は「プロジェクト成功の状態をビビッドに思い浮かべられる」ことである．「思い浮かべられる」ということは外部からとか，焦りとかから強制的，観念的に思わされることではなく，自ら実感として最後はうまくいくという感覚である．この感覚が内面からにじみ出て，チームに落ち着きと明るさをもたらす．このためには楽観的イメージを悲観的イメージよりも強く持つことが重要である．楽観的になることは安易に物事を考えることではなく，考えられる全てをイメージした上で良い方向に持っていくという意志である．

また日常の判断や決断において常にその基準をプロジェクト「本来の目的」におくことが基本である．目的志向が徹底すればチームに落ち着きと明るい緊張が見られるようになる．上位部門が目的志向ではなく，低レベルの自己保身志向に陥った場合，チームには陰湿な空気とヒラメ思考が蔓延するようになる．その上で，5.7.2項でも述べたが，関係者の短所より長所を見て，長所を探し出す気持ちが重要である．

また万一プロジェクトが混乱し，見通しが困難になって，メンバーが浮き足立った場合，まずは，確実に実行できる小さなことをきちんと終わらせることに気持ちを集中させ，小さな成功体験の実績を積みかさねることが，ネアカの気持ちを保つ上で重要である．今日のことに全力を尽くすことが明日への基礎になることをはっきり自覚して，落ち着いて，正攻法で仕事をやっていける雰囲気を作ることが肝要である．

もちろん日常的行動における明るいメリハリ，オープンな雰囲気はベースとして必要である．

5.7.4 直感的／感覚的

全てを理詰めで進めようとすると物事は進まない．マネージャが3段論法を駆使して，証明されたものしか認めないようでは，プロジェクトはスムーズに動かない．プロジェクトが取り組むことは，常に未来のことについてである．未来の世界は本質的に常に未知の世界である．それを認識した上で，データと論理が有効な場合はそれを活用し，必要な場合，いざという時には直感的に，また生きた生身の感覚を重視した判断と決断が肝要である．そのためには一瞬で状況を認識できる感性を養っておかなければならない．そしてパターンや全体のバランス感覚から直感的に判断できるようにすることである．

直感的に判断するために重要なのは「イマジネーション」の力である．世の中では創造力（クリエーション）が要求される場面が多い．しかし創造は結果としてのアウトプットである．創造力を要求されればされるほど，人間の思考力はストレスで止まってしまう場合が多い．それよりも想像力（イマジネーション）である．頭の中にあふれかえったイメージが外に飛び出したものが創造になる．まずは頭の中にイメージを溢れかえさせることである．

プロジェクトマネジメントにおいてイマジネーションを働かせるポイントは，「天国と地獄を

想像すること」である．すなわち，常に最良（天国）をイメージして，その状態にするために日々全力を尽くすことと，常に余裕を持って最悪（地獄）をイメージし，そのための対策をイメージしておくことが肝要である．

天国へ行く最も近道は地獄へ行く道を熟知することである　（マキアベリ）

この言葉はプロジェクトマネジメント，特にリスクマネジメントにおける基本である．心構えとしては「頭では悲観的に，心は楽観的に」である．

システム開発プロジェクトにおけるイマジネーションとしては，「まだできていないシステム」の動く姿，およびプロジェクトの動きを，映画を見るようにイメージすることが重要である．

5.7.5　執念

プロジェクトの成功は，プロジェクトの目標や制約条件に対するプロジェクト計画書の妥当性およびプロジェクトに割り当てられる人的リソース，技術力，マネジメントスキル，および他のステークホルダーとの関係などで99％は決定されてしまう．根性とか竹槍精神だけでは，思いとは反対にプロジェクト崩れ[2]に突入してしまう．しかし困難なプロジェクトでは最後の1％を超えられず破綻してしまうことがある．この1％を乗り切るかどうかは執念である．

執念とは自分が首を切られるまで絶望せずに考えられるあらゆる手段を駆使し行動し，目標を達成するまで努力することである．自分から崩れることがあってはならない．自分からプロジェクトを投げるなどは論外である．ただし首を切られたら，潔く身を引いて再起を期すことが肝要である．首を切られたプロジェクトに未練がましい思いは抱かないことである．

5.7.6　信念

信念とは目標とそれに向かっての行動が，自分が潜在的に思っている最も大きな視野の世界で通用するという確信である．マネージャの信念からプロジェクトチームの気持ちの安定と正常な感覚が出てくる．

ただし本当の信念は言葉やプレゼンテーションではない．本当の信念は困難な場面に当たったときに現れる．この場面で，冷静に状況を把握しつつ，自分の考えや思いについて自信を持って対応できるかどうかである．マネージャが本当の信念とそれに裏打ちされた冷静さと目標へ向けた積極的な迫力を持って対応していけば，プロジェクトチームは最後まで頑張るであろう．

信念を養う一般的方法論はない．一つ言えることは，挑戦に対して応戦することが快感になることである．例えば困難なプロジェクトを担当することになった時，被害者意識を持つことではなく，腕を振るえる題材が来たと思うことである．失敗したら，次のための試練だと思えばよい．騒いでいる外野の99％は，自分ではできないで評論している連中と思って間違いない．低レベルの「保身」に走ったら，信念は絶対に養えない．

最後に信念にもレベルがあることを注意しておきたい．最下位の信念は「頑迷固陋」である．最上位の信念は「融通無碍」である．できるだけ高位の信念を持てるようになるために，自分の行くべき道に対して確信を持つことと同時に，新しい世界に直面した時，それを吟味する冷静な頭を持つことが肝要である．

5.7.7 裁定的

5.7.2項で人間に対する本質的温かさ，5.7.3項でネアカについて述べた．これらの特性は重要ではあるが，これらの特性だけではプロジェクトは仲よしクラブになってしまい，居心地はいいが，成果を上げる集団としては物足りない．これらの要素を横糸とすれば，縦糸は「裁定的」である．縦糸と横糸が織り合わさって，プロジェクトの成果としての織物ができる．

「裁定的」とは物事の理非，善悪についてけじめをつけ，判断を明確にすることである．すなわち課題に対する対応方針の明確な提示，対策案の選択における意思決定の果断さ，フォローにおける毅然とした意志などである．

裁定的であるには決断力，集中力，見通す力，自信，機敏さ，責任感が複合して表れなければならない．「自信」は冷静さと結果を他へ徹底するために必要である．「機敏さ」がなければ裁定的には見えない．「責任感」がなければ物事の対応に粗雑さが現れる．

「決断力」は特に重要である．マネージャの決断がなければ物事は進まない．また筋の通った，タイミングのよい決断でなければプロジェクトは堂々とは進まない．「いかなる名参謀も将帥の決断力不足だけは補佐することができない」（クラウゼヴィッツ）といわれている．プロジェクトマネージャにとって決断力は不可欠である．

決断するということは過去の経験と想像力を一瞬のうちに凝縮し，判断することであり，そのために重要なものは集中力（コンセントレーション）である．ただし決断しやすくするための考え方がある．それはどちらとも決めかねるのはどちらに決めても大差ないと思うことである．したがって先送りをせずに，決心の根拠をはっきりさせて，はやくどちらかに決め，その案の助長補短の工夫をすることが物事を効果的に進めることになると考えることである．

5.8 プロジェクトマネージャの心構え [2]

5.7節でプロジェクトマネージャのあるべき姿について述べた．本節ではプロジェクトマネージャの心がけるべきことについて述べる．まずは「目的を明確にし，妥当性のある目標を設定すること」，次にそれを達成する為に「主体的に責任を持つこと」，「品質意識を持つこと」，最後に部分最適化ではなく，全体としての成果を出すための「トータルアウトプットの最大化を意識すること」について述べる．

5.8.1 目的を明確にすること

目的が明確でなければ何事も始まらない．How Toや個別技術が進歩すればするほどWhatとWhyの徹底が必要である．多様な手段があるほど，目標の明確化と目標へ向けてのベクトルを合わせるマネジメントが重要になってくる．

まずは何が問題かを明確にする．そして問題が複数の場合，それらの問題の関係を整理する．そこで挙げられた全ての問題を一気に解決しようとすることはあまり現実的ではない．何を解決したいのかを突き詰めて考え，全体として解決すべき課題を整理する．そこで初めて「目標の設定」ができる．目標が複数の場合は「各目標の関連とプライオリティの設定」をする．そ

して目標達成のための「プロジェクト推進方針の設定」を行う．これら一連の活動が「目的を明確にすること」である．

5.8.2 主体的に責任を持つこと

目標を達成するための最もベースになるものは責任意識，すなわち「主体的に責任を持つ」ことである．組織やプロジェクトは，それに関係するメンバーが個人および組織として自らの目標，優先順位，他との関係，意志の疎通に責任を持つ場合のみ有効な成果を上げることができる．「責任を取らされる」のではなく，自ら責任を自覚し，主体的に責任を持つことが肝要である．

まずは「決めること」である．プロジェクトにおける事項の決定責任はプロジェクトマネージャにある．そして決めたことを自ら守るだけではなく，プロジェクトメンバーや他のステークホルダーに守らせることである．守れるか守れないかの判断にプロジェクトマネージャの総合的実力が現れる．決めたことを守るということは単に道義的なこととか，善意というようなことでなく，目標の実現に向かっての熱意と現実の状況を見通す冷静な判断力の問題である．その中には当然課題に対する認識力，技術的なノウハウも含まれる．

守るということの裏側には，万一守れない場合に「礼」を尽くすことが要求される．決めるということは，それに関係する人は，決めたことを前提に以後のことを予定しているはずである．したがって守れなかった場合はその人たちにダメージを与えることになる．「礼」を尽くすということはダメージを与えたことに対して心底申し訳ないという気持ちを表すことと，それによって受けるダメージをできるだけ少なくするためにその時点でできることがあれば，それを提示してやることである．

「決めたことを守る」ことの中で特に意識しなければならないことは「時間を守る」ことである．プロジェクト（広くは社会活動）は時間をベースにしていることが多いからである．時間に対する鋭敏な感覚を持つことは重要である．

またいざと言う時「逃げない」ことは責任を全うするという意味で，重要である．逃げてしまった場合，以後のリーダーシップはとれないと覚悟すべきである．そして何事にもけじめをつける意識で臨むことが肝要である．

5.8.3 品質意識を持つこと

品質意識とは最終目的に近い立場にある関係者に対してほど，より強く，問題が起こらないようにと考えることである．例えば空港のチェックインのシステムを観た場合，最終目的に近い順序で挙げると，まず「航空会社のオーナー」である．彼（または彼女）が自分の会社のビジネスを発展させるために導入しているはずである．そのためには「乗客」がチェックインをスムーズにできなければならない．そのためには対応する「係員（システムのオペレータ）」が扱いやすいシステムでなければならない．そのためにはシステムを「保守する部門」がメンテナンスしやすいものでなければならい．このように「航空会社のオーナー」，「乗客」，「係員（システムのオペレータ）」，「保守する部門」の順で考えることである．納入して，受領印（検収印）をもらったら，後は野となれ山となれでは品質意識があるとはいえない．責任意識を効果的な

アウトプットに結び付けるものが品質意識である．

品質意識の元になるものは障害が発生した場合，それに対して「自分がダメージを受けた」と実感として感じる生身の感覚である．それは例で挙げた「航空会社のオーナー」としての感覚である．

実際の行動としては「早期発見・早期治療」がポイントである．問題があった場合，またありそうだという場合，リスクマネジメントにおけるリスクのトリガーを摘み取る意識が重要である．ただし何を問題，またはトリガーと感じるかのセンスがポイントになる．切り傷と癌の一期症状を見分けられるかどうかである．切り傷は誰でも対処できる．それほど注意しなくてもよい．しかし癌の一期症状は専門医でなければ検出はできないし，放置しておいたら大問題になる．

いざ問題が発生した時，マネージャの問題追求における態度が勝負を分ける．問題が発生したときの現象から原因を追求していく過程で物事を切り分け，整理していく迫力ある姿勢である．これが修羅場のリーダーシップの原点である．修羅場のリーダーシップがとれない場合，平常時にどんなに完ぺきなマネジメントをしても，本当の意味でのリーダーシップの原点になる「信頼感」を持ってもらえない．

5.8.4 トータルアウトプットの最大化を意識すること

「トータルアウトプットの最大化を意識する」とはプロジェクト（メンバー）全体のベクトル和の最大化を図ることである [4]．そのために部分最適化に拘ってはならない．トータルイメージから発想する．システム開発の場合，それは常に最終のシステムイメージを頭に浮かべた上で，開発期間，予算とのバランスを考慮して判断することである．このトータルイメージを意思決定の基準にすれば，最終的にはプロジェクトの成功確率は高くなる．

トータルアウトプットを上げるポイントは2つある．一つは目標と体制・役割の明確化を図ることである．プロジェクト目標を明確にすることにより，ベクトルの方向をはっきりと指し示すことができる．またプロジェクト体制と各人の役割の明確化を図ることによりコミュニケーションの安定化・確実化を達成し，最も無駄作業を発生させる，コミュニケーションの齟齬を防止できる．各人の役割を決めるにあたって，プロジェクトの目標からブレークダウンされた各人の目標を明確にすることが肝要である．そこではプロジェクト体制と各メンバーの役割・責任の間に重複や漏れが無く，整合性が取れていなければならない．すなわち各人が自分の目標を達成すれば，プロジェクト全体の目標が達成できるようになっていなければならない．これにより「情報伝達の信頼性とスピード」を上げる．もうひとつは「礼儀」である．これは形式上のことではなく，本質的な意味で「人間として認め合う」ことである．

このふたつに留意して，相互信頼の構築を図る．そして信頼感を醸成し，チームワークの確立を図る．信頼感とチームワークがよくなれば，そうでないプロジェクトに比較して効率は数倍になってくることは確実である．

演習問題

設問1 以下の文章で抜けているところを埋めよ

プロジェクト体制の計画に当たっては次のような手順である

① プロジェクトの期間全体を通しての　a　はどのようにしたらよいか
② プロジェクトの　b　において体制はどのようにしたらよいか
③ その体制は現実にできるか
④ できなければ現実にとれる体制はどこまでか
⑤ 現実に取れる体制では，　c　ことのうちどこまでができるか
⑥ できない部分はプロジェクト推進において　d　になるか
⑦ 現実にとれる体制で遂行できるもののうち，止めても致命的にならないものがあるか
⑧ 遂行すべきものでレベルを落とすことが可能なものがあるか
⑨ ⑥, ⑦, ⑧を考慮して　e　を決める
⑩ 最終的な体制でレベルを落としたところ，それにより　f　，発生した場合の方針を整理する．

設問2 皆さんが現在関係しているプロジェクト（ない場合は過去に経験した，または周囲の人間が関係しているか経験している）におけるステークホルダーを挙げよ．その中で以下のようなステークホルダーは誰か

1) 重要と思われるステークホルダー
2) プロジェクトの目的を理解しているステークホルダー
3) 相互に対立しているステークホルダー
4) 立場がはっきりしないステークホルダー
5) プロジェクトをサポートしてくれるステークホルダー
6) プロジェクトの障害となるステークホルダー

参考文献

[1] 髙根宏士：『クライアント／サーバプロジェクト管理マニュアル』，ソフト・リサーチ・センター，1998
[2] 髙根宏士：『ソフトウエア工程管理技法』，ソフト・リサーチ・センター，1991
[3] P. F. Drucker：*MANAGEMENT*, Harper&Row, Publishers Inc., 1974. 邦訳，野田一夫他：『マネジメント』，ダイヤモンド社，1974

[4] 髙根宏士:「プロジェクトマネジメントの原点」プロジェクトマネジメント学会誌，Vol.4，No.1，巻頭言，2002

第6章
プロジェクト計画マネジメント

□ 学習のポイント

　プロジェクトは設定した目標を限られた入力資源で達成するための期間限定の活動であり，プロジェクトの実行に先立ってプロジェクト計画書を策定する．プロジェクト計画では，過去に実施した類似プロジェクトの実績情報を活用して「プロジェクトで設定した目標を計画通りに達成できる」ようにするための的確な計画情報を提供する必要がある．本章ではプロジェクト計画とは何か？　プロジェクト計画マネジメントとは何か？　プロジェクト計画はどのようにして作成するかについて解説する．

- プロジェクト計画の目的と定義について理解する．
- プロジェクト計画に求められる要件について理解する．
- プロジェクト計画マネジメントの概要について理解する．
- プロジェクト計画の入出力について理解する．
- プロジェクト計画マネジメントプロセスについて理解する．
- プロジェクト計画書の作成プロセスについて理解する．
- プロジェクト計画書の内容と文書化の方法について理解する．
- プロジェクト計画書レビューの目的と方法について理解する．

□ キーワード

　プロジェクト計画書，プロジェクト企画書，要件，文書化，計画審査，プロジェクト体制，スケジュール，WBS，リードタイム，要員計画，要求定義，単一プロジェクト計画書，マルチプロジェクト計画書，ステークホルダー，5W3H

6.1　プロジェクト計画の目的と定義

　図6.1に示すように，プロジェクト計画書はステークホルダーの要求を実現するためのイメージを文書化することによって可視化し，現実の世界に投影するための計画を文書化したものである．プロジェクト計画ではプロジェクトの効率化を支援するための的確な計画情報を提供する．また，プロジェクトで発生する諸々の情報を活用して「プロジェクトで設定した目標を計画通りに達成できる」ようにするための計画を立てる．

　これにより，単一プロジェクトの実行に先立って，プロジェクトのQ：品質，C：コスト，D：納期およびR：リスクの見極めを行う．また，プロジェクト完了後にプロジェクト計画書に基

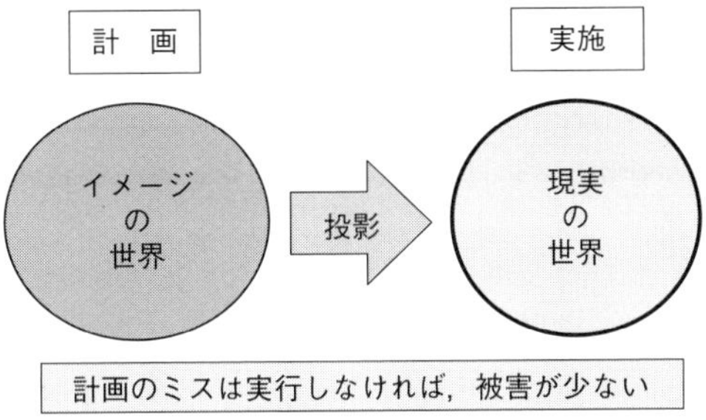

図 6.1 プロジェクトの計画と実施の概念

づいてプロジェクト完了報告書を作成し，プロジェクトの結果を評価する必要がある．（詳細は図 6.2，プロジェクト計画書の策定プロセスを参照）

6.1.1 プロジェクト計画の定義

プロジェクト企画書で設定した目的を達成するための計画であり，ステークホルダーの要求を満たすための成果を取り決めたコストで約束した期限までにステークホルダーに提供できるよう，作業のブレークダウンによる具体的な目標の設定と実現のためのスケジュールや要員の負荷を第 4 章で述べた 5W3H の視点から可視化することである．プロジェクト計画の目標はプロジェクト企画の目標と整合する必要がある．また，目標達成に向けた計画には実現性が必要である．プロジェクトでは作業の構成 (WBS：Work Brake down Structure) に必要な要員などを必要な時期に必要な分だけ配置するために，あらかじめ確保して準備しておく必要があり，このためには何 (What) をいつ (When) までに準備しておくかの計画が必要である．

(1) プロジェクト計画書

① 単一プロジェクト計画書

ステークホルダーの要求に対応して社内要員，保有設備，取引外注などを前提として，個別のプロジェクト計画を立てる．

② マルチプロジェクトの計画

中長期的な事業計画に基づき事業セグメント別の複数の単一プロジェクト全体の計画，要員計画，設備計画などを計画する．また，この計画をベースに新しい設計や開発部門の設置も含めてプロジェクトの実行能力，支援能力の強化，外注育成計画などを立てる．

③ 入力資源の計画

プロジェクト計画では何 (What) をいつ (When) までに実施するかが明確になっても，そのことでプロジェクトの QCD（品質やコスト，納期）が保証されるわけではない．プロジェクト目標の明確化はプロジェクトの必要条件であっても成功のための十分条件ではない．したがってプロジェクト計画では目標を達成するために必要な入力資源を確保するための計画を組織内の複数の単一プロジェクトについて計画し，母体組織全体が効率よく，そして最終的には品質

の良い成果をステークホルダーと約束した納期通りに達成できるように計画する必要がある．

(2) プロジェクト計画の要件

プロジェクト計画の策定に当たっては以下の点に留意する必要がある．

① プロジェクト計画に求められる基本要件
- 単一プロジェクト計画は上部母体組織の戦略と整合させる必要がある．
- 上部母体組織の計画に変更が生じても速やかに対応できる柔軟性を持たせる．

② プロジェクトの源流管理

図 6.1 に示すように，プロジェクトで実現される結果は計画品質（イメージ）の影響を受ける．したがって川が上流から下流に流れるように，上流の計画の品質が悪いと，上流のイメージのバーチカルな世界が下流の入力資源を伴う物理的な世界に投影されるため物理的な世界の損失が大きくなる．

したがってプロジェクトマネジメントでは源流管理を行い，できるだけプロジェクト初期の企画段階から計画（イメージ）の品質を上げてプロジェクトの品質を作りこむことが，その成功や効率の向上に効果がある．

③ プロジェクト計画の品質（精度）

プロジェクト計画の品質は「計画の予測精度」である．

プロジェクト計画立案の効率＝プロジェクト計画の精度／プロジェクト計画に費やしたコストや時間

⇒ プロジェクト完了後に計画値と実績値を比較し，プロジェクト計画の精度の問題や課題を発見し，原因の究明，対策の明確化を行って継続的な計画精度の改善を進めていく必要がある．

6.1.2 プロジェクト計画マネジメント

プロジェクト企画書に掲げる目的を達成するために必要な実施事項を，単一プロジェクトの Plan:計画，Do:実行，Check:評価の各プロセスで，第 4 章，図 4.5 プロジェクトマネジメントの可視化の視点に示す 5W3H と PDC の視点から明確化し，文書化するためのマネジメントである．プロジェクト計画では 5W3H の視点でいつ (When) までに何 (What) を行うか？ そのために，どれだけの工数 (How much) が必要か？ 誰 (Who) がいつ (When) までに何人 (How many) 必要か？ と言ったプロジェクト計画情報を収集する．

次に，以下の手順で計画書を作成する．

① プロジェクトマネージャはプロジェクト発令後，プロジェクトの重要度や規模・特徴に応じてプロジェクトの目的，その他の必要事項を 5W3H の視点から明確化する．
② プロジェクトの目標達成を阻害する制約・前提条件・技術的・経済的・時間的などのリスクを多角的な視点から予見し，これらのリスクを回避するための具体的な施策をプロジェクト計画書に盛り込む．
③ 過去の類似プロジェクトの失敗，不適合の実績情報を参照し再発防止策をプロジェクト計

画書に盛り込む．

そのために，

④ プロジェクトマネージャはプロジェクト完了後，速やかにプロジェクト完了報告書を作成し，プロジェクトの成果，適用効果や経済性等を評価し報告する．また，反省点や不適合などの情報を記録し，不適合の再発防止策を次期プロジェクトの計画書に反映できるように努める．

6.2 プロジェクト計画の入出力

6.2.1 プロジェクト計画の入力

プロジェクト計画の入力としてプロジェクト企画書に設定されたステークホルダーの要求⇒ いつ (When) までに何 (What) を達成するか？ や組織が保有する諸々の経営資源などの質 (What) と量 (How much) の情報である．

プロジェクト計画ではプロジェクトを支援する情報システムに蓄積された情報，あるいは過去の類似プロジェクトで生み出された諸々の情報を収集し，ステークホルダーと取り決めた納期に計画したコストで目標を達成するために，プロジェクトに必要な資材，要員の所要量などを計画する．

以下にプロジェクト計画に必要な基本情報の意味を説明する．

① WBS　⇒ プロジェクトを構成するタスクやアクティビティとその階層関係である．

② リードタイム　⇒ プロジェクトの各作業や調達にかかる時間である．

各スケジュールのリードタイムは要員の能力や投入できる要員数でも変わる．本来は，実際に変動するリードタイムで計画を立てるが，難しい場合には標準的なリードタイムを固定で設定する．次に作業に要した実績時間を収集して，標準リードタイムを見直す．標準リードタイムは作業要員などが一定であれば最初はバラツキがあっても回数を重ねると適正な作業時間に収束する．リードタイムを短縮した場合にはスケジュール設計を見直して，理論上のリードタイムを算出し計画を立てる．成果をプロジェクト計画で決めた納期までに達成するためには，プロジェクトに必要な要員を必要な時までに必要な分だけ準備しておくための要員計画が必要である．（詳細は第 7 章，プロジェクトの計画見積技術参照）

6.2.2 プロジェクト計画の出力

プロジェクト計画の出力は設定した目標，スケジュール計画，要員計画，予算計画などの可視化された作業の指示情報である．最終的には，これらの情報を活用した結果がプロジェクトの目標である成果の品質，納期，コスト，収益などに影響する．

(1) 要員計画
プロジェクトに必要な要員負荷の計画である．誰 (Who) をいつ (When) までに何人 (How many) 配置するか，要員の採用計画，社員育成計画，外注計画（委託・派遣・請負）などである．

(2) 設備計画

プロジェクトに必要な情報システムやマネジメント支援ツールなどの計画である．何 (What) をいつ (When) までに何台 (How many) 設置するかを計画する．
⇒ 設備導入計画，既存設備の保全計画，外注計画（借用・購入）

6.3 プロジェクト計画の策定プロセス

ここではプロジェクト計画書の策定プロセスと方法について解説する．

6.3.1 プロジェクト計画のプロセス

プロジェクト計画では，まず初めにプロジェクトに対する要求を定義して，この要求に基づき，どのような作業をいつまでに実施するかといったプロジェクト計画の大枠を明確化し大日程計画を立てる．この計画がすべての基準になる．次にプロジェクト計画を大日程から中日程，小日程と順次詳細化，具体化し，現場の作業レベルまで落とし込んでいく．中日程，小日程計画に進むに従って現場の確定情報，現時点の保有設備および要員の負荷状況を反映して計画の具体化を進める．

第2章，図2.6は本書で述べるプロジェクトマネジメント全体のトータルライフサイクルプロセスである．プロジェクトのライフサイクルにはプロジェクト立ち上げ前の企画段階とプロジェクト立ち上げ後の実施段階以降における計画–実行–評価のプロセスがある．プロジェクト計画書は組織で承認済みのプロジェクト企画書を入力とし，この企画書に基づくさらに具体的なプロジェクト実行のための計画である．

プロジェクト企画書や計画書はあくまでイメージの世界での思考実験であり，実行に向けて要員や物理的な経営資源が動員されるわけではないので，この段階の修正や中止は母体組織にとって，それほど大きなダメージ（損失）にはつながらない．一方，プロジェクトは図6.1に示すようにプロジェクト計画書に記述されたイメージの世界を物理的な現実の世界に投影するプロセスであり，計画に基づいて経営資源や人的資源を投入し，場合によっては母体組織の外部の諸々の利害関係者も巻き込んで目標を達成していく．したがってプロジェクト計画書に齟齬があると，母体組織にとって物理的，経済的に重大な損失につながる可能性がある．（プロジェクト企画段階については，第3章のプロジェクト戦略マネジメントで解説している．）

図6.2は本書で述べるプロジェクト計画書策定のプロセスである．プロジェクト計画書はプロジェクト立ち上げ後にプロジェクト企画書を入力とし，その目標実現に向けて企画書に記述された項目に加え，さらに詳細な作業項目 (WBS)，目標期限，各作業の責任者や担当者，作業の具体的な実施方法の明確化を行う．

(1) プロジェクト計画 (Plan) の立て方

① 全体構想・企画 ⇒ 基本的には，プロジェクト企画書の記述内容を十分に確認し，その背景や目的を理解したうえで計画に反映する．
⇒ 問題 ⇒ 課題 ⇒ 原因 ⇒ 対策 ⇒ 目標設定
⇒ コストの見積 ⇒ 目的・効果の予測

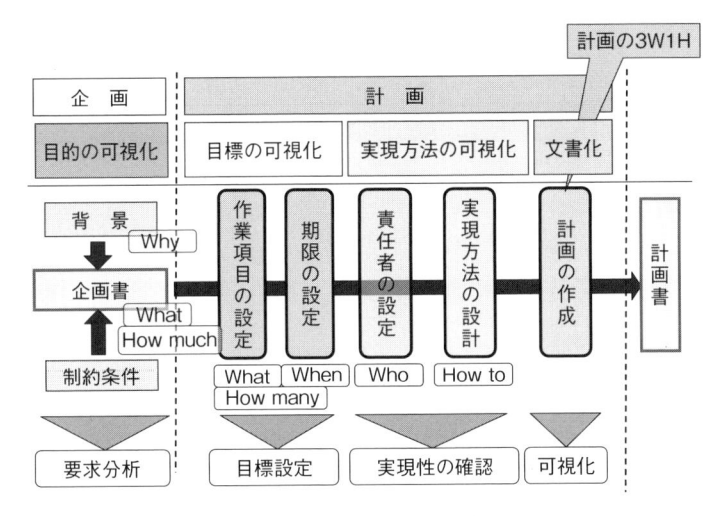

図 6.2 プロジェクト計画書の策定プロセス

② 実現性・リスクの推定

プロジェクト企画書に記述された目標期限，予算，実現手段を確認し，その実現性を再度見極める．また，企画書に記述された実現手段の妥当性と効果を再度検証し，計画に反映する．このプロセスで，もしプロジェクト企画書に重大な不備を発見した場合，プロジェクトマネージャは，すみやかに母体組織の責任者やプロジェクトオーナーに，その事実を報告し，是正しなければならない．

③ 計画の具体化

プロジェクト企画書の内容をさらにブレークダウンして以下を具体化する．（詳細は第 7 章，プロジェクトの計画見積技術参照．）

⇒ 目標・アクティビティ・期限・体制の明確化

⇒ 作業の系統化

⇒ WBS (Work Breakdown Structure) の作成

⇒ 具体的にどのような作業を実施すべきかを定義

⇒ WBS をさらに分解して定義し，分解したものの実施順序を設定

⇒ 各アクティビティに要する所要時間を見積る

⇒ アクティビティ，順序，所要時間が決まるとプロジェクト全体の実施期間が決まり，それを含めてスケジュールを作成

⇒ 各アクティビティにかかるコスト，要員を見積る

⇒ 必要な人的・物的資源の確保

⇒ 体制作り，メンバーのアサイン

⇒ スケジュール計画

④ オーソライズ ⇒ 共通認識 ⇒ 納得

プロジェクト計画書の作成が完了したら，プロジェクトのステークホルダーに開示し，説明を行う．またグレート区分の高いプロジェクトでは，母体知識の責任者も含める．

(3) 計画の作成手順
　　⇒ プロジェクトの出力（成果），入力資源，プロセスを定義
　　⇒ 達成すべきプロジェクトの目標を定める
　　⇒ 目標達成のための作業の順序と方法を決める
　　⇒ 指揮系統と担当者を決める
　　⇒ 担当者や設備の能力から時間を見積る
　　⇒ その方法でやった時の目標達成時間を見積る
　　⇒ 時間内に終わるようにやり方を工夫する
　　⇒ 担当者や設備の能力からコストを見積る
　　⇒ 関係者との根回し，調整により納得を得る
　　⇒ 計画を描く (Gant chart, Pert)
　　⇒ 関係者と合意する　⇒ 母体組織内の責任者の承認を得る　⇒ 完成

6.4　プロジェクト計画書の作成

6.4.1　プロジェクト計画の文書化

　プロジェクト計画書は図 4.5 の「PDC の視点」における計画段階 (Plan) の可視化のプロセスであり，何 (What) をいつ (When) までに誰が (Who) 実行するか？　そのために誰 (Who) がいつ (When) までに何人 (How many) 必要か？　どれだけの工数と費用 (How much) が必要か？　などについて明確化し，文書化する．

(1) 5W3H
　　⇒ 背景 (Why)，目標 (What)，要員 (Who)，時期・期間 (When)，場所 (Where)，方法・技術 (How To)，予算と工数 (How much)，要員数 (How many) などであるが，プロジェクトでは，最低限，目標 (What)，期限 (When)，実施担当者 (Who) の 3W（計画の 3 点セット）について定義しなければ，計画として成立しない．

(2) 計画の要件と 3 点セット（⇒Plan の 3W）
　　⇒ 作業目標 (What) をいつまでに (When)，誰が (Who) 責任を持って実行し，達成するか？
　　⇒ 計画は単なる作業と人のアサインおよびスケジュールの線引きではない．ステークホルダーの要求を把握して具体的な作業目標と期限を明らかにし，その作業をどのような方法で誰が行うか？　作業担当の候補を決定し，作業の候補となった担当者の納得が得られるように説得し，プロジェクトの関係者全員が合意に至るまでねまわしし，調整するプロセスである．さらにプロジェクト計画では以下の視点から，その計画の目的適合性と実現性を見極めその計画の妥当性を保証する必要がある．
　　⇒ 設定した作業の目標は的確か？
　　⇒ その作業の達成期限は妥当か？
　　⇒ その作業目標を設定した期限までに達成するためにアサインした担当者は相応しい能力を

有しているか？
 ⇒ アサインされた作業担当者が納得しているか？
 ⇒ 作業の手段や方法が適切か？
 ⇒ プロジェクトのステークホルダー全員で合意しているか？
 ⇒ プロジェクトオーナーの承認を得たか？
（詳細は図6.2，プロジェクト計画の策定プロセスを参照）

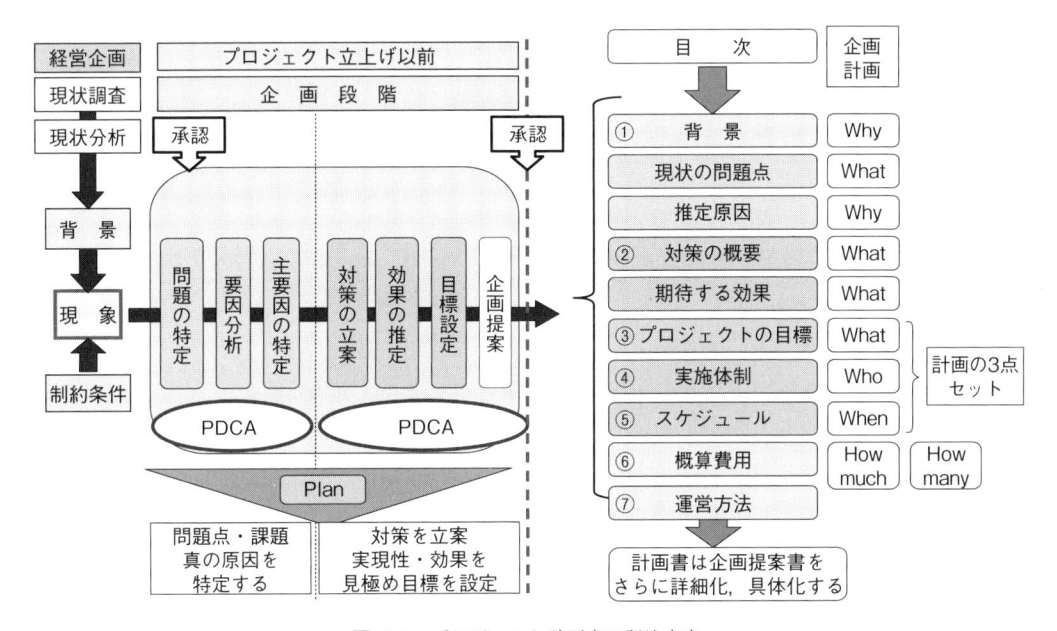

(3) プロジェクト計画書の記述内容

図6.3は本書で述べるプロジェクトの企画プロセスに対応したプロジェクト計画書の記述内容である．プロジェクト計画書は，図6.3に示したプロジェクト企画書を入力とし，この内容を継承し，図6.3に示すプロジェクト企画プロセスに加えて，さらに詳細な実施体制，実施スケジュール，実現手段や作業方法，コストなどの情報を具体的に記述する．

プロジェクト計画書には原則として図6.3に示す下記の目次に対応した計画事項を，また，プロジェクト完了報告書にはプロジェクト計画書に対応した活動の実績と評価や反省点をできるだけ具体的，定量的に記述する．

図 **6.3** プロジェクト計画書の記述内容

目　次
① Why（なぜ？）⇒ 背景／現状の問題点・課題／推定原因
② What（何を？）⇒ 対策の概要／期待効果（正のリスク）／投資リスク（負のリスク）
③ What（何を？）⇒ 目的・ねらい／プロジェクトの目標／実施項目／成果物の概要
④ Who（誰が？）⇒ プロジェクトの体制，メンバーの役割

⑤ When（いつまでに？）　⇒ 期限，期間，スケジュール
⑥ How Much（いくらで？）　⇒ コスト，費用，工数
⑦ How Many（何人で？）⇒ 人数
⑧ How To（どうやって？）　⇒ 管理方針，運営方法，実現手段，実現方法など

6.4.2　情報システム導入プロジェクトにおける計画書詳細記述内容の例

(1) 背景／現状の問題点・課題／推定原因
　　⇒ プロジェクトの背景／必要性／目標／ねらいなど
　　⇒ 現状の問題点・課題／根本原因／課題
　　特にシステム開発プロジェクトの場合は，上記に加えて
　　⇒ システム導入の目的・ねらい
　　⇒ システム導入の背景
(2) 対策の概要／期待効果／リスク
　　⇒ 対策の概要と期待できる効果
　　⇒ 想定されるリスク
(3) 目的・ねらい／目標／実施項目／成果物
　　⇒ プロジェクトの概要／成果の概要，定量目標
　　⇒ 適用の範囲／品質レベル／秘守要件／完了期限／コストの概要
　　⇒ リスク／制約条件／将来構想など
　　特にシステム開発プロジェクトの場合は上記に加えて
　　⇒ 開発システムの概要，品質の定量目標
　　⇒ 業務の要件／新しい業務処理プロセスの概要／成果・導入効果の概要／定量目標など
　　⇒ システムの概要／成果・導入効果の概要／定量目標など
　　⇒ システム品質要求／機能要件／性能要件
　　⇒ システム構成概要／ハードウェア構成概要／ソフトウェア構成概要
　　⇒ 納期／費用限度／導入リスク
　　⇒ システムの制約条件／将来構想
　　⇒ 通信環境／新要素技術など
(4) 体　制／メンバーの役割（図6.4，図6.5 参照）
　　⇒ 推進体制／関係先，関連部門を含めた体制
　　⇒ プロジェクトメンバーの役割分担表／関係先との役割分担表
　　特にシステム開発プロジェクトの場合は上記に加えて
　　⇒ 業務側＋開発側を含む全体の責任体制
　　⇒ システム設計・開発体制／試験体制／移行体制
　　⇒ 業務側の設計・開発体制／試験体制／移行体制
　　⇒ システム利用段階の体制／システム保守・運用体制／業務処理体制など

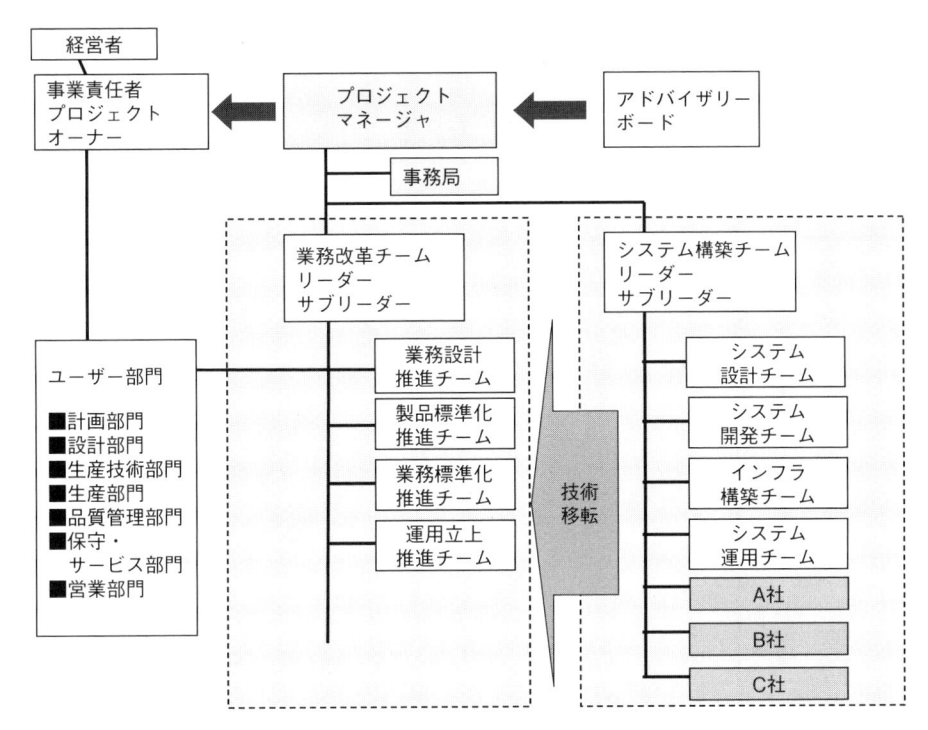

図 6.4 プロジェクト体制の例

■プロジェクト体制のポイント
● プロジェクト成功の最大のカギは人にある
プロジェクト要員の確保と立ち上げ
⇒ プロジェクトマネージャに求められるスキルの定義
⇒ プロジェクトマネージャの選定と任命,育成

● 真の PM 選定の視点
⇒ 心・技・体　　⇒ 資質,知識,経験 ⇒ アナロジーの能力
⇒ 本質を見抜く洞察力 ⇒ 標準化能力
⇒ スピリット ⇒ 情熱・信念
⇒ 技術力 ⇒ 標準化……文書化　⇒ コミュニケーション能力
⇒ 読み・書き・算盤（論理的思考能力）

● プロジェクトマネージャ育成の課題
⇒PMBOK／P2M　　⇒How To を知っても　⇒ 育成方法が曖昧
●PM 個人の能力には限界がある　⇒ 経営者,第三者の関与　⇒ 組織風土の改善

担当 作業	事業部門				情報部門			ベンダー	
	営業	設計	生産	保守	企画	開発	運用	A社	B社
全体責任		○			◎				
業務改革		◎			○				
業務設計		◎						○	○
製品標準化		◎							
業務標準化			◎						
運用立上				◎					
システム構築					○	◎		○	
システム設計						◎			
システム開発						◎	○	○	○
インフラ構築							○	◎	
システム運用							◎		

図 6.5　情報システム導入プロジェクトの役割分担表の例

(5) 期限／期間／スケジュール（図 6.6 参照）
　　⇒ 企画・調査・分析工程／実施工程／効果測定工程
　　⇒ 実施項目／実施担当者／実施期限（関連部門・外注含む）
　特にシステム開発プロジェクトの場合は上記に加えて
　　⇒ 業務側＋開発側を含むシステム導入全体の実施工程
　　⇒ 調査・分析工程／システム設計・開発工程／試験工程／移行工程
　　⇒ 業務の設計工程／運用試験工程／業務移行工程など

(6) 概算費用
　　⇒ コスト見積概算／計画コスト／計画工数
　　⇒ 購入費用／受託費用　⇒ 経費
　　⇒ 要員数など
　特にシステム開発プロジェクトの場合は上記に加えて
　　⇒ システム導入コスト／システム運用コストの総額
　　⇒ 初期コスト見積概算／運用コスト見積概算（価格／工数）
　　⇒ ソフトウェア購入コスト／ハードウェア購入コスト
　　⇒ 開発／カスタマイズ／試験／導入／移行／教育／保守の各コストおよび工数
　　⇒ ソフトウェアライセンス／リース／メンテナンスサポートコスト
　　⇒ 通信コスト／システム運用コストなど

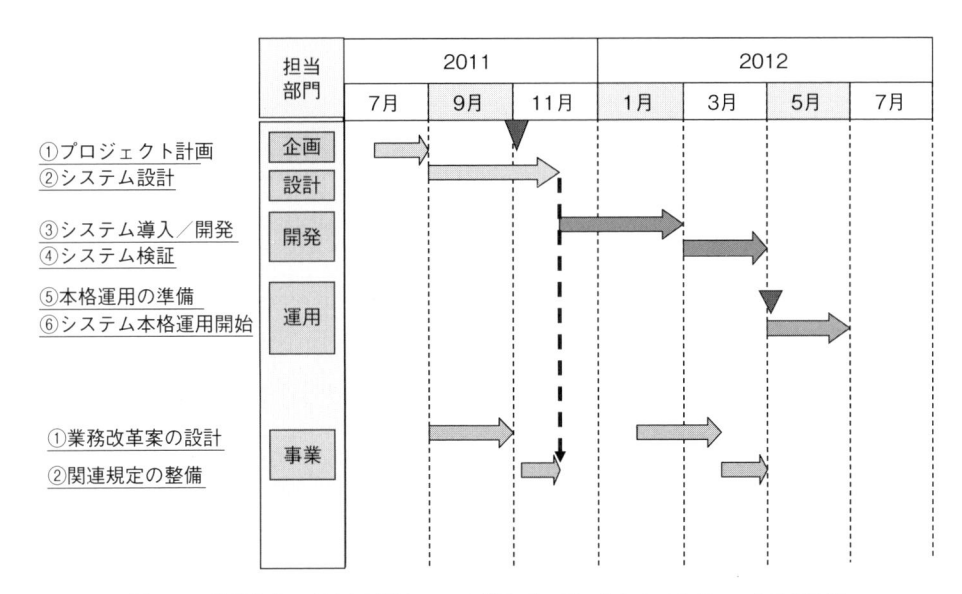

図 6.6　業務改革に向けた情報システム導入プロジェクトのスケジュール計画の例

(7) 管理方針・運営方法
　　⇒ プロジェクト運営方針／品質管理方針／スケジュール管理・コスト管理の方法
　　⇒ 運営ルール／管理スパン／製造文書の管理方法，コミュニケーションの方法など
　　⇒ プロジェクト運営の作業標準（ルール）
　　特にシステム開発プロジェクトの場合は上記に加えて
　　⇒ 開発方針／外注管理の方法
　　⇒ 開発環境／試験環境など
　　⇒ 設計技法／設計ツール
　　⇒ 開発方法／開発ツール／テスト技法など

> プロジェクトの実施方針策定のポイント
> - 契約の確認　⇒ プロジェクト計画の作成　⇒ 導入スコープのオーソライズ
>
> - 導入効率のUp ⇒ 手戻りをなくす
> ⇒ 問題点の早期発見と解決
> ⇒ 作業の標準化と水平展開
> ⇒ 適切な作業場所での実施
>
> - コミュニケーションの方法
> ⇒ ホウレンソウ ⇒ 報告・連絡・相談
> ⇒ ドキュメントの作成様式（ルール）の標準化
> ⇒ 会議，報告，管理のルール
>
> - 組織運営と統制（Do-Check-Plan-Do）
> ⇒ ルールの明確化とコントロール
> ⇒ 会議を見ればプロジェクトの良し悪しがわかる
>
> - 統制 ⇒ プロジェクト作業標準の徹底
> もぐらたたきをしない ⇒ リスクを小さく

(8) 関連文書

　　⇒ 必要に応じて関連文書のリストまたは文書を添付してもよい
　　　例）企画提案書／見積仕様書／品質計画書／契約仕様書／購入仕様書など
　　特にシステム開発プロジェクトの場合は上記に加えて
　　⇒ 例）客先承認図／基本仕様書／主要製作図など

6.5　プロジェクト計画書の審査

　プロジェクトの品質・納期・コストの確保と向上，リスクの低減を図るためにはプロジェクト計画書の作成後，およびプロジェクト完了後に審査を行い，その品質を評価する必要がある．

6.5.1　プロジェクト計画書審査の目的と考え方

　プロジェクトを成功に導き，品質・納期・コストを確保し，リスクの低減を図るためにはプロジェクト計画書の品質（計画精度）が最も重要である．プロジェクト計画書の審査はプロジェクトのメンバー，ステークホルダー全員で実施することが望ましい．特にプロジェクトの成否を決定付ける技術的な問題やリスクなどの審査では，その技術に精通した専門家の参画が不可欠である．組織として特に重要な戦略的プロジェクト，失敗した場合の損失や外部への波及効果が大きい大規模なプロジェクトなどは別途，第12章，12.4.2項の表12.1に示すプロジェク

トのグレード区分決定基準（投資の規模，戦略的重要度，新規性，システムの規模，品質要求度，リスクの度合いなど）に基づきグレート区分と審査の範囲を決定し，経営者や第三者部門も交えた組織的な審査が不可欠である．（第12章，表12.1，プロジェクトグレード区分決定基準と審査の範囲を参照）

(1) 審査対象となる文書の例

審査対象となる文書には以下がある．

⇒ プロジェクト計画書／完了報告書

⇒ 主要関連文書（例：見積仕様書／要求仕様書／外部仕様書／設計図／客先承認図／発注仕様書など）

(2) プロジェクト計画書審査の視点

プロジェクト計画書の審査は下記の視点から実施する．

⇒ 最終目標に対して中間目標が妥当か？

⇒ 中間目標に対して作業の順序，その作業前後の作業が相応しいか？

⇒ 中間目標に対して作業の方法が相応しいか？

⇒ 中間目標に対して担当者が相応しいか？

⇒ 中間目標に対して，その作業担当者で実施した場合にかかる作業時間が妥当か？

⇒ 中間目標に対して，その作業を実施した場合にかかるコストが妥当か？

⇒ 関係者の合意が得られているか？

⇒ 技術的な実現性に問題はないか？

演習問題

設問1　プロジェクト計画は何を明らかにし文書化するか？

設問2　プロジェクト計画に最低限，記述すべき4つの管理項目を挙げよ．

設問3　プロジェクト計画では各作業の完了時期と何を明確にしておく必要があるか？

設問4　プロジェクト計画に不備があるとどのような問題が起こるか？

設問5　プロジェクト計画に示されたスケジュールが短かすぎると何が起こるか？

設問6　プロジェクト計画はなぜ関係者やメンバーとの合意が必要か？

参考文献

[1] 江崎和博:「情報システム導入プロジェクトの目標品質向上に向けた 3 次元統合価値モデルの提案」プロジェクトマネジメント学会誌, Vol.10, No.5, pp.15–19, 2010 年 10 月

[2] 江崎和博:「ソフトウェア開発の品質, 生産性向上に向けた ISO/IEC 25030 制定の意義」情報処理学会誌ディジタルプラクティス, Vol.1, No.2, pp.94–100, 2010 年 04 月

[3] 江崎和博:「組織的なプロジェクトマネージャの育成に向けて」プロジェクトマネジメント学会誌, Vol.11, No.4, pp.20–21, 2009 年 08 月

[4] 江崎和博:「総合的なプロジェクト管理フレームの提案」プロジェクトマネジメント学会誌, Vol.11, No.2, pp.20–21, 2009 年 04 月

[5] 江崎和博:「プロジェクト品質向上に向けた ISO25030 適用の意義」プロジェクトマネジメント学会誌, Vol.10, No.5, pp.3–7, 2008 年 10 月

[6] 江崎和博:「経営視点から見た IT 投資における総合的なリスクマネジメント」プロジェクトマネジメント学会誌, Vol.6, No.4, pp.9–14, 2004 年 8 月

[7] 江崎和博, 他 6 名:『これならわかる生産管理』MMBOK, 工業調査会, 2009.

[8] 『プロジェクトマネジメント知識体系ガイド・公式版 (PMBOK ガイド第 4 版)』PMI, 2008.

[9] 日本プロジェクトマネジメント協会企画:『新版 P2M プロジェクト&プログラムマネジメント標準ガイドブック』日本能率協会マネジメントセンター, 2007

[10] (独) 情報処理推進機構ソフトウエア・エンジニアリング・センター:『共通フレーム 2007 第 2 版』オーム社, 2009

[11] 『プログラムマネジメント標準 第 2 版』PMI 日本支部, 2009.

[12] 『ポートフォリオマネジメント標準 第 2 版』PMI 日本支部, 2009.

[13] 『ワーク・ブレークダウン・ストラクチャー実務標準 第 2 版』PMI, 2008.

第7章
プロジェクトの計画見積技術

□ 学習のポイント

　プロジェクトを所定の予算と期間内に確実に達成するには，必要とする経営資源（ヒト，モノ，カネ）を効率よく活用し，円滑にプロジェクトを推進することが不可欠である．そのため従来から，プロジェクト計画を策定し，それに基づいてプロジェクトを定量的にマネジメントすることが一般的に行われている．この章では，プロジェクト計画策定のための最初の基礎データであり，プロジェクトマネジメントの重要な要素である見積と，それに基づいて行われる原価マネジメントおよび進捗マネジメントについて述べる．

- 見積はプロジェクトマネジメントにおける様々な要素と関係しており，プロジェクトの成否を左右する重要な要素であることを理解する．
- WBSは，プロジェクトのスコープを階層構造で定義したものであり，プロジェクト計画策定時の原価や所要期間の見積などの前提となるものであることを理解する．
- 原価マネジメントは，原価見積，予算作成，原価コントロールの3つの作業からなり，予実差管理による早期の問題解決がポイントであることを理解する．
- 原価マネジメントで用いられるEVMは，プロジェクトの状況を金銭などの価値で測定し，評価・予測する手法であり，基本的な考え方は予実差管理であることを理解する．
- 進捗マネジメントの手法であるPERTは，WBSで定義した各作業間の依存関係を考え，作業の流れをネットワークで表現したものであり，ガントチャートはそれをスケジュールに落とし込んだものであることを理解する．

□ キーワード

　プロジェクトの見積，WBS，原価マネジメント，EVM，進捗マネジメント，PERT，ガントチャート

　見積はプロジェクトの様々なマネジメント要素の基礎となるものであり，これが妥当でないとプロジェクトの成功は期待できない．見積を行うには，プロジェクトの目的を明確にし，その目的達成に必要な作業の全体像を明らかにすることが前提となる．

7.1 プロジェクトの見積

7.1.1 プロジェクトマネジメントにおける見積の位置づけ

　プロジェクトの目的を達成するために要する原価や所要期間，リスクの影響度などの見積は，

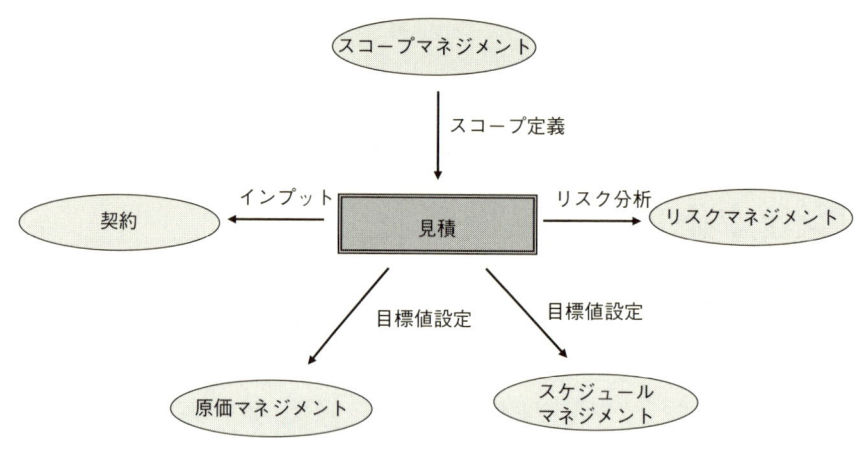

図 7.1　見積の位置づけ

　プロジェクトの立ち上げ時に行われ，その後のプロジェクトの実施内容や方法まで規定してしまうことから，プロジェクトマネジメントにおける最も重要なデータとして捉えなければならない．プロジェクトマネージャは，見積に基づいて契約を行い，プロジェクトを実行し，発生した問題を解決しながら，顧客の要望を満足するプラントやシステムを開発する．このように，見積はプロジェクトマネジメントにおける様々な作業と関係しており，その見積精度を高めることがプロジェクトを適切に進めるうえで重要である．プロジェクトマネジメントにおける見積の位置づけを図7.1に示す．

a) スコープマネジメントとの関係

　見積の結果はプロジェクトの見通しをつける最初の指標であり，プロジェクト目的の達成に必要な作業の全体像（プロジェクトスコープ）が定義されていることを前提条件としている．

b) 契約との関係

　見積はプロジェクトの作業量を定義するものであって，それが契約，すなわち金額ベースでの発注者と受注者間の取り決めに直結するものではないが，契約策定のための重要な入力である．それは契約金額の大部分を占める原価が見積によって推定されるからである．

c) 原価マネジメントおよびスケジュールマネジメントとの関係

　見積の結果は原価やスケジュールを定量的にマネジメントする目標値設定のための基礎データとなる．プロジェクト計画で目標値を設定し，実施段階で実績値との差異を把握することにより，プロジェクト実施状況のアカウンタビリティを上げることができる．

d) リスクマネジメントとの関係

　プロジェクトの特性に基づいてリスクを洗い出し，見積に対するリスクの影響を分析して，事前にその影響度を把握しておくことが，プロジェクト計画における見積の精度を高めるために必要である．

7.1.2 プロジェクト目的の明確化

　見積を行うには，まず，プロジェクトの目的を明確にする必要がある．プロジェクトの目的とは，何のためにプロジェクトを実施するのかということであり，これはプロジェクトの完了によって得られる出力として具現化される．たとえば，出力として新製品の開発，操作マニュアルの作成，マーケティングなどがあげられる．これらは，プロジェクトの出力を規定するものであり，顧客との間で合意がなされていなければならない．

　プロジェクトの目的を明確にするには，顧客のニーズを把握し，ニーズに合致した出力を決めなければならない．特に，顧客のニーズを的確に把握することは，プロジェクトの目的を明確にする上で重要であり，その後のすべての作業の基礎となる．たとえば，ソフトウェア開発プロジェクトでいえば，要求分析で行われる作業がこれに相当する．この作業では，顧客の要求を調査・分析し，技術的に実現可能かどうかを検討した後，要求を実現するための要件を細かく定義し，要件定義書として仕様化する．

7.1.3 プロジェクトスコープの定義

　プロジェクトの目的を明確にしたら，プロジェクトのスコープを定義する．スコープとは，出力を得るために行わなければならない作業全体の範囲のことである．スコープを定義するとは，プロジェクトの作業を階層的に小さな作業に分解してプロジェクトの全体像を示す構成図を作成することをいう．プロジェクトのスコープが大きくなり，それによってプロジェクトが複雑になればなるほど，分割統治の法則に従って，作業を階層的に分解し，ひとつひとつの作業を行いやすい大きさにする必要がある．このための方法として，WBS (Work Breakdown Structure) が一般的に使われる．

7.1.4 WBS (Work Breakdown Structure)

　WBSは，プロジェクトで行う必要のある作業をトップダウン方式で分解し，その結果を階層的な構造図（WBS構造木）として表現したものである．単なる作業のリストではなく，プロジェクトの目的を頂点とする階層構造を持ち，どの作業も目的の達成にリンクしていることが保証されなければならない．

　WBSはプロジェクト計画書作成の基礎となるものであり，原価や所要期間の見積，予算やスケジュールの作成，リスク分析などはWBSを前提として行われる．プロジェクト計画が作成された後は，予算やスケジュールなどが固定され，それらがプロジェクトをマネジメントするためのベースラインとなる．WBSにあげた作業がすべて完了すれば，そのプロジェクトは完了する．WBSに含まれない作業は，そのプロジェクトのスコープ外ということになる．WBSに含まれていない作業を追加することはスコープの変更となり，その場合には公式の変更管理の手続きに従ってWBSを変更しなければならない．WBSを作成するには，プロジェクトの出力を，物理的構造，目的と手段，手順や作業フローなどに着目して各構成要素に分解し，さらにそれらを実現するための作業に分解する．そのためには，出力がどのような要素から構成され，それらの構成要素の実現に必要な作業は何かといった知識が必要となる．これは，出力

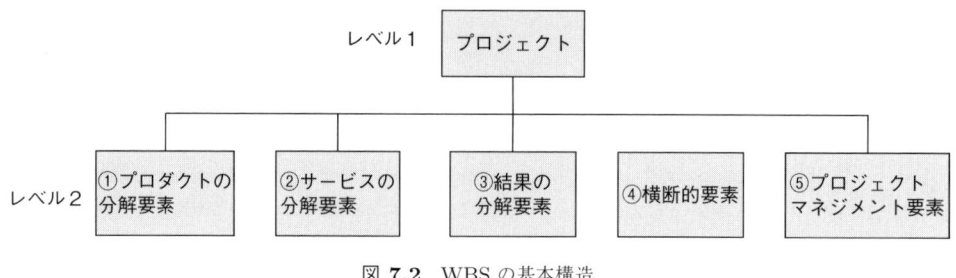

```
                    レベル1  ┌─────────┐
                            │ プロジェクト │
                            └─────────┘
                                 │
          ┌──────────┬──────────┼──────────┬──────────┐
    ┌─────────┐┌─────────┐┌─────────┐┌─────────┐┌─────────┐
    │①プロダクトの││②サービスの ││③結果の    ││④横断的要素││⑤プロジェクト│
    │ 分解要素  ││ 分解要素  ││ 分解要素  ││          ││マネジメント │
    │         ││         ││         ││          ││要素      │
    └─────────┘└─────────┘└─────────┘└─────────┘└─────────┘
   レベル2
```

図 **7.2** WBS の基本構造

がソフトウェア，国際会議の成果，品質改善の結果など，どんなタイプのものであっても必要である．

以下にWBSの概念と一般的な作成手順について述べる．

(1) WBS の概念

a) WBS の基本構造

WBSは，プロジェクトの出力ごとに，それぞれ固有の要素からなる構造を持つが，レベル2の構成要素は，図7.2に示す5つの要素から構成される．要素①〜③は，出力のタイプに基づく分解要素である．要素④，⑤は，スコープを完全に定義するために必要な補助的要素である．

① プロダクトの分解要素

プロダクトの機能あるいは物理的な構造に基づいて分解された要素である．ソフトウェア，ダム，航空機など，プロダクトを出力とするプロジェクトで用いられる．

② サービスの分解要素

サービスとして他者に提供する作業に基づいて分解された要素である．国際会議，記念式典，団体旅行など，サービスを出力とするプロジェクトで用いられる．

③ 結果の分解要素

出力を達成するために必要な，一連の計画された手順（プロセス）に基づいて分解された要素である．出力を達成するために，いくつかの中間プロダクトを作成しなければならない場合もある．がんの研究，経営改革，品質改善など，結果を出力とするプロジェクトで用いられる．

④ 横断的要素

各レベルの要素に横断的に関係する要素である．開発支援，デザイン，アセンブル，システムテスト，検査など，複数の要素に共通して必要になる作業がこれに相当する．

⑤ プロジェクトマネジメント要素

横断的要素の1つであるが，通常レベル2に1つ置かれ，その下位要素がマネジメント面での作業に基づく分解によって得られる特別な要素であるため，他の横断的要素と区別して扱う．計画，報告，進捗管理など，プロジェクトマネージャが行う作業がこれに相当する．

表 7.1 ワークパッケージとアクティビティの関係

要素識別子	要素名	アクティビティ	責任者
1.0	プロジェクト管理		
1.1*	進捗会議		社員 A
1.1.1		会議室の準備	
1.1.2		会議の実施	
1.2*	進捗報告書		社員 B
1.2.1		進捗報告書の作成	
1.2.2		進捗報告書の配布	
2.0	要求定義		
2.1*	要求仕様書		社員 C
2.1.1		ユーザー要求の分析	
2.1.2		要求仕様書の作成	
2.2*	要求仕様書レビュー		社員 D
2.2.1		要求仕様書レビュー	
2.2.2		要求仕様書の承認	
⋮	⋮	⋮	⋮

＊ワークパッケージ

b) WBS 辞書

WBS 辞書は，WBS の各要素で行う作業の内容や成果，担当者などを記述したドキュメントである．WBS の短い要素名だけでは誤解やあいまいさが生じやすいので，WBS 辞書を用意すればそれを未然に防止できる．また，すべての必要な作業が網羅されているかどうかのチェックが容易になる．

c) ワークパッケージ

WBS の最下位のレベルをワークパッケージと呼ぶ．ワークパッケージを単位としてアクティビティを定義し，責任者（あるいは組織）を割り当てる．アクティビティは，そのワークパッケージを実現するために必要となる具体的な作業を記述したものである．

ソフトウェア開発プロジェクトの場合の例を表 7.1 に示す．

WBS の要素名は，ワークパッケージのレベルまでは名詞で記述されるが，アクティビティは具体的な動作で記述される．たとえば表 7.1 において，「要求定義」という要素名のワークパッケージのアクティビティは「要求の分析」と「要求仕様の作成」であり，それぞれ動詞で記述されている．各アクティビティは，予定される期間，リソース，コスト，成果物を持ち，いずれもワークパッケージに集約される．

(2) WBS の作成手順

WBS の作成は，最上位レベルの要素（プロジェクト全体）からトップダウン方式でより詳細な要素に順次分解していくことにより行う．プロジェクトの初期段階で要素の詳細が不確定である場合は，大まかな分解だけを定義しておき，プロジェクトの進行に従って細部が見えて

きた段階で細分化を行う．分解を確実に行うため，プロジェクトの関係者が集まって WBS を作るのがよい．

WBS の一般的な作成手順は次のとおりである．

[手順1]　WBS 構造木の最上位レベルを1とし，当該プロジェクトを簡潔に表す語句を与え，これを識別子 0.0 とする．このレベルはプロジェクト全体を示す．

[手順2]　識別子 0.0 の要素を出力のタイプ（プロダクト，サービス，結果）に基づいて主要な要素に分解する．それらの要素に横断的に関係する作業がある場合は補助的要素に分解する．分解した各要素に作業内容を表す簡潔な語句（要素名）を与える．このレベルの要素をレベル2とし，各要素に 1.0, 2.0, 3.0, …のような識別子を与える．各要素を総計したものは識別子 0.0 の要素に完全に含まれていなければならない．すなわち，WBS の次の分解レベル（WBS 構造木の子要素）は親要素に属するすべての作業項目を表す．これは，WBS の作成において最も重要なルールである．

[手順3]　[手順2] の各要素をさらに詳細な要素に分解し，それらの要素に作業内容を表す簡潔な語句を与える．このレベルの要素にレベル3としての識別子を与える．たとえば，識別子 1.0 では 1.1, 1.2, 1.3, …，識別子 2.0 では 2.1, 2.2, 2.3, …などとする．

[手順4]　以上のような要素の分解プロセスを管理しやすい最下位のレベル，すなわちワークパッケージのレベルまで続ける．

[手順5]　各ワークパッケージについて，責任者を割り当て，必要なアクティビティを洗い出して定義する．

[手順6]　必要に応じて，WBS を構成するすべての WBS 要素について WBS 辞書を作成する．

[手順7]　ステークホルダーとレビューし，プロジェクトのすべての作業が網羅されていることを確認する．

以上の手順に従って作成した WBS 構造木の一例を図 7.3 に示す．

7.1.5　WBS の作成例

図 7.4 に忘年会プロジェクトの WBS の例を示す．このプロジェクトでは，出力のタイプは具体的な成果物をもたないサービスであり，プロジェクトマネジメント以外のすべての要素は，「出欠確認」，「会場準備」，「食事献立」という他者に対して何らかの作業を提供するサービスを示すものとなる．

この WBS は，まず必要なすべてのアクティビティを洗い出し，それらを機能別に分類してレベル2に振り分けるという方法で作成した．したがって，レベル2がワークパッケージで，レベル3がアクティビティである．「食事」をレベル3で「飲み物」と「料理」に分解し，各アクティビティをレベル4で定義することもできる．

具体的な成果物をもたないサービスタイプのプロジェクトの WBS では，プロジェクトマネ

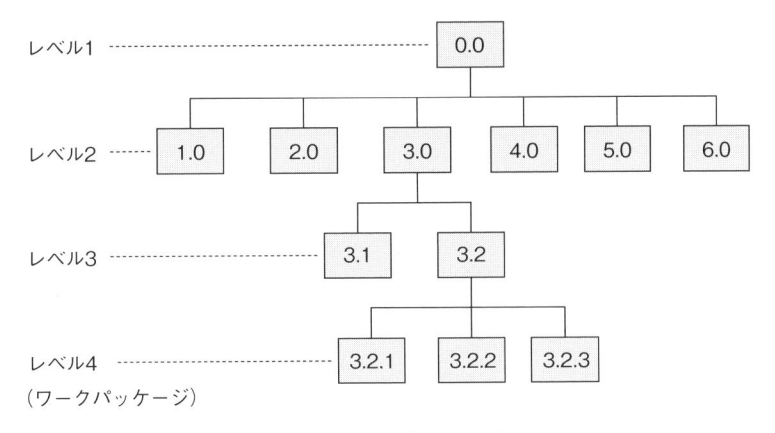

図 7.3 WBS 構造木の例

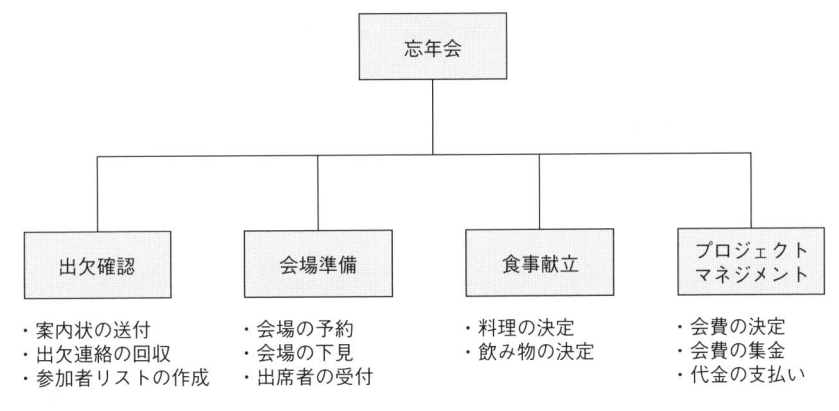

図 7.4 忘年会プロジェクトの WBS（例）

ジメント以外に横断的要素はないのが一般的である．これは通常，食事などメインとなるイベントがあり，それに関連する一連の作業を論理的なまとまりでくくったもので，各要素に共通して必要となる作業が存在しないからである．

7.2 原価マネジメント

　プロジェクトの目的を達成するまでに，原価がどのくらいかかるのかを見積ることは，プロジェクトを実施するうえで非常に重要である．見積もった原価がプロジェクト立ち上げ時の予算と大幅に異なる場合，プロジェクトのスコープを見直すなど，その実施を再検討しなければならない．また，予算作成後も，常にそれまでにかかった原価とプロジェクトの進捗状況を把握する必要がある．それと同時に，プロジェクトが完了するまでにかかる原価の予測を行い，必要に応じてプロジェクトを予算内に終了させるための対策をとることが求められる．

　プロジェクトを予算内に完了させるための以上のような活動が原価マネジメントと呼ばれるものであり，① 原価見積，② 予算作成，③ 原価コントロールの 3 つの作業に分けられる．

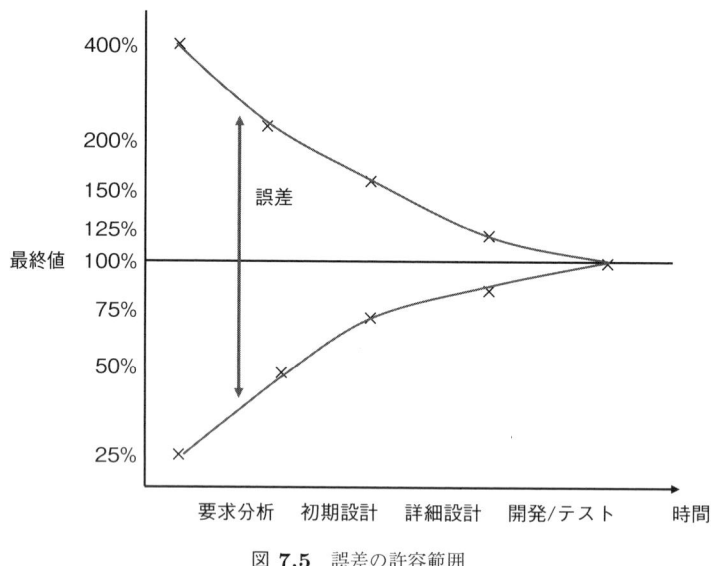

図 7.5 誤差の許容範囲

7.2.1 原価見積

原価見積は，WBS の各ワークパッケージの完了に必要なリソースの総原価を見積るために行う作業である．よく利用される見積方法には，類推見積，ボトムアップ見積，パラメトリック見積がある．どの方法を用いるかはプロジェクトの特性による．一般的に，プロジェクトの初期段階での見積誤差の許容範囲は大きく，プロジェクトの進捗に従って許容範囲は小さくなる．図 7.5 はソフトウェア開発プロジェクトの場合の例である．これによれば，要求分析が終わった段階での誤差の許容範囲は $-50\%\sim200\%$ であり，詳細設計が終わった段階でのそれは $-75\%\sim125\%$ である．

a) 類推見積

過去の類似プロジェクトの実績原価を参考にして見積る手法である．簡易ではあるが，プロジェクトの類似性が高いと，高い見積精度が得られる．通常，プロジェクトの初期段階などで，詳細情報が不明な場合に用いられる．

b) ボトムアップ見積

最も詳細な WBS レベルであるアクティビティの原価を見積り，それらを集計することにより全体の原価を算出する手法である．一般に，アクティビティが詳細なほど見積の精度は上がるといわれている．

c) パラメトリック見積

過去のプロジェクトデータをもとに，原価とそれに影響を及ぼす要因との関係を統計的に分析して，係数や回帰モデルなどを導き，それを用いて見積る手法である．たとえば，過去の実績データから，プログラムの作成に要する時間 (T) は，プログラムの行数 (L) と技術者の経験年数 (E) の 2 つの要因をパラメータとして，$T = 12 + 0.2 \times L - 0.5 \times E$ で表されることがわかっているとする．これを用いれば，経験年数 2 年の技術者が 100 行のプログラム

図 7.6 予算グラフの例

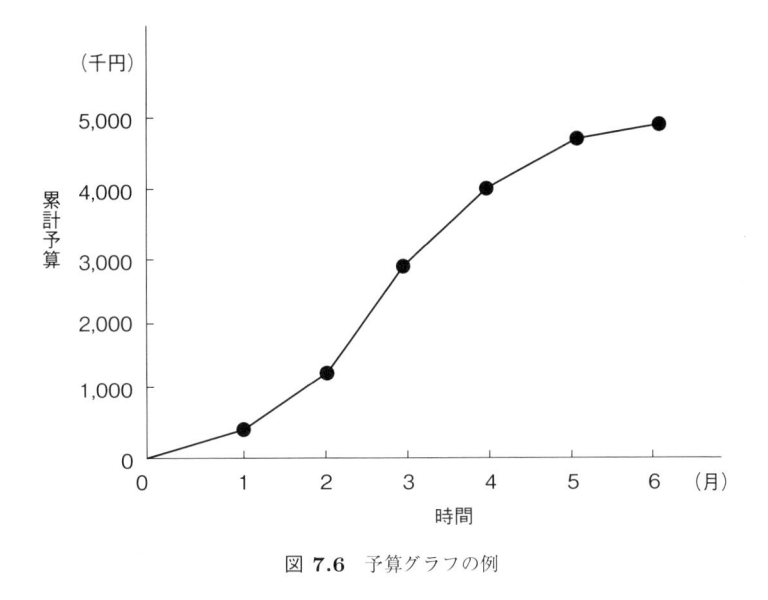

を作成するのに要する時間は，Lに100，Eに2を代入して，$12 + 0.2 \times 100 - 0.5 \times 2 = 31$ 分と求めることができる．時間当たりの単価を1,000円とすれば原価は517円となる．このように，パラメトリク見積はモデルに値を代入するだけなので，見積の経験が豊富でなくても客観的な見積が可能である．しかし，その精度はモデルに依存することになるため，プロジェクトの実施データをフィードバックして，モデルの改善を継続的に行うことが大切である．

7.2.2 予算作成

予算作成は，原価見積で求めた総原価を進捗管理に利用する予算表や予算グラフに展開し，承認を得るために行う作業である．具体的には，原価見積で求めた総原価を，アクティビティごとの原価やプロジェクトのスケジュールなどに基づいて，中間プロダクトや期間ごとに発生する原価に配分して予算化し，表やグラフにまとめる．予算グラフは必要となる予算を時系列に展開したもので，進捗管理を行う上での重要な基準となる．横軸に時間，縦軸に累積予算をとってグラフにすると，通常S字カーブとなる．これは，プロジェクトの初期段階では原価があまりかからず，プロジェクトが進むにつれて増加し，プロジェクトが終了に近づくと再びかからなくなるからである．予算グラフの例を図7.6に示す．

7.2.3 原価コントロール

原価コントロールは，予算表や予算グラフに基づいてプロジェクトの実施状況を監視し，プロジェクトが予算内に完了するようコントロールする作業である．プロジェクトは通常，作成した予算通りには進まない．プロジェクトの実施段階で，予期していなかったさまざまな問題が発生するからである．リスク分析を十分行い，問題を発生させないよう事前に準備しておくことは重要であるが，それでも問題発生を避けて通ることはできない．問題が発生したら早期

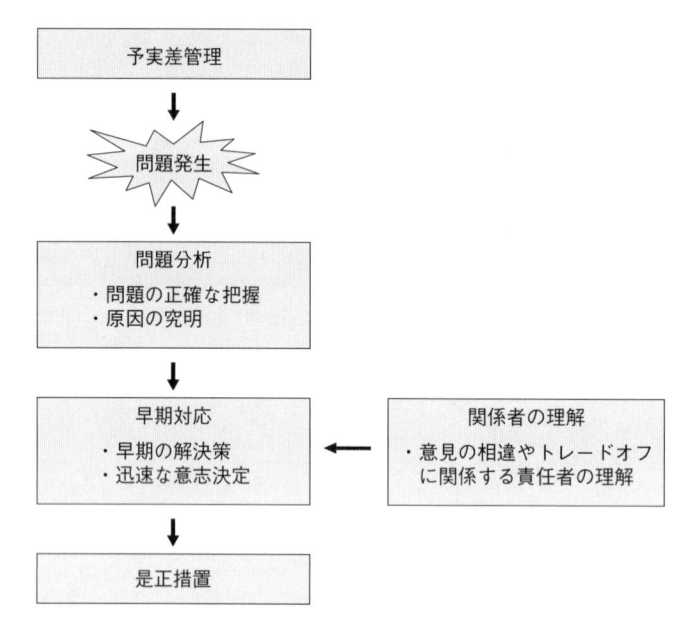

```
        ┌──────────────┐
        │  予実差管理   │
        └──────┬───────┘
               ↓
            ╱╲╱╲╱╲
           《 問題発生 》
            ╲╱╲╱╲╱
               ↓
        ┌──────────────┐
        │   問題分析    │
        │ ・問題の正確な把握│
        │ ・原因の究明   │
        └──────┬───────┘
               ↓
    ┌──────────────┐      ┌──────────────────┐
    │   早期対応    │      │   関係者の理解     │
    │ ・早期の解決策 │ ←──  │ ・意見の相違やトレードオフ│
    │ ・迅速な意志決定│      │  に関する責任者の理解  │
    └──────┬───────┘      └──────────────────┘
               ↓
        ┌──────────────┐
        │   是正措置    │
        └──────────────┘
```

図 7.7　原価コントロールの流れ

に対応し，迅速に解決することが原価コントロールのポイントである．

　原価コントロールの流れを図 7.7 に示す．プロジェクトマネージャは，予算と実際にかかった原価との差異（予実差）を把握し，予算が超過するような問題が発生した場合は，その原因を明らかにして是正処置を講じる．早期に問題解決を行うためには，プロジェクトマネージャをはじめとして，メンバー全員が問題の内容を正確に把握しなければならない．それには，すべての原価情報をオープンにし，メンバー全員が共有していることが不可欠である．

　解決策を検討する上で重要な考察要因は 2 つある．1 つは，プロジェクトと既存部門組織との間で起こる意見のくい違いである．たとえば，プロジェクトのメンバーが既存の部門組織と兼務になっている場合，そのメンバーは 2 人の上司を持つことになり，責任の範囲や情報の伝達，仕事の優先順位などが不明確になったり予算や原価が重複して計上されたりすることがある．そのため，解決策をめぐってプロジェクトマネージャと既存組織の部門長との間で意見のくい違いが起こる．このような場合は，関係する部門の責任者と十分な意志疎通を行い，意見の調整を図ることが必要である．もう 1 つは，原価，スケジュール，品質などの間のトレードオフ（二者択一）である．すなわち，問題の解決策で，それらの何を優先するかというトレードオフが発生することがある．プロジェクトの目的によって，トレードオフの優先事項は異なるが，それが発生した場合は意思決定を迅速に行うことが何より重要である．

　解決策が決定したら，意見のくい違いやトレードオフに関係する責任者の理解を得た上で是正措置を実施する．責任者に理解されていない是正措置は円滑に進められない可能性が出てくるからである．

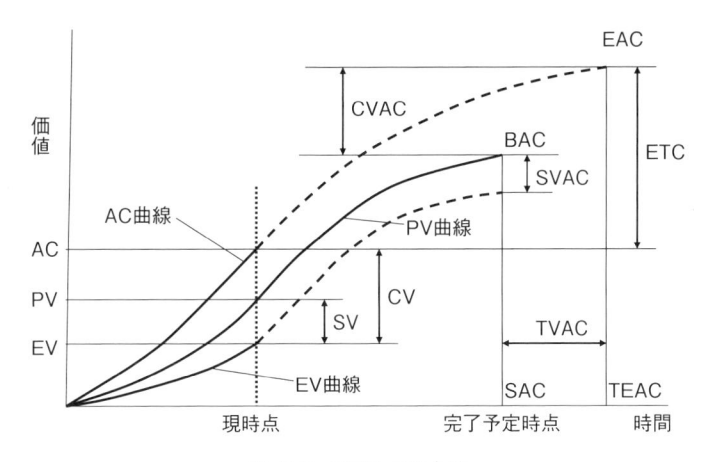

図 7.8 EVM の概念図

7.2.4 EVM

原価マネジメントで用いられる代表的な手法として EVM (Earned Value Management) がある．EVM は，プロジェクトの進捗を経済的な価値などに置き換えて測定・分析し，発生原価とスケジュールの両面から，プロジェクトの現状や完了の見込みについて評価・予測する手法である．基本になっている考え方は予実差管理であり，WBS に基づいて設定した予算の計画値からの発生原価の乖離を常時，測定・分析することにより，プロジェクトの現状評価を可能にする．また，完了遅延や予算超過も予測できるため，リスクマネジメントの有効なツールでもある．

以下に，EVM の概念と使い方について述べる．

(1) EVM の概念

プロジェクトは，目的とする最終的な価値（出力）を生み出すことによって完了する．しかし，プロジェクトの途中であっても，その時点までの作業の進捗によって，最終的な価値に対するある割合の価値を作り出していると考えることができる．EVM では，プロジェクトの作り出す価値を，「金額」などの統一的な尺度で計画，測定，分析，予測する．通常は，価値の尺度として金額が用いられるが，プロジェクトを通して統一的に測ることができる尺度ならどんなものでもよい．たとえば，作成した文書のページ数や役務の工数（人時，人日など）を尺度とすることもできる．

図 7.8 に EVM の概念図を示す．図 7.8 の横軸はプロジェクトの時間的推移を，縦軸は価値の大きさを，それぞれ示している．EVM では，指標や予測値は縦軸である価値を単位として定義されている．横軸である時間を単位とする指標も提案されているが，前提条件が複雑で簡便性に欠けるので，ここでは価値を単位として定義できる状態の測定値，分析・評価の指標および将来の予測値について述べる．これらは略語で表されることが多く，最初は戸惑うが，慣れると概念自体は単純なので理解しやすい．

a) 状態の測定値

① 出来高計画値 (PV: Planned Value)

作業で発生する予定の総出来高（価値）であり，プロジェクト完了までの作業進捗の計画を示す．

② 総予算 (BAC: Budget at Completion)

プロジェクトで予定された総出来高（予算）であり，プロジェクト完了時の PV に等しい．したがって，変数ではなく定数である．

③ 出来高実績値 (EV: Earned Value)

ある時点までの作業で作り出された価値であり，作業進捗の実績を示す．獲得価値とも呼ばれる．

④ 原価実績値 (AC: Actual Cost)

ある時点までの EV を作り出すための作業で実際に使った原価の累積額である．

⑤ スケジュール差異 (SV: Schedule Variance)

EV と PV の差であり，SV = EV − PV で表される．値が正の場合はスケジュールが予定より進んでおり，負の場合は予定より遅れていることを示す．

⑥ 原価差異 (CV: Cost Variance)

EV と AC の差であり，CV = EV − AC で表される．値が正の場合は計画価値を作り出す原価よりも低い原価で作業が行われており，値が負の場合は余計に原価がかかっていることを示す．

⑦ プロジェクト予定期間 (SAC: Schedule at Completion)

プロジェクト計画で定められている所与の期間である．したがって，変数ではなく定数である．当初予定期間とも呼ばれる．

b) 分析・評価の指標

① 完了率 (PC: Percent of Completion)

BAC に対する EV の割合であり，PC = 100 × EV / BAC (%) で表される．プロジェクトで産出する総価値に対して，何％できているかを示す目安となる．

② スケジュール効率指標 (SPI: Schedule Performance Index)

EV と PV の比であり，SPI = EV / PV で表される．ある時点までに作り出した出来高価値が同じ期間での計画価値に対して何倍に当たるかを示す．この値が 1 より大きい場合は，スケジュールが予定より速く，値が 1 より小さい場合は予定より遅いことを示す．

③ 原価効率指標 (CPI: Cost Performance Index)

EV と AC の比であり，CPI = EV / AC で表される．ある時点までに投入した原価に対する出来高価値の多寡を示す．この値が 1 より大きい場合は，原価効率が予定より高く，値が 1 より小さい場合は予定より低いことを示す．過去の EVM の使用実績から，プロジェクトの PC

が15%程度を超えると，CPIが安定した予測に使えるようになるといわれている．

④ 効率指標 (CR：Critical Ratio)

SPIとCPIの積であり，CR = SPI × CPIで表される．現在から完了にいたるまでのプロジェクトの効率性を示す指標である．この値が1より大きい場合は予定より効率が高く，1より小さい場合は予定より低いことを示す．

⑤ 残所要スケジュール効率 (TC_SPI：To Complete Schedule Performance Index)

残りの作業を残りの期間で完了するのに必要なスケジュール効率であり，TC_SPI = (BAC − EV)/(BAC − PV)で表される．

⑥ 残所要原価効率 (TC_CPI：To Complete Performance Index)

残りの作業を残りの原価で完了するのに必要な原価効率であり，TC_CPI = (BAC − EV)/(BAC − AC)で表される．

c) 将来の予測値

① 残所要原価予測 (ETC：Estimate to Completion)

現時点からプロジェクトが完了するまでの発生原価の予測値であり，一般的にはETC = (BAC − EV)/CPI，あるいはスケジュール効率も加味して，ETC = (BAC − EV)/CPI × SPIで表される．

② 完了時原価予測 (EAC：Estimate at Completion)

プロジェクト完了時の総原価の予測値，すなわち現時点までの実績原価と現時点からプロジェクト完了までの予測発生原価の和であり，EAC = AC + ETCで表される．

③ 完了予定時スケジュール差異予測 (SVAC：Schedule Variance at Completion)

現時点までの効率でプロジェクトが進捗する場合，完了予定時のEVにBACに比べてどれだけの過不足が生じるかを示す予測値であり，SVAC = BAC × (SPI − 1)で表される．この値がプラスであれば，それだけ早くプロジェクトが完了し，マイナスであればそれだけ遅れることになる．

④ 完了時原価差異予測 (CVAC：Cost Variance at Completion)

完了時における原価差異の予測値であり，CVAC = BAC − EACで表される．この値がプラスなら，それだけ原価が予定より少なくて済み，マイナスならそれだけ余分にかかることになる．

⑤ 完了期間予測 (TEAC：Time Estimation at Completion)

プロジェクト開始後における開始から完了までの期間の予測値であり，TEAC = SAC/SPIで表される．ただし，SAC (Schedule at Completion)はプロジェクト計画で定められている当初予定期間（定数）であり，単位は「価値」ではなく「時間」である．

⑥ 完了時期差異予測 (TVAC：Time Variance at Completion)

表 7.2 WBS 管理表の例

■ = 事前入力欄	お客様名	A社			総見積工数	52		金額単位：千円				
■ = 実績入力欄	プロジェクト名	ABCシステム機能追加			総予算(BAC)	60800						
■ = 自動計算欄	プロジェクト期間	2011年4月～8月			完了率(PC)	89.4%						

WBS ID	作業名	作業状況	見積工数(人月)	出来高計画値(PV)	担当者	開始予定週	終了予定週	1週(PV)	1週(EV)	1週(AC)	2週(PV)	2週(EV)	2週(AC)
1.1.1	プロジェクト管理	86.7%	8	7500	社員	1	15	500	500	500	500	500	500
1.1.2	プロジェクト管理		0	0	外部委託								
2.1.1	要件定義	100.0%	3	3500	社員	1	2	1400	1200	1725	1600	1200	1900
2.1.2	要件定義		0	0	外部委託								
2.2.1	外部設計	100.0%	5	7000	社員	3	6						
2.2.2	外部設計		0	0	外部委託								
2.3.1	内部設計	100.0%	4	6300	社員	4	9						
2.3.2	内部設計	100.0%	4	2800	外部委託	4	9						
3.1.1	製造～単体テスト	100.0%	4	5000	社員	6	9						
3.1.2	製造～単体テスト	100.0%	11	6000	外部委託	6	9						
3.2.1	結合テスト	100.0%	2	1800	社員	10	12						
3.2.2	結合テスト	100.0%	3	1800	外部委託	10	12						
3.3.1	システムテスト	56.7%	2	1500	社員	13	14						
3.3.2	システムテスト	54.5%	3	2200	外部委託	13	14						
4.1.1	移行	0.0%	3	2000	社員	13	15						
4.1.2	移行	0.0%	0	1800	外部委託	14	15						
	その他直接経費	100.0%		3600				900	900	900			
	間接経費	100.0%		8000				2000	2000	2100			

　現時点までの効率でプロジェクトが進捗する場合，完了時期が当初予定期間とどれだけ乖離するかを示す予測値であり，TVAC ＝ SAC − TEAC で表される．この値がプラスなら，それだけ完了時期が早まり，マイナスならそれだけ遅れることになる．

(2) EVM の使い方

a) WBS 管理表の作成

　WBS は，EVM でプロジェクトの進捗を計画，分析，管理するための前提であり，構造木の形式で表されることはすでに述べた．しかし，WBS 構造木は視覚的でわかりやすいが修正に手間がかかるので，プロジェクトの作業を説明する目的以外にはあまり使われない．実際には，表 7.2 に示すような WBS 管理表が用いられる．WBS 管理表には，ワークパッケージごとに PV と開始・終了の予定が割り当てられる．この PV を合計したものがプロジェクトの BAC である．

　表 7.2 の PV を構成する主要な費目は作業負荷に基づく人件費および外注費用である．過去の実績を参考にするなどして，不備のないようにしなければならない．進捗をマネジメントするための前提として，作業負荷の見積の正確さは何よりも大事である．進捗をどんなに正確に把握しても，見積が妥当でなければ，遅れなどを分析して対策を講ずるのが困難となるからである．

　開始・終了予定については，開始日が決まっている場合はカレンダー時間で表示したほうがわかりやすい．未定の場合は，日単位や週単位で相対的に表す．

b) 進捗の計画・計上

　WBS のワークパッケージごとの PV とスケジュールを明確にした WBS 管理表を作成したら，それに基づいて PV の時間的推移，すなわち進捗の計画を作る．進捗の計画は，プロジェ

クトで産出される予定のPVを時間的にどのように分布させるかを計画したものである．進捗に従って推移する価値（PVやEV）は，作業の特性などによって，開始時と終了時で均等に分布するわけではない．そのため，計画の時点で価値の分布を計上する方法（進捗の計上法）を設定しておかないと，作業自体は正しく進行しているのに，遅れや進みが計上されてしまうことがある．

進捗の計上法には各種あるが，固定比率配分法と重み付け配分法がよく用いられる．進捗の計上法は計画作成と実績計上の両方に用いられる．実績計上では，計画作成で用いた計上法と同一の方法を用いるのが原則である．

計上法によって計画されるPVと計上されるEVに対して，実際に投入されるACは計上法に関係なく，各ワークパッケージで時間的に均等であるのが普通である．そのため，PVとEVの間には整合性があっても，それらとACとの間には一般的に乖離が生じる．この乖離が大きいと，ETCなどを適用してプロジェクトの将来を予測する場合に問題になることがある．したがって，PVとEVはできるだけ時間的に均等になるように計画・計上するのが望ましい．

① 固定比率配分法

この方法は，ワークパッケージの着手時と完了時に，それぞれ一定比率の価値が生ずるものとして，進捗を計画・計上するものである．比率としては，着手：完了に0：100，30：70，50：50などが用いられる．作業の特性に応じて最も妥当と考えられる比率を設定すればよい．0：100の比率は安全側であり，計算も容易であるとしてよく用いられる．しかし，作業によってはそれが正しく進捗しても，当該ワークパッケージの完了まではEVが計上されないのでACとの間に乖離が生ずることになり，注意が必要である．この乖離は，ワークパッケージの期間が短く設定されていると小さいが，期間の長いワークパッケージでは大きくなる．したがって，期間の長いワークパッケージについては，この比率は避けたほうがよい．

② 重み付け配分法

期間の長いワークパッケージについては，途中経過で価値を計上するようにしないと，PVやEVが作業の実際の進捗と乖離して把握されてしまう．途中の価値を作業者が主観的に計上するのは好ましくないので，通過すべきマイルストーンを定めておいて，そこへ達するたびに決められた割合の価値を計上する方法が重み付け配分法である．

たとえば，ワークパッケージのアクティビティの作業順序に合わせてマイルストーンを設定し，それぞれのマイルストーンに表7.3に示すような重みを与えて，それを価値として計上する．この方法で，過去の実績などを参考にして適切な重みの分布を設定すれば，実際の進捗と整合性の取れたPVの計画やEVの計上が可能となる．一方，ワークパッケージごとに種々の分布を設定しなければならない場合には，PVの計画やEVの計上が煩雑となり，場合によってはワークパッケージをマイルストーンごとに，さらに小さなワークパッケージに分解したほうが良いこともある．

c) 進捗の把握と分析

EVMでは，プロジェクトの状況を把握しやすくするため，進捗や指標を図表で表す．よく使

表 7.3 重み付けの例

アクティビティ	重み	マイルストーン通過時の価値
テスト計画の作成	10%	10%
テストケースの設計	35%	45%
テストの実施	55%	100%

表 7.4 WBS 管理表の例

■ = 事前入力欄
■ = 実績入力欄
■ = 自動計算欄

お客様名	A社
プロジェクト名	ABCシステム機能追加
プロジェクト期間	2011年4月〜8月

総見積工数	52
総予算(BAC)	60800
完了率(PC)	89.4%

金額単位:千円

		1週	2週	3週	4週	5週	6週	7週	8週	9週	10週	11週	12週	13週	14週	15週
期間状態	期間出来高計画値(PV')	4800	2100	3000	4000	6800	6250	4850	4550	7450	1700	1700	1700	5600	3900	2400
	期間出来高実績値(EV')	4600	1700	3450	3750	6750	5800	4500	4100	6500	4000	2050	1700	5450	0	0
	期間コスト実績値(AC')	5225	2400	3850	4300	7200	6600	5150	5000	8000	3900	2600	2050	5850	0	0
状態	総予算(BAC)	60800	60800	60800	60800	60800	60800	60800	60800	60800	60800	60800	60800	60800	60800	60800
	出来高計画値(PV)	4800	6900	9900	13900	20700	26950	31800	36350	43800	45500	47200	48900	54500	58400	60800
	出来高実績値(EV)	4600	6300	9750	13500	20250	26050	30550	34650	41150	45150	47200	48900	54350	54350	54350
	原価実績値(AC)	5225	7625	11475	15775	22975	29575	34725	39725	47725	51625	54225	56275	62125	62125	62125
	スケジュール差異(SV)	-200	-600	-150	-400	-450	-900	-1250	-1700	-2650	-350	0	0	-150	-4050	-6450
	原価差異(CV)	-625	-1325	-1725	-2275	-2725	-3525	-4175	-5075	-6575	-6475	-7025	-7375	-7775	-7775	-7775
指標	完了率(PC)	7.6%	10.4%	16.0%	22.2%	33.3%	42.8%	50.2%	57.0%	67.7%	74.3%	77.6%	80.4%	89.4%	89.4%	89.4%
	スケジュール効率指標(SPI)	0.96	0.91	0.98	0.97	0.98	0.97	0.96	0.95	0.94	0.99	1.00	1.00	1.00	0.93	0.89
	原価効率指標(CPI)	0.88	0.83	0.85	0.86	0.88	0.88	0.88	0.87	0.86	0.87	0.87	0.87	0.87	0.87	0.87
	効率指標(CR)	0.84	0.75	0.84	0.83	0.86	0.85	0.85	0.83	0.81	0.87	0.87	0.87	0.81	0.78	
	残所要原価効率(TCPI)	1.01	1.02	1.03	1.05	1.07	1.11	1.16	1.24	1.50	1.71	2.07	2.63	-4.87	-4.87	-4.87
予測	完了時原価予測(EAC)	71836	79869	72481	72684	70004	70390	70516	71176	71982	69658	69849	69970	69518	70047	70373
	残所要原価予測(ETC)	66611	72244	61006	56909	47029	40815	35791	31451	24257	18033	15624	13695	7393	7922	8248
	完了時原価差異予測(CVAC)	-11036	-19069	-11681	-11884	-9204	-9590	-9716	-10376	-11182	-8858	-9049	-9170	-8718	-9247	-9573

われる図表として，進捗管理表や進捗実績グラフがある．表 7.4 に進捗管理表の例を示す．この進捗管理表は，表 7.2 の WBS 管理表から作成したものである．

表 7.4 から，プロジェクト期間 (SAC) は 15 週であること，総予算 (BAC) は 60,800 千円であることがわかる．スケジュール効率指標 (SPI) は 1.0 近辺，原価効率指標 (CPI) は 0.9 近辺であり，ともに効率実績は管理限界といわれている 0.8 を上回っていることが確認できる．しかし，15 週時点での完了率 (PC) は 89.4%で，プロジェクトはまだ完了していない．完了時原価差異予測 (CVAC) が −9,573 千円であるので，この効率で作業を続ければ当初の総予算の 16%増でプロジェクトが完了すると推測できる．

7.2.5 EVM の適用例

ここでは，PSP (Personal Software Process) 演習に EVM を適用して，プロジェクトの進捗マネジメントを行うことを考える．PSP 演習では，学生が一人ひとり独立に 10 個の演習プログラムを決められたプロセスに従って作成し，進捗管理も学生自身が行う．そこで，個々の学生の PSP 演習を 1 つのプロジェクトと見なし，それに EVM を適用する．これは小さなプロジェクトではあるが，EVM の基本を理解するには十分である．

(1) 価値の尺度の設定

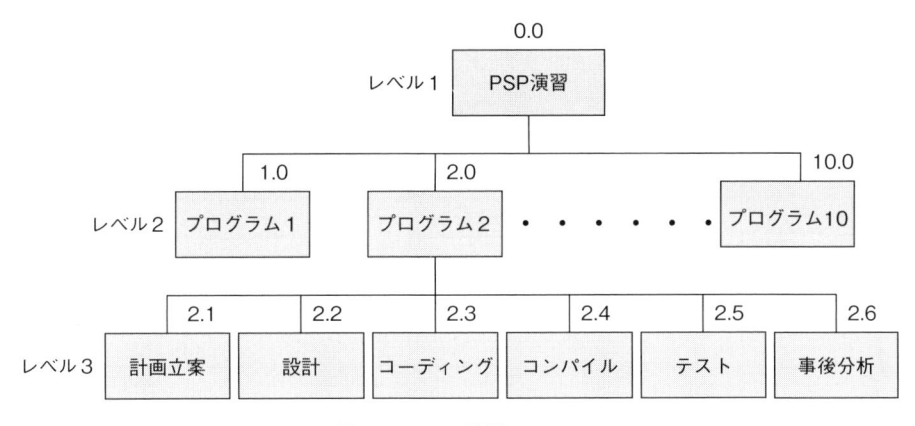

```
                    0.0
レベル1            PSP演習

           1.0       2.0              10.0
レベル2   プログラム1  プログラム2 ・・・・・ プログラム10

         2.1    2.2    2.3    2.4    2.5    2.6
レベル3  計画立案  設計  コーディング コンパイル テスト  事後分析
```

図 **7.9** PSP 演習の WBS

まず，最初に価値の尺度として何を用いるかを決める必要がある．「金額」を価値の尺度とするのが一般的であるが，このプロジェクトではプログラム作成以外の経費はかからないので，価値の尺度には工数（人分）を用いる．

(2) WBS の作成

a) WBS 要素の分解

EVM を適用するための前提である WBS を作成する．WBS には，基本的にプロジェクトの最終成果である 10 個の演習プログラムを作成するためのすべての作業を記述しなければならない．しかし，ここではプロジェクトマネージャが行う作業は WBS に含めないことにする．

前節で述べた WBS の作成手順に従って，このプロジェクトの WBS を作成すると，図 7.9 のようになる．レベル 1 はプロジェクト全体を示す．レベル 2 は，このプロジェクトの出力のタイプがプロダクトであるので，演習プログラム単位で要素に分解し，各要素の識別子を 1.0, 2.0, 3.0, ..., 10.0 とする．レベル 3 は PSP で決められている作業単位で要素に分解する．たとえば図 7.9 に示すように，識別子 2.0 の要素は計画立案，設計，コーディング，コンパイル，テスト，事後分析に分解し，各要素の識別子を 2.1, 2.2, 2.3, 2.4, 2.5, 2.6 とする．レベル 3 は，これ以上分解する必要がないので，このレベルがワークパッケージとなる．レベル 3 は細分化され過ぎているため現実的ではないが，ここではあえてレベル 3 をワークパッケージとして考える．

b) WBS 管理表の作成

ワークパッケージまで作業を分解したら，各ワークパッケージの工数（分）を推定し，PV を設定する．工数の推定は，前年度の PSP 演習のデータを用いて行う．具体的には，前年度の 4 人の学生のデータを集計し，その平均を求めて各ワークパッケージの PV とする．表 7.5 は，このようにして推定した各ワークパッケージの PV である．表 7.5 からわかるように，PV の総計である BAC は 1560 分となる．

次に，BAC からプロジェクトの期間（SAC）を決める．毎週の作業時間は 2 コマ（180 分）であるが，現実的に考えると，学生はすべての時間を作業に当てているわけではないので，PV

表 7.5 PSP 演習の WBS 管理表

WBS ID	作業名	PV 要素	PV 累積	開始予定週	終了予定週
1	演習プログラム1	100			
1.1	計画立案	5	5	1	1
1.2	設計	10	15	1	1
1.3	コーディング	50	65	1	1
1.4	コンパイル	10	75	1	1
1.5	テスト	10	85	1	1
1.6	事後分析	15	100	1	1
2	演習プログラム2	135			
2.1	計画立案	5	105	1	1
2.2	設計	10	115	1	1
2.3	コーディング	50	165	1	2
2.4	コンパイル	40	205	2	2
2.5	テスト	15	220	2	2
2.6	事後分析	15	235	2	2
3	演習プログラム3	195			
3.1	計画立案	5	240	2	
3.2	設計	15	255	2	2
3.3	コーディング	100	355	2	3
3.4	コンパイル	40	395	3	4
3.5	テスト	20	415	4	4
3.6	事後分析	15	430	4	4
4	演習プログラム4	300			
4.1	計画立案	5	435	4	4
4.2	設計	20	455	4	4
4.3	コーディング	120	575	4	5
4.4	コンパイル	100	675	5	6
4.5	テスト	40	715	6	6
4.6	事後分析	15	730	6	6
5	演習プログラム5	105			
5.1	計画立案	5	735	6	6
5.2	設計	5	740	6	6
5.3	コーディング	40	780	6	6
5.4	コンパイル	20	800	7	7
5.5	テスト	20	820	7	7
5.6	事後分析	15	835	7	7
6	演習プログラム6	115			
6.1	計画立案	10	845	7	7
6.2	設計	20	865	7	7
6.3	コーディング	50	915	7	8
6.4	コンパイル	10	925	8	8
6.5	テスト	10	935	8	8
6.6	事後分析	15	950	8	8
7	演習プログラム7	105		8	
7.1	計画立案	15	965	8	8
7.2	設計	10	975	8	8
7.3	設計レビュー	5	980	8	8
7.4	コーディング	40	1020	8	8
7.5	コードレビュー	5	1025	8	8
7.6	コンパイル	10	1035	9	9
7.7	テスト	5	1040	9	9
7.8	事後分析	15	1055	9	9
8	演習プログラム8	125		9	
8.1	計画立案	20	1075	9	9
8.2	設計	10	1085	9	9
8.3	設計レビュー	5	1090	9	9
8.4	コーディング	40	1130	9	9
8.5	コードレビュー	10	1140	9	9
8.6	コンパイル	10	1150	9	9
8.7	テスト	15	1165	9	9
8.8	事後分析	15	1180	9	9
9	演習プログラム9	120			
9.1	計画立案	10	1190	10	10
9.2	設計	15	1205	10	10
9.3	設計レビュー	5	1210	10	10
9.4	コーディング	40	1250	10	10
9.5	コードレビュー	5	1255	10	10
9.6	コンパイル	10	1265	10	10
9.7	テスト	20	1285	10	10
9.8	事後分析	15	1300	10	10
10	演習プログラム10	260			
10.1	計画立案	20	1320	11	11
10.2	設計	70	1390	11	11
10.3	設計レビュー	15	1405	11	11
10.4	コーディング	80	1485	11	12
10.5	コードレビュー	15	1500	12	12
10.6	コンパイル	15	1515	12	12
10.7	テスト	30	1545	12	12
10.8	事後分析	15	1560	12	12

表 7.6 PSP 演習の進捗管理表

		1週	2週	3週	4週	5週	6週	7週	8週	9週	10週	11週	12週
期間状態	期間出来高計画値(PV')	130	130	130	130	130	130	130	130	130	130	130	130
	期間出来高実績値(EV')	100	105	120	110	125	110	100	126	110	155	140	145
	期間原価実績値(AC')	110	91	96	150	142	126	83	124	117	134	154	142
状態	総予算(BAC)	1560	1560	1560	1560	1560	1560	1560	1560	1560	1560	1560	1560
	出来高計画値(PV)	130	260	390	520	650	780	910	1040	1170	1300	1430	1560
	出来高実績値(EV)	100	205	325	435	560	670	770	896	1006	1161	1301	1446
	原価実績値(AC)	110	201	297	447	589	715	798	922	1039	1173	1327	1469
	スケジュール差異(SV)	-30	-55	-65	-85	-90	-110	-140	-144	-164	-139	-129	-114
	原価差異(CV)	-10	4	28	-12	-29	-45	-28	-26	-33	-12	-26	-23
指標	完了率(PC)	6.4%	13.1%	20.8%	27.9%	35.9%	42.9%	49.4%	57.4%	64.5%	74.4%	83.4%	92.7%
	スケジュール効率指標(SPI)	0.77	0.79	0.83	0.84	0.86	0.86	0.85	0.86	0.86	0.89	0.91	0.93
	原価効率指標(CPI)	0.91	1.02	1.09	0.97	0.95	0.94	0.96	0.97	0.97	0.99	0.98	0.98
	効率指標(CR)	0.70	0.80	0.91	0.81	0.82	0.80	0.82	0.84	0.83	0.88	0.89	0.91
	残所要原価効率(TCPI)	1.01	1.00	0.98	1.01	1.03	1.05	1.04	1.04	1.06	1.03	1.11	1.25
予測	完了時原価予測(EAC)	2198	1886	1651	1829	1810	1821	1766	1715	1704	1624	1617	1594
	残所要原価予測(ETC)	2088	1685	1354	1382	1221	1106	968	793	665	451	290	125
	完了時原価差異予測(CVAC)	-638	-326	-91	-269	-250	-261	-206	-155	-144	-64	-57	-34

を 130 分と設定する．したがって，SAC は 12 週（1560 分/130 分）となる．SAC が決まったら，それに基づいて各ワークパッケージの開始予定と終了予定を設定し，表 7.5 に示すような WBS 管理表としてまとめる．

(3) 進捗の計上

進捗の計上とは，作業の進捗によって獲得された EV とそれにかかった AC の実績データを収集することをいう．このプロジェクトでは，PV が週単位で設定されているので，EV と AC も週単位で計上する．EV の計上は固定比率配分法を用いて行う．比率は，ワークパッケージの期間が短いので，着手：完了を 0：100 に設定する．ただし，コーディングについては着手：完了を 50：50 とする．すなわち，作業に着手した段階で，PV を 50% 獲得したとして EV を計上し，完了した段階で 100% 獲得したとする．AC については演習プログラムの作成にかかった実際の工数（分）を計上する．

(4) 進捗管理表の作成

WBS 管理表で設定した PV および PSP の進捗に従って計上した EV と AC から進捗管理表を作成する．表 7.6 は PSP 演習の最終週まで EV と AC を計上した進捗管理表を示す．この進捗管理表から，いくつかのことが読み取れる．まず，SAC が 12 週であること，BAC が 1,560 分であることはすぐわかる．スケジュール効率 (SPI) は 0.8 以上，原価効率 (CPI) は 0.9 以上であり，効率実績はともに管理限界の 0.8 を上回っている．また，プロジェクトの将来を予測してみると，ETC が 125 であるので，このままの効率で作業を続けるとプロジェクトを完了するまでに，あと 125（分）の工数が必要なこともわかる．

(5) 進捗実績グラフと効率実績グラフの作成

図 7.10，図 7.11 は，表 7.6 の進捗管理表から作成された進捗実績グラフおよび効率実績グラフである．進捗管理表に比べて進捗実績や効率実績の推移を視覚的に捉えることができるので

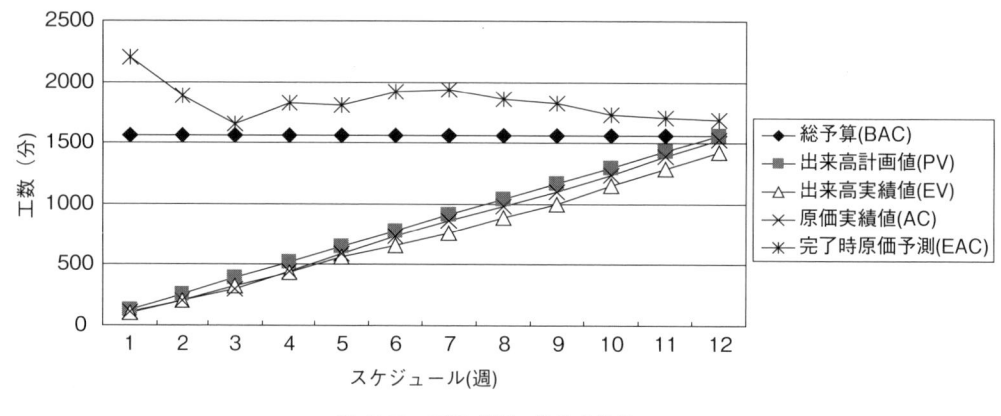

図 7.10　PSP 演習の進捗実績グラフ

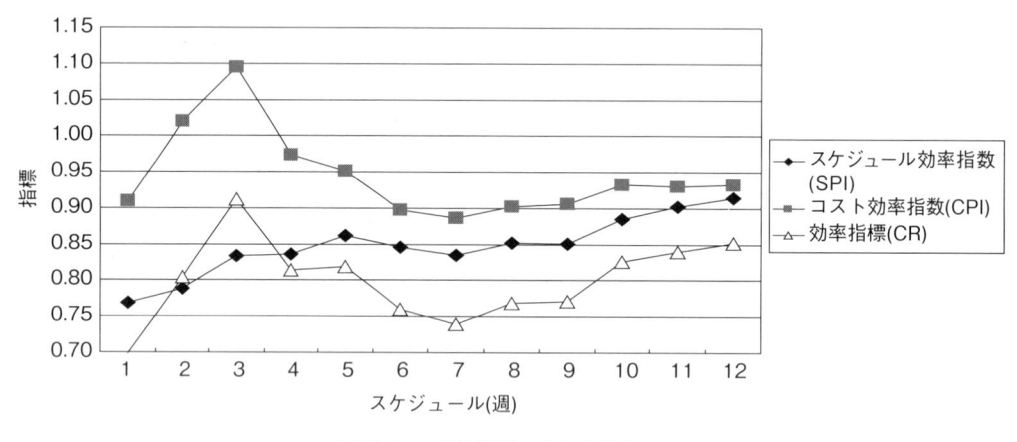

図 7.11　PSP 演習の効率実績グラフ

わかりやすい．進捗実績グラフの BAC, PV, EV, AC を比較することで現在の進捗状況がわかる．たとえば，EV が PV を下回っているので，進捗が計画通りに進んでいないこと，さらに 6 週以降は AC が EV を上回っているので，工数をかけたわりには EV が稼げていないことなどがわかる．

効率実績グラフからは，SPI, CPI ともに管理限界の 0.8 を上回った状態が続いていること，12 週時点で SPI, CPI とも 0.9 以上を達成していることがわかる．CR も SPI や CPI と同様の傾向を示しているので，この効率を維持すれば PSP 演習は，あと ETC が示す 125 分をかければ完了できる可能性が高いことも読み取れる．

7.3　進捗マネジメント

プロジェクトの目的を達成するまでの所要期間を適切に見積ることは，プロジェクトを円滑に進める上で必須である．現実のプロジェクトは，往々にして「期間ありき」で進められることが多く，これが納期至上主義につながり，プロジェクト破綻の主要な原因となっている．これを回避するために，所用期間を適切に見積り，妥当性のあるスケジュールを作成し，それに

表 7.7 プロジェクト X の所要期間の見積例

記号	作業	担当者	見積所要期間（週）
A	システム設計	社員 A	2
B	プログラム作成	社員 B	3
C	ネットワーク接続工事	協力会社 A	1
D	データベース移行	協力会社 B	2
E	プログラムテスト	社員 B	3
F	システムテスト	社員 A	1

基づいてプロジェクトの進捗をトラッキングして，所要期間内に完了させるための活動が必要である．

このような活動が進捗マネジメントと呼ばれるものであり，① 所要期間見積，② スケジュール作成，③ 進捗コントロールの 3 つの作業に分けられる．

7.3.1 所要期間見積

(1) 個々のワークパッケージの所要期間見積

所用期間見積も原価見積と同様に WBS に基づいて行われる．WBS の最下位レベルであるワークパッケージ，あるいはその下位のアクティビティ（以後，ワークパッケージあるいはアクティビティを単に作業という）を単位として，個々の作業にどれだけの期間がかかるかを見積る．期間を見積るには，過去の類似プロジェクトから参考になると思われる作業を探して，その実績値を用いる．このとき，担当者のスキル・経験や使用する機械・ツールなど，そのプロジェクト特有の条件を考慮することが大切である．

架空のプロジェクト X の所要期間の見積例を表 7.7 に示す．

(2) クリチカルパス分析

WBS は，作業をすべてリストアップしているが，それらの作業間の依存関係を明らかにしたものではない．そのため，表 7.7 に示した各作業の見積所要期間を単純に合計しても，必ずしもプロジェクト X の総所要期間とはならない．それは，どの作業をどの作業の前にやらなければならないか，複数の作業を並行してやれるかといった，作業間の依存関係が考えられていないからである．したがって，この依存関係を分析し，個々の作業の見積所要期間を織り込んで，守らないとプロジェクトの遅れにつながる最短の所要期間（クリチカルパス）を見つける必要がある．このための手法として PERT (Program Evaluation and Review Technique) が用いられる．PERT とほぼ同時期に CPM (Critical Path Method) が開発され，どちらもネットワーク図を用いていることから，PERT/CPM と呼ばれることもある．

クリチカルパス分析は以下の手順で行われる．

① 作業を明確にする（WBS 作成）．
② 過去の実績データを参考にして各作業の所要期間を見積る．
③ 作業の実行順序や作業同士の前後関係を明確にする．

表 7.8 プロジェクト X の作業同士の前後関係

記号	作業	見積所要期間（週）	先行作業
A	システム設計	2	—
B	プログラム作成	3	A
C	ネットワーク接続工事	1	A
D	データベース移行	2	A
E	プログラムテスト	3	B, D
F	システムテスト	2	C, E

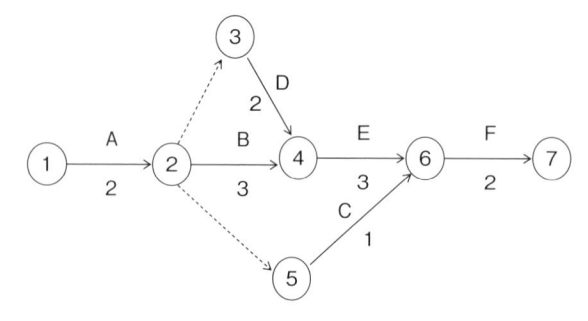

図 7.12 プロジェクト X の PERT 図

④ 各作業を繋ぎ合わせネットワーク図（PERT 図）を作成する．
⑤ PERT 図に基づいて，各結合点の最早開始日を算出する．
⑥ プロジェクト全体の最短の所要期間（クリチカルパス）を求める．

①，②についてはすでに述べた．ここでは，③以降について説明する．

a) 作業同士の前後関係の明確化

作業には先行する作業が終わらないと開始できないものもあれば，同時に進められるものもある．表 7.7 に示したプロジェクト X の作業 A～F について，作業同士の前後関係を考えると表 7.8 のようになる．

表 7.8 から，以下のことが分かる．

① 作業 B, C, D は先行作業である A が完了しないと開始できない．
② 作業 C, D は作業 B や E と並行して進めることができる．
③ 作業 E は作業 B, D が完了しないと開始できない．
④ 作業 F は作業 C, E が完了しないと開始できない．

b) PERT 図の作成

表 7.8 の作業同士の前後関係からプロジェクト X の PERT 図を作成すると，図 7.12 のようになる．PERT 図は，表 7.9 に示すような要素から構成されている．

c) 結合点の最早開始日の算出

すべての先行作業が完了し，最も早く後続作業を開始できる時点のことを最早開始日という．各結合点の最早開始日は，先行作業の最早開始日＋見積所要期間で求めることができる．複数

表 7.9 PERT 図の要素

要素	意味
→	作業を表す．矢印の上に作業名，下に所要期間（所要日数）を記入する．
○	作業と作業の結合点を表す．先行するものから順に番号を付けて識別する．
---->	ダミー作業で作業の順序関係だけを表す．所用期間は 0，作業名は付けない．

の先行作業が集まる結合点の最早開始日は最も遅い作業に合わせる．図 7.12 の PERT 図で，それぞれの結合点の最早開始日（週）を求めてみる．

結合点 ① の最早開始日：0（先行作業なし）

結合点 ② の最早開始日：0（結合点 ① の最早開始日）＋ 2（作業 A の見積所要期間）＝ 2（週）

結合点 ③ の最早開始日：2（結合点 ② の最早開始日）＋ 0（ダミー作業）＝ 2（週）

結合点 ④ の最早開始日：作業 B は 2（結合点 ② の最早開始日）＋ 3（作業 B の見積所要期間）＝ 5（週），作業 D は 2（結合点 ③ の最早開始日）＋ 2（作業 D の見積所要期間）＝ 4（週）であるから，遅い方の作業 B に合わせて 5（週）

結合点 ⑤ の最早開始日：2（結合点 ② の最早開始日）＋ 0（ダミー作業）＝ 2（週）

結合点 ⑥ の最早開始日：作業 C は 2（結合点 ⑤ の最早開始日）＋ 1（作業 C の見積所要期間）＝ 3（週），作業 E は 5（結合点 ④ の最早開始日）＋ 3（作業 E の見積所要期間）＝ 8（週）であるから，遅い方の作業 E に合わせて 8（週）

結合点 ⑦ の最早開始日：8（結合点 ⑥ の最早開始日）＋ 2（作業 F の見積所要期間）＝ 10（週）

d) クリチカルパスの算出

すべての作業が終了するまでの最短の所要期間（クリチカルパス）は，前述のように最初の作業から順に各結合点の最早開始日を計算していけば，最後の結合点の最早開始日として求めることができる．図 7.12 の PERT 図では，最後の結合点である ⑦ の最早開始日がクリチカルパスを表している．

クリチカルパス上の作業が遅れると，プロジェクト全体の遅れにつながる．逆にクリチカルパスが短縮できると，プロジェクト全体の所要期間を短縮できる．

7.3.2 スケジュール作成

スケジュール作成は，所要期間見積で明らかにしたクリチカルパスに基づいて，進捗管理に利用する管理図を作成する作業であり，通常ガントチャートが用いられる．これは，横軸にカレンダー時間，縦軸に作業をとったチャートの形式をしており，各作業の開始から終了までの所要期間を横棒の長さで示す．図 7.12 の PERT 図に基づいて作成したガントチャートの例を図 7.13 に示す．

ガントチャートは以下のような要素から構成されている．ここで用いる記号は，意味が同じであれば他のものでもよい．

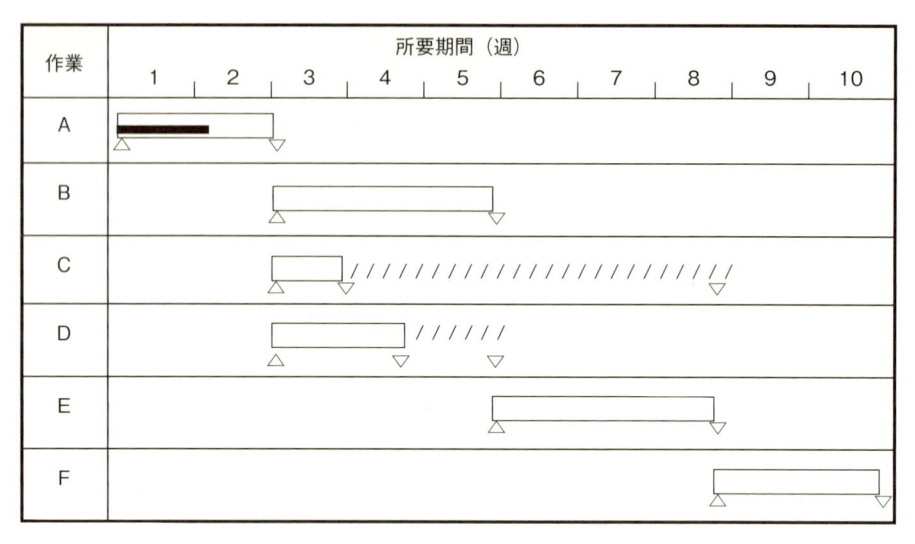

図 7.13　ガントチャートの例

・チャートの一番上の行はカレンダー時間である．時間の単位は，必要な詳細レベルに応じて，日，週，月あるいは年となる．
・チャートの左端の列には各作業の名前を入れる．通常，作業順に示す，各作業には識別番号を付ける場合もある．
・チャート本体の横棒は各作業の最早開始日と最早終了日を示す．最早開始日は△，最早終了日は▽で表す．クリチカルパス上にない作業には，フロート（スケジュール上の余裕期間）と最遅終了日を加える．フロートは / / / ，最遅終了日は▽で表す．最遅終了日とは，ある作業の終了を遅らせる場合，後続作業を遅らせないために，その作業を終了しなければならない最も遅い時期をいう（クリチカルパス上の作業では最早終了日と同じ）．
・横棒の中の太線は，各作業の進捗実績を示す．

　ガントチャートは，プロジェクトの作業の流れをビジュアルに表したチャートであり，以下のような特徴がある．

① 各作業の所要期間とプロジェクト全体の所要期間がわかる．
② どの作業をいつまでに行わなければならないか，フロートがあれば裁量の余地も含めて容易に把握できる．
③ 進捗管理はクリチカルパスに集中して行うことができる．
④ 計画と実績が対比されているので，プロジェクトの進捗状況がわかりやすい．

7.3.3　進捗コントロール

　進捗コントロールは，ガントチャートに照らしてプロジェクトの進捗状況を追跡し，プロジェクトが所要期間内に完了するようにスケジュールをコントロールする作業である．進捗コントロールも，原価コントロールと同様，問題が発生したら早期に対応し，迅速に解決することがポイントであり，その流れは基本的に原価コントロールと同じである．

進捗コントロールで特徴的なことは，プロジェクトにはいくつかの重要な期日があり，それらに着目したコントロールが必要とされることである．重要な期日としては，たとえばプロジェクト成功のキーとなる作業の終了日，作業着手の承認を得る期日などがある．このような測定可能なスケジュールポイントはマイルストーンと呼ばれる．

マイルストーンは，ガントチャート上に記号◇で示す．プロジェクト X の例で言えば，図 7.13 のガントチャートの作業名の列に，設計仕様の承認，運用開始などの項目を設けて，そのマイルストーンを◇で表示する．マイルストーンは，顧客や経営陣への進捗報告などに有効に使うことができる．

演習問題

設問 1 WBS を構造木で表す理由を述べよ．また，WBS を下位の要素に分解するときに守らなければならないルールを述べよ．

設問 2 旅行会社が開催するツアー説明会を 1 つのプロジェクトと見なして，その WBS を作成せよ．

設問 3 原価の見積手法を 3 つあげて，それらの概要と特徴を述べよ．

設問 4 12 個のプログラムを作成するプロジェクトで，各プログラムの作成に 1 日の作業時間と 1,000 円の費用が必要と仮定する．以下の問に答えよ．

(1) このプロジェクトの WBS 管理表を作成せよ．
(2) 作業開始 5 日後に 4 個のプログラムが完成し，それに使った実際の費用が 5,500 円だったとして，進捗実績グラフを作成せよ．
(3) このままの効率で作業を続けると，作業が終了するのは何日目か．
(4) プロジェクトが完了するまでに必要な総費用はいくらか．

設問 5 時給 1,000 円の技術者で，製品 1 と 2 をそれぞれ 2 日（16 時間），製品 3 と 4 をそれぞれ 1 日（8 時間）で作成できると見積もって PV を計画した．以下の問に答えよ．

(1) 4 個の製品を作成するのに必要な日数と総予算はいくらか．
(2) 2 日後，時給 800 円の A さんが PV の 50% を終了したときの EV と AC はいくらか．
(3) 計画期間内に完了するには現在のスケジュール効率をどのくらい改善する必要があるか．
(4) 計画した予算で完了するには現在の原価効率をどのくらい改善する必要があるか．

参考文献

[1] Gregry T. haugan：*Effective work Breakdown Structures*, management Concepts Inc., 2002.（伊藤衡監訳：『実務で役立つ WBS 入門』翔泳社，2005.）
[2] 広兼修：『新版プロジェクトマネジメント標準 PMBPK 入門』オーム社，2005.
[3] 独立行政法人 情報処理推進機構 ソフトウェア・エンジニアリング・センター編：『ソフトウェア開発見積ガイドブック～IT ユーザとベンダにおける定量的見積の実現～』オーム社，2006.
[4] 冨永章, 解説：『アーンド・バリュー・マネジメント』プロジェクトマネジメント学会，2003.
[5] 中嶋秀隆：『改訂版 PM プロジェクト・マネジメント』日本能率協会マネジメントセンター，2002.

第8章
プロジェクトの目標と実現性マネジメント

□ 学習のポイント

　プロジェクトを成功させるためには，プロジェクト計画書に設定する目標の妥当性と，この目標を計画で定めた有限な経営資源と期間で達成するための実現性が求められる．もし，目標の設定を誤るとプロジェクト活動の全てが無効になるだけでなく，組織に重大な経済的，機会的損失をもたらす可能性がある．一方，目標が良くても，実現性が低いとプロジェクトは計画通りに進まず，最悪の場合は破綻する．そこで，本章では，プロジェクト計画に含まれるプロジェクト目標設定のためのマネジメントと，設定した目標を確実に達成していくための実現性のマネジメントに絞って解説する．

- プロジェクトの目標と実現性の意味について理解する．
- プロジェクト目標マネジメントについて理解する．
- プロジェクト目標設定のための要求定義プロセスについて理解する．
- 目標設定のための3次元統合価値モデルの概念について理解する．
- 目標設定における適合性の概念について理解する．
- プロジェクト目標の実現性について理解する．
- プロジェクトの実現手段の選択について理解する．

□ キーワード

　プロジェクト目標，実現性，目的適合性，要求定義，要求分析，ステークホルダー，ニーズ，実現手段，3次元統合価値モデル，適合性，実現手段の選択，価値軸，能力軸，適応軸

　プロジェクト目標マネジメントとは何か？　PMBOKではスコープマネジメント (What) でプロジェクトの目標設定について記述している．

　一方，P2Mではプロジェクト目標マネジメントとして1．ライフサイクルマネジメント (When)，2．スコープマネジメント (What)，3．タイムマネジメント (When)，4．コストマネジメント (How much)，5．アーンドバリューマネジメント (When, How much)，6．品質マネジメント (What)，7．報告・変更管理 (How To)，8．引き渡し管理 (How To) などを含めて定義している．しかし本書では，これらのマネジメントを第7章で解説したプロジェクト計画マネジメントに含め，プロジェクトの目標マネジメントはプロジェクト計画書への目標設定のためのマネジメントに絞って定義する．なぜならプロジェクトの成功に向けて最も影響が大きく重要なポイントがプロジェクト計画段階の目標設定であり，後で述べるように，この目

標設定を誤るとプロジェクト活動の全てが無意味になるだけでなく，母体組織に重大な損失をもたらす可能性があるからである．

目標マネジメントのプロセスは，例えば情報システムの設計ではシステムの要求定義プロセス，コンサルテーションではソリューションの定義にあたる．

目標設定はプロジェクトの最上流プロセスであり，問題の特定や原因の究明，対策の実現性の見極めに向けた洞察力や判断力など，複雑な問題に対する実践的で高度な能力が求められる．

そこで本章では第2章のプロジェクトマネジメントの定義から導かれるプロジェクトの目標設定のマネジメントについて解説する．

8.1 目標と実現性の定義

目標とは組織の活動理念を実現するために目指す課題であり，組織活動の存在根拠を示す．

目標は組織が掲げる活動理念と整合する必要があり，さらに，その目標には実現性が担保される必要がある．一方，目標は別の見方をすると組織活動の結果を評価するための基準にもなりえる．

組織活動の成果は，活動前にあらかじめ設定された目標とてらし合わせることによってのみ評価できる．

したがってプロジェクトの成功可否の判断にはプロジェクト成果の評価が必要であり，目標設定を誤るとプロジェクトが成功したか否かの適切な判断すらできない．プロジェクトを成功に導くためには，プロジェクト成果の適切な評価に向けて，目標の網羅性を確保し，目標が特定の視点に偏らないようにすることや目標の重要度，優先度決定の視点が不可欠である．

8.1.1 目標マネジメント

プロジェクト目標マネジメントとは第2章のプロジェクトの定義で述べた単一プロジェクトやプログラムの目標を図3.1「経営戦略とプロジェクト戦略の関係」に示すように，プロジェクトの実施主体となる母体組織全体の経営戦略や中長期的な経営目標と整合させ，母体組織の傘下で行なわれるプロジェクトの有効性を確保することおよびこの目標の達成に向けて，プロジェクトで実施する作業項目（手段）をさらに詳細に分解して，中間目標を設定するマネジメントである．

通常，組織の最終的な目的は，これを実現するための下位の複数の目標（実現手段）に分解され，このように目標を下位の目標に展開することを目的手段展開と呼ぶ．そしてプロジェクトの目標の組織目標から見た妥当性を目的適合性，目標達成の可能性を実現性という．

以下に組織におけるプロジェクト目標立案の方法と立案した目標を単一プロジェクトに適用するための方法について説明する．また，母体組織がプロジェクトを有効に推進するためには組織の複数の単一プロジェクト全体を統制し支援するための単一プロジェクト横断的な取り組みのための組織共通の目標が必要であり，これについては第12章のプロジェクトの組織的マネジメントで取り扱うこととする．

プロジェクト活動の適正化を図ってプロジェクトの品質を確保するためには「源流管理」，す

なわち，プロジェクト初期の企画・計画段階における要求分析の品質を高め，プロジェクト計画の目標精度を高めてプロジェクト初期の段階から品質を作り込むことが極めて重要である．

また，プロジェクトの実行による企業価値や業績の改善など，プロジェクトの効果を極大化するためには，プロジェクト目標の達成に向けた実現性を確保して取り組む必要がある．

一方，要求分析は非定型かつ企画担当者の技術的洞察力やバランス感覚，経験に負うところも多く最も困難な作業といわれている．もし要求分析の結果，設定したプロジェクトの目標に目的適合性や重要度の誤り，網羅性が無いなどの問題があると，プロジェクトは無事に完了して目標を達成できたとしても，ステークホルダーが望む真の投資効果は得られない．さらに，設定した目標自体が非現実的で，妥当性を欠けば，必然的にプロジェクトは行き詰まり，目標を達成できないばかりか，最終的にはプロジェクトが破綻に至るリスクがある．

● 目標マネジメントの要件
⇒ 妥当性のある目標および実現手段を設定する．
⇒ 目標の設定にあたって，科学的，客観的，合理的なアプローチをとる．

8.1.2 目標の実現性マネジメント

プロジェクトの目標は第3章，図3.2の要求定義プロセスによって明確化され決定されると同時に，その実現性が担保される必要がある．どんなに素晴らしい目標で，それ自体には誰も反対する者がいなくとも，組織が保有する有限な経営資源からみて，目標に実現性が無いと，絵に描いた餅になる．実現性の無い目標は夢にとどまれば直接的な被害はないが，もし，その目標を掲げて実際にプロジェクトを立ち上げ，実行に移してしまうと，組織に多大な損害と長期の機会損失を与えるリスクがある．したがってプロジェクトでは経営戦略やステークホルダーの要求に対応する問題や課題の真の原因を除去するための対策を目標として設定すると共に，その目標の実現性を組織の保有する技術や経営資源の視点から見極めておく必要がある．

8.2 要求定義の視点と手法

プロジェクトの成功に向け，まず明らかにしなければならないことは，第4章でも述べたとおり，プロジェクトの成果の評価モデルと品質評価指標 (KPI) の明確化である．なぜならプロジェクトの目標を断片的，部分的に捉えてしまうとプロジェクトの全体像が不明確となり，目指すべき目標の欠落や施策の過不足が起こるリスクがあるからである．また目的の達成に向けた目標の設定手法が曖昧で，プロジェクト計画の策定が困難と思われるからである．したがって，プロジェクト目標の設定に当たって，まず明確化しなければならないことはプロジェクト目標および成果全体の評価モデルである．

この評価モデルの視点からプロジェクトの目標を設定し，プロジェクトの成果および活動プロセスを測定し，評価し，継続的に改善を図るためのPDCを回すという科学的，工学的なアプローチによってのみプロジェクト目標の確実な実現が可能になる．

本節ではプロジェクトの成功に向けた妥当性のある目標設定のための要求定義の方法につい

て説明する．

8.2.1 目標の設定に向けた要求定義

要求ってなに？ 欲求と要求の違いは？ 欲求は単なる欲望であり気まぐれでも構わないが，要求は組織やステークホルダーのニーズに基づく特定の問題，課題を解決するために必要な要件であり，その根拠，妥当性が求められる．第4章の図4.4，問題解決のプロセスモデルで示すように全ての目標は問題や課題の真の原因（要因）を除去するための対策から設定され，要求は何らかの対策の根拠となる要因から派生する．

図8.1は要求の定義における現状と目標の関係を示したものである．目標と実現手段の関係について考えると，もし目標の設定や方向を誤ると実際には実現能力が高く活動効率が高いほど本来目指すべき正しい目標から遠ざかってしまう．

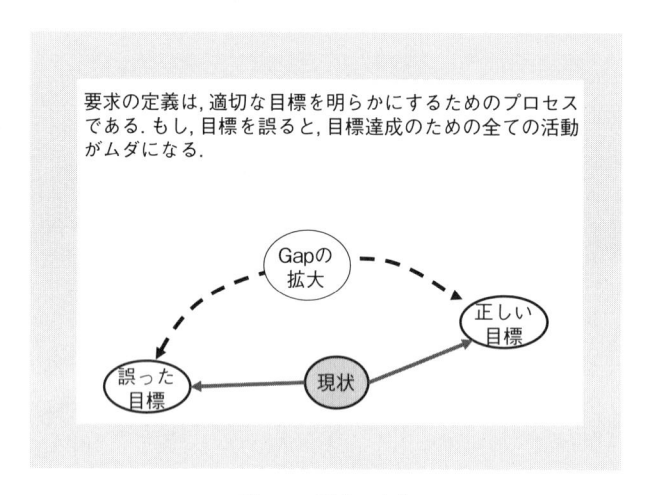

図 8.1 要求の定義

例えば北海道に旅行する際に目的地を誤って大阪行きの切符を買い飛行機に乗った場合，飛行機が早ければ早いほど真の目的地である北海道からは遠ざかってしまう．

一方，実現手段を誤って飛行機に乗らずに電車に乗った場合には目的地さえ誤っていなければ時間の遅れはあっても，いずれは北海道に到着することができる．ただし，電車が途中で運休したり，脱線事故を起こすなどすると目的地は正しくても目的地に到達できない．

価値軸：⇒ 目標を誤ると進めば進むだけ本来の目標から遠ざかる．
能力軸：⇒ 実現する能力がなければ成し遂げられない．
適応軸：⇒ どのように素晴らしい結果を出しても時と所を得なければ成果に結びつかない．

8.2.2 目標設定の視点

図8.2は従来から，ISO/IECで進めてきた，システム品質評価のモデルを拡張して考案したプロジェクトの目標や成果の品質を評価するための「システムの3次統合価値モデル」の概念で

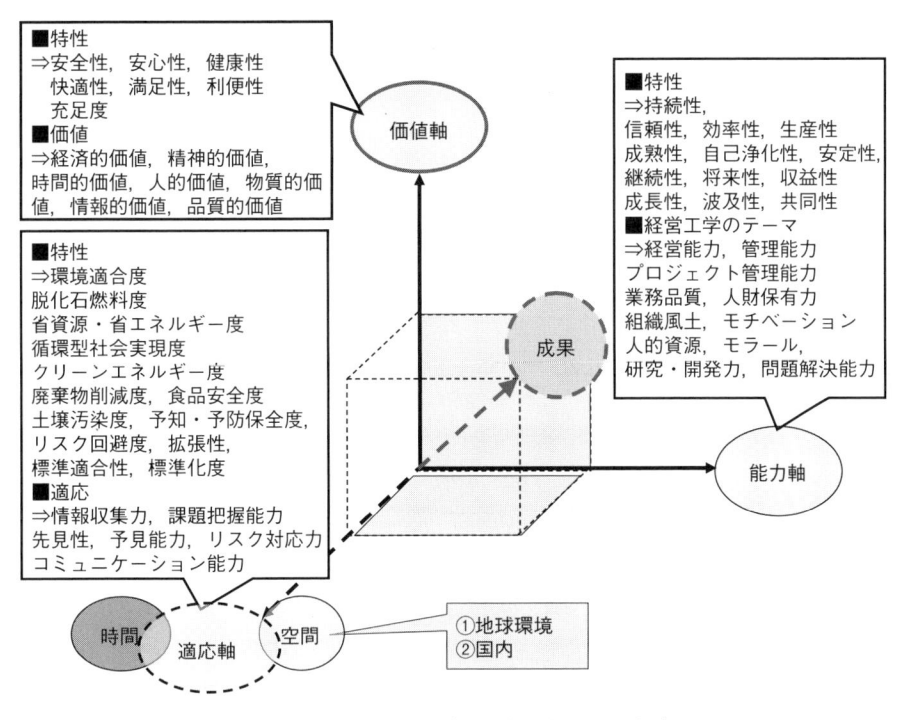

図 8.2 システムの 3 次元総合価値モデルの概念

ある．ISO/IEC では McCall や Boehm のソフトウェア品質モデルをベースに，システムの利用者の視点から必要かつ独立性があると考えられるシステムの 6 つの品質特性を定義している．さらに，本書で提案する「3 次元統合価値モデル」は，特定の目標を持つ企業なども，ある種のシステムであるという仮説に基づいて，6 つの品質特性を「3 次元モデル」に対応付けることにより，構造性，網羅性のあるほぼ完全なシステム評価のための目標設定の視点を与えている．

そこで，本書では，システムの品質要求と評価のためのモデル [1] を拡張，普遍化して考案したプロジェクト目標設定のための「3 次元統合価値モデル」の概念を紹介する．

このモデルではシステムの品質特性を「価値軸」，「能力軸」，「適応軸」の 3 次元で示す．社会や企業組織も特定の目的を有する広義のシステムであり，プロジェクトの目標は母体組織が社会システムや企業システムを対象として，経営戦略を実現して行くために設定される目標であるという仮説に基づくと，この品質評価モデルの視点から，プロジェクトの品質測定法を開発し，品質要求の定義（目標の設定）と評価の PDC サイクルを回すことができる．

(1)「価値軸」の特性

持続的で真に幸福な社会に向けて，母体組織が社会に提供する価値そのものの特性である．

ここで，プロジェクトが提供する価値には経済的価値，精神的価値，時間的価値，人的価値，物質的価値，情報的価値，品質的価値などがあるが，地球，国家，地域，企業，国民の衣食住など全てのレベルにわたって安全性，安心性，健康性，快適性，満足性，利便性，充足度などの視点からの目標の設定を行う．

(2)「能力軸」の特性

　持続的で真に幸福な社会の実現に向けて母体組織に求められる要員や組織能力の特性である．持続性，信頼性，効率性，生産性，成熟性，自己浄化性，安定性，継続性，収益性，将来性，成長性，波及性，共同性など近代社会で重要視されてきた特性であり，これらの視点からの目標の設定を行う．

　ここでプロジェクト活動の結果，副次的に向上する能力として信用力，政策実行能力，多様性の包含力，人財保有力，人的資源，組織風土，技術力，研究・開発力，問題解決能力，マネジメント能力，プロジェクトマネジメント能力，モラール，業務品質などがある．

(3)「適応軸」の特性

　母体組織が組織外部の環境の変化に対応するための能力の特性であり先見性，柔軟性，拡張性，標準適合性，アクセス性，環境適合度，循環型社会実現度，省資源・省エネルギー度，脱化石燃料度，クリーンエネルギー度，廃棄物削減度，食品安全度，土壌汚染度，予知・予防保全度，リスク回避度，標準化度などの視点から目標の設定を行う．

　ここでプロジェクト活動の結果，強化される副次的能力として予見能力，情報収集力，問題分析力，適時対応力，コミュニケーション能力などがある．

　「価値軸」の特性は社会や企業および組織の究極の目的であり，人類社会が実現すべき「持続的で真に幸福な社会」の実現に向けて必要不可欠な安全性，健康性，快適性などの実質的な価値，すなわち，プロジェクトで達成した成果が，社会に提供する価値そのものの特性である．

　「3次元統合価値モデル」の視点から，プロジェクトの究極の目標を洗い出して設定することにより，目標の優先度の誤りや抜けを防止できる．

　次に「能力軸」は，国家や企業，組織および個人が保有する能力の特性であり，「価値軸」で設定した目標を実現するための社会インフラ，諸々の施策の実行能力や実現手段の良し悪しであり，近代社会における国家や企業，個人の良し悪しの評価はおもに「能力軸」に位置づけられる経済成長率や効率性，生産性などの視点に基づき評価が行われてきた．しかしながら社会にとって，これらの特性の増大は必ずしも「価値軸」の特性の増大につながるとは限らず，例えば20世紀までは大量生産，大量消費による国家や企業の経済成長が「価値軸」の物質的な満足性の増大につながったが，21世紀に至って地球環境や資源乱獲の問題を起こし，必ずしも正の相関が認められなくなり，循環型システムや省エネルギーの実現度が人類の幸福につながるようになったことなどである．したがって「能力軸」の特性は「価値軸」の特性を向上させるための必要条件であっても十分条件とは言えず，「能力軸」に示す特性と「価値軸」の特性相互の因果関係を明らかにし，プロジェクトの目標設定において「能力軸」の特性の向上という手段が目的化してしまうリスクを防ぐ取り組みが必要である．

　さらに「適応軸」は組織が，その取り巻く地球規模の環境や時間的，空間的な変化に対応していくための能力である．

　ここで「価値軸」と「能力軸」を分ける理由は，「能力軸」の特性が優れていることが必ずしも「価値軸」の特性が優れていることと一致しないからである．

　すなわち「能力軸」の特性はあくまで「価値軸」の特性を改善するための実現性に影響する

特性であり，実現手段の強化にはつながっても一義的，根源的な価値ではなく二義的な価値である．

「3次元統合価値モデル」ではプロジェクトの良し悪し，すなわち，プロジェクトの成果が人類に提供する価値は「価値軸」と「能力軸」の形成する面積である．

ここで，達成した「能力軸」の特性の評価がどれほど高くても，「価値軸」の特性の評価が低いと，結果的に「価値軸」と「能力軸」が形成する2次元平面の面積が小さくなってプロジェクトが外部に提供する価値は低く評価される．

一方，プロジェクトの「価値軸」の特性の評価がどれほど高くても，「能力軸」の特性の評価が低いと，結果的に「価値軸」と「能力軸」で形成される2次元平面の面積は小さくなり，プロジェクトが人類に提供できる価値を実現できず，成果の評価も良くならない．プロジェクトで実現した企業のインフラや技術力，資本や収益力が弱いと，結果的に母体組織外部の市場に対して安定的，継続的に価値を提供できないということになる．

次に「適応軸」は，近代社会ではあまり意識されず，重視されてこなかったが「持続的で幸福な社会」の実現に向けて今後，最も注力すべき特性である．ある任意の時点や環境下で母体組織の「価値軸」と「能力軸」の特性がどれほど優れていても時間の経過や外部環境の変化に対して社会や企業が適切に対応できなければ，必ずしも同様の価値を継続的に提供できるとは限らないため，これらの変化に適応して行くという特性が重要となる．これらの視点を，要求分析で厳密に識別して目標設定することが，目標設定の精度の改善につながると考えられる．

来るべき社会の実現に向けては，図8.2に示す「価値軸」の特性を客観的，定量的に測定し，監視して行く必要がある．いずれにしても，「能力軸」や「適応軸」の特性がどれほど優れていても「価値軸」の特性が低い限り，「持続的で幸福な社会」は実現できていない．

8.2.3 目標の設定における適合度の視点

「3次元統合価値モデル」は，あくまで，プロジェクトの目標設定の視点を与えるものである．

ステークホルダーの要求を満たすとは，すなわち，第4章の図4.1，プロジェクト成果の適合度の概念で説明したように「3次元統合価値モデル」の視点から見たステークホルダーの要求度と，これに対するプロジェクト成果の充足度の適合度が高いということである．

したがって，プロジェクトの成果は図8.2で示す「3次元統合価値モデル」の視点から設定した目標の達成度によって評価されるが，この評価結果がどれほど高くても，その事実のみで最終的なステークホルダーにとっての価値や満足を生むとは限らない．

プロジェクトの成果の品質が良いということはステークホルダーの満足度を高めるための必要条件ではあっても十分条件ではないということである．現在，我々の抱える課題は地球規模で起こっている諸々の問題や課題など，真の時代の要請に適合したプロジェクトがますます重要であるという社会の要請に対応して，大きな視野を持ち，いかにして，プロジェクトで掲げる目標の精度を上げ，限りある経営資源を投入して行くかが極めて重要である．

この課題は人類のプロジェクト活動そのものにとって存亡の前提となる重要なテーマであり，プロジェクトマネジメントにおけるスコープマネジメントや，要求分析技術の強化が求められる．

プロジェクトでは，往々にして手段が目的化する場合がある．手段が目的化する場合は，図

8.2の「能力軸」や「適応軸」の特性を，プロジェクトの目標として設定する場合である．

例えば，情報システムの性能を改善するとか再構築する場合など，システム開発そのものが目的化する場合などでは，システムを実現するという目標を達成できても，そのことが直ちに企業の業績向上や収益の改善という「価値軸」の特性の増大につながる保証はない．

どれだけ「能力軸」の特性を改善できても「価値軸」の特性に関する目標の設定を誤ると「能力軸」の特性が優れているほど被害を拡大させる可能性がある．また，「適応軸」についても周囲の外部環境の変化への適応を誤ると，必ずしも「価値軸」の特性に良い影響を及ぼすとは限らない．したがってプロジェクトの目標として「能力軸」と「適応軸」の特性を改善するという目標を設定する場合には，その目標の達成が，最終的な「価値軸」の特性にどのように影響するか？　さらに，システムの導入対象となる母体組織の究極の業績目標と，母体組織を取り巻く外部環境との適合性があるか否かを冷静に見極めていく必要がある．

情報システム導入プロジェクトでは，どちらかと言えば，企業の「能力軸」に対応付けられる収益性や効率性，生産性などの特性の改善を重視した取組みが活発である．

しかし，地球規模での環境問題や資源枯渇などの制約を抱える21世紀においては，「持続的で真に幸福な社会」の実現に向けて人間が生きていく上で必須の経済的，物質的な価値の特性に加えて，図8.2の「価値軸」に含まれる安全性や健康性，快適性，満足性などの究極的な価値に関わる目標を設定し，手段を目的化しないプロジェクトの実施が極めて重要である．

8.3　プロジェクト目標の実現性

プロジェクト目標マネジメントにおいて重要なことはプロジェクト企画段階におけるプロジェクト成功確率の見極めと，適切な実現手段の選択である．

図8.3はプロジェクト企画段階におけるプロジェクト評価の概念である．

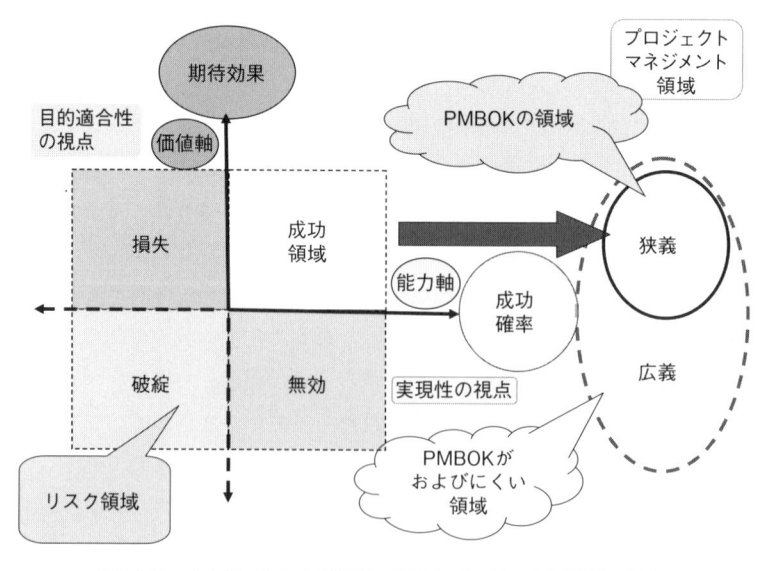

図 8.3　プロジェクト企画段階におけるプロジェクト評価の概念

プロジェクト企画段階では設定した目標の実現手段を決定し，この手段によるプロジェクトの成功確率を見極め，目標を達成するために最も相応しい手段を選択する必要がある．もし，この段階で実現手段の選択を誤ると，前述したプロジェクトの目的やねらいは良くてもプロジェクトは成功しない．したがって，プロジェクト企画段階で最も重要なことは，プロジェクトの目標と実現手段を図8.3の成功領域におとし込むことである．

8.3.1 実現手段の選択

図8.4はプロジェクトの実現手段決定の概念である．いかなるプロジェクトであっても，その時点で諸々の条件，技術の限界，保有する人的資源や経営資源の制約，要求から派生した目標の困難性や期限という制約の中で，技術的，合理的に最もふさわしい実現手段が存在するはずである．プロジェクト企画段階では，この図に示すようにプロジェクトへの諸々の要求や制約，入力資源を勘案して，プロジェクトの目標を確実に達成するための最適な手段を決定する必要がある．

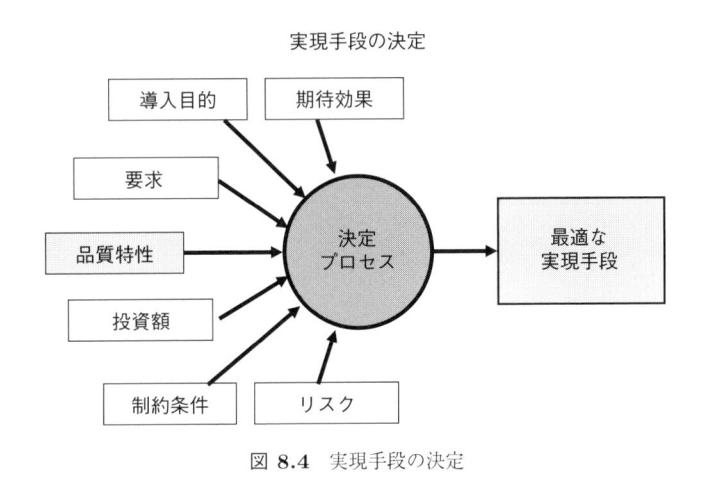

図 8.4 実現手段の決定

演習問題

設問1　プロジェクトの目標は妥当でも実現性が低いと，どのような問題が起こるか？

設問2　プロジェクト目標の達成に向けた実現の方法が悪いと，どのような問題が起こるか？

設問3　目標に向けた最適な実現方法は，どのようにして決定するか？

設問4　プロジェクトの実現手段の良し悪しは，どのようにして評価するか？

参考文献

[1] 江崎和博：「情報システム導入プロジェクトの目標品質向上に向けた 3 次元統合価値モデルの提案」プロジェクトマネジメント学会誌，Vol.10, No.5, pp.15–19, 2010 年 10 月

[2] 江崎和博：「ソフトウェア開発の品質，生産性向上に向けた ISO/IEC 25030 制定の意義」情報処理学会誌ディジタルプラクティス，Vol.1, No.2, pp.94–100, 2010 年 04 月

[3] 江崎和博：「総合的なプロジェクト管理フレームの提案」プロジェクトマネジメント学会誌，Vol.11, No.2, pp.20–21, 2009 年 04 月

[4] 江崎和博：「プロジェクト品質向上に向けた ISO25030 適用の意義」プロジェクトマネジメント学会誌，Vol.10, No.5, pp.3–7, 2008 年 10 月

[5] 江崎和博：「経営視点から見た IT 投資における総合的なリスクマネジメント」プロジェクトマネジメント学会誌，Vol.6, No.4, pp.9–14, 2004 年 8 月

[6] 江崎和博，他 6 名：『これならわかる生産管理』MMBOK，工業調査会，2009．

[7] 日本規格協会編：『JIS X0129 ソフトウェア製品の評価：品質特性及びその利用要領』1994．

[8] 日本規格協会編：『JIS X0129-1 第 1 部 品質モデル』2003．

[9] 日本規格協会編：『JIS X0129-3 第 3 部：外部品質測定法』2006．

[10] 環境省：『IPCC 第 4 次評価報告書、総合報告書概要（公式版）』2007．

[11] 本林靖久：『ブータンと幸福論』法蔵館，2006．

[12] 佐藤展司：『経済成長は、もういらない』PHP 研究所，2006．

[13] 東京大学：RCAST 脱温暖化 IT 社会チーム：『2050 年脱温暖化社会のライフスタイル』電通，2007．

[14] 経済産業省編：『新経済成長戦略 2008 改定版』経済産業調査会，2008．

[15] 経済産業省編：『産業構造ビジョン 2010』経済産業調査会，2010．

第9章
プロジェクト実行マネジメント

□ 学習のポイント

プロジェクトマネジメントを大きく分けると，プロジェクト計画とその実行を管理する実行マネジメントになる．プロジェクト計画と実行マネジメントにより，プロジェクトは推進される．実行の伴わない計画は絵に描いた餅であり，計画のない実行マネジメントはモグラ叩きである．計画と実行マネジメントの重要性を理解することが第一である．次に実行マネジメントには品質管理や問題マネジメントも含まれていることを認識した上で，本章では進捗管理の勘所を理解する．その中で作業の性格と進捗評価基準の理解が重要である．

□ キーワード

プロジェクト（—／計画／計画の徹底／の完了），品質管理，コスト管理，進捗管理（—／手順／体制），問題マネジメント，作業の分析，量的作業，質的作業，決断とオーソライズ，折衝作業，進捗評価基準，重み付けマイルストーン法，固定比配分法，トータルフロート，クリティカルパス，遅れ（—の想定原因と対策／の要因），スコープの縮小，納期（—／の延期）

9.1 実行マネジメントとは

　プロジェクト実行マネジメントとはプロジェクト計画に沿ってプロジェクトを推進し，プロジェクトを成功裏に完了させるように持って行くマネジメント活動である．その意味で，プロジェクト実行マネジメントは「プロジェクトフォロー」と呼ばれることもある．またその中の一部機能をとって「工程（または進捗）フォロー」とか「品質フォロー」と呼ばれることもある．マネジメントする人の認識によって使用される言葉が微妙に異なる場合がある．

　実行マネジメントにおいて，まずやらなければならないことはプロジェクト計画をプロジェクトチームに徹底させることである．その上で通常の実行マネジメントが行われる．実行マネジメントにおける主な活動は，進捗管理と品質管理である．伝統的なマネジメントとしてはコスト管理も重要であるが，コスト管理の目的は予算をオーバーさせずにプロジェクトを完了させ，目標とした成果を出すことである．しかしこの目標を達成するためのベースは進捗管理と品質管理である．これがうまくいかずに，コスト管理がうまくいくことはない．

　品質管理については第4章に品質マネジメントがあるので，そこを参照していただくことで本章では割愛する．ただし，必要な点については触れることとする．したがって本章では，主

に進捗管理について説明する．

　プロジェクトの進行中には必ずといってよいほど様々な問題，課題が発生し，またさらに，それらの問題や課題をトリガーとして，将来，発生が予想されるリスクがある．当然，これらの問題や課題発生への対応は，実行マネジメントの重要なテーマであるが，これらについては，第10章の問題マネジメントで触れることにする．

9.2 プロジェクト計画の徹底

　実行マネジメントの第一歩はプロジェクト計画の周知徹底から始まる．プロジェクト計画を意義あらしめ，それに基づいてプロジェクトを推進していくためには，計画をステークホルダー，特にプロジェクトメンバーに周知徹底することが極めて重要である．プロジェクト計画の中の何を誰に伝達すべきかを確認し，日々の徹底を図らなければならない．

　プロジェクト計画の徹底では，まず，初めに計画をプロジェクトメンバー全員に説明することが肝要である．そして計画の内容についてメンバーとの質疑応答を積極的に行う．その中でプロジェクト計画に書かれた，目標，スコープ，納期，予算などの制約条件については，ステークホルダー，特に顧客との間で決定していることを宣言する．決定していない場合には，いつ決定するかを明確にし，決定したら再度全員に説明する．

　ここでは，プロジェクト計画書をメンバーに説明できる見通しと自信，および意志のある計画書であることが前提である．計画が徹底しない場合の要因として，作った計画についてプロジェクトマネージャが自信を持っていない場合がある．計画書を学生が試験で答案を作っているのと同じ意識で作った場合である．計画書にはマネージャの実感のこもった意思がなければならない．

　次に注意しなければならないことは，各プロジェクトメンバーの役割や責任，作業内容と終了基準について，メンバー全員の認識の一致を図り，納得を得ることである．特に作業の範囲や終了基準については，具体的に明確になっていないと進捗管理自体ができなくなる．外注を使った場合に，終了基準が曖昧であると契約にまで影響するので特に留意する必要がある．

　プロジェクト計画は，通常はプロジェクトマネージャが作成するが，プロジェクト計画を徹底するために，これをプロジェクトの主要メンバーと共同して作成することが有効である．主要メンバーとはプロジェクトについてイメージを持てるメンバーである．この場合マネージャは，自分がプロジェクトのゴールと推進のイメージを明確に持っているならば，それを主要メンバーに説明し，実際の作成は主要メンバーにさせ，その内容が，自分がイメージしている通りになるまで，またお互いが納得するまで書き直させることである．自分が明確なイメージを持っていない場合は，主要メンバーとイメージを持つための話し合いをし，実際に書くのはマネージャ自身である．そして，そのレビューを主要メンバーにしてもらう．これは，プロジェクト計画の徹底は，まず自分自身に徹底することが原点だからである．

9.3 進捗管理

9.3.1 進捗管理の考え方

進捗管理は，プロジェクト計画で作られたスケジュール（工程）をもとにプロジェクトが予定通りに進捗しているかどうかを見極め，そうでなければ，その要因に対する検討・対策を実施し，プロジェクトを計画通りに推進するためのマネジメント活動である．

図 9.1 に進捗管理の基本を示す．まず進捗管理に直接関連する計画の確認である．すなわち，誰 (Who) が何 (What) をいつまで (When) にしなければならないか，いつする予定かが明確に定まっているかどうかを確認する．これは，本来はプロジェクト計画のところであるが，進捗管理のベースになる．次に，現実の進捗を定期的に，必要な場合は終了予定日または終了の日を目安としてチェックする．ここで「定期的に」ということは重要である．例えば毎週月曜日の朝 9 時にチェックすると決めたら，必ずその時間にチェックしなければならない．これがマネジメントのリズムになる．リズム感のない進捗管理は，リズムの乗らないダンスと同じで，関係者を疲らせるだけで，効果的なフォローにはならない．マネジメントする側がフォローをしましたという言い訳の証拠を作っているだけである．

次にチェックした結果と計画を比較して，進捗状況を評価する．ここで問題がなければ，次の定期的チェックの日にフォローすればよい．問題があれば，必要な対策を講じ，対策した結果，どれだけ回復するかの見通しを立てる．その見通しが予定通りではないと判断したら，その対策を実施するかどうかと並行して，別対策についても検討をしなければならない．この見通しを立てることをしないで，後で対策は打ったが駄目でしたという言い訳をしている例が多い．

対策を実施に移したら，対策した通りに進んでいるかどうかのフォローをする．どうしても当初の予定通りに進められないと判断したら，計画の見直し，再計画をすることになる．

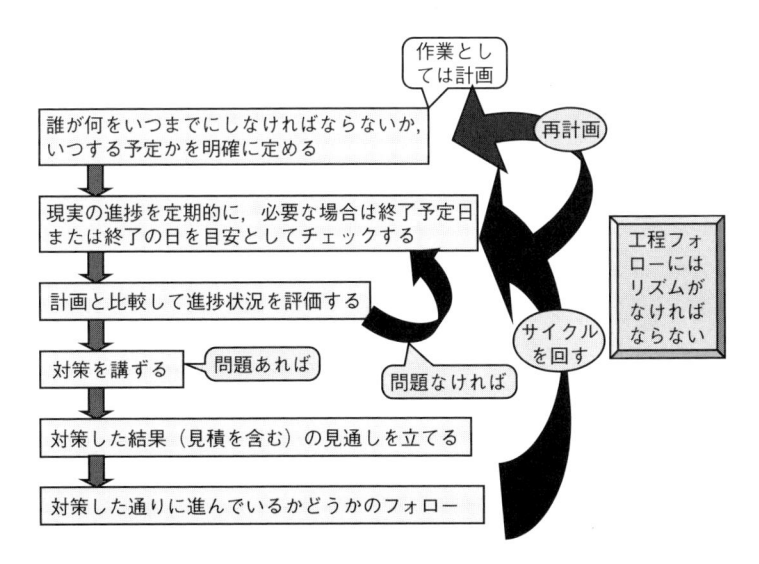

図 9.1 進捗管理の基本

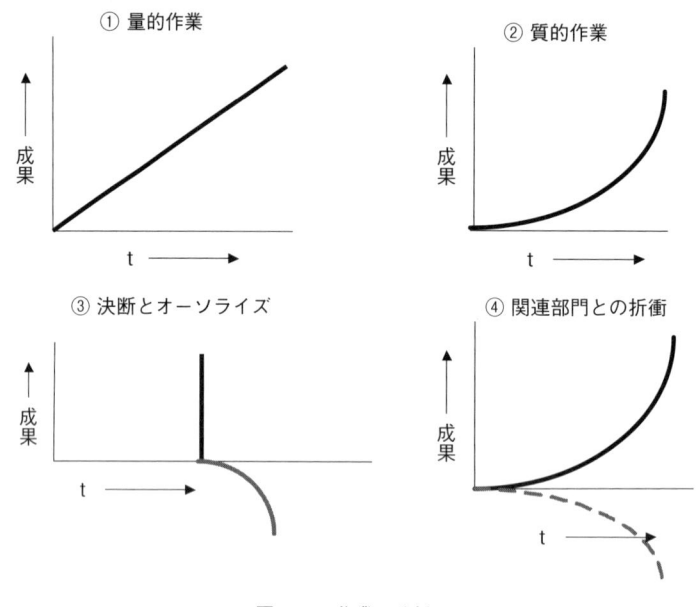

図 9.2 作業の分析 2

　進捗管理で注意しなければならないのは，プロジェクト後半の下流工程に入ってから問題がわかっても，手遅れになる可能性が大だということである．したがって進捗管理は上流段階ほど厳しくすることが鉄則である．そして進捗判断に希望的観測を入れてはならない．そのためには，実績報告は必ず具体的にわかる事象で行うようにする．問題点／対策／見通しなどの報告もそのための判断材料として意識して活用することが肝要である．

(1) 作業の分析 [1]

　進捗管理のベースは進捗の測定または評価ができることである．ソフトウェアまたはソフトウェアを主体としたシステム開発作業は，最終結果が出るまでは作業の進捗が正確には把握できないといわれている．これでは進捗の評価はできない．進捗評価ができるためには作業の特性を見なければならない．図 9.2 では作業の特性を 4 つに分類している．① 量的作業，② 質的作業，③ 決断とオーソライズ，④ 関連部門との折衝である．

① 量的作業

　ある時点までにやった作業量に比例して成果が出る作業である．作業進捗状況は最終成果が出る前の中間段階でも測定可能である．また能力の差は時間でカバーできる．例えば「データ作成」作業，プログラミング教育を受けていることを前提として「プログラム設計されたものに従ってコーディングする」作業，「テスト計画で設定されたテスト項目を消化するテスト実施」作業などである．

② 質的作業

　最終成果が出る前までは成果がわからない．したがって，最終成果が出るまでは作業進捗状況を測定できない．担当の能力によって大きな差がでる．また能力の差を時間でカバーできな

い．進捗評価をするためには，その作業の内容を理解できるだけの力量が必要である．例えば「システム全体のソフトウェア構造設計作業」などである．

③ 決断とオーソライズ

この作業は作業時間とは無関係である．どんなに作業時間をかけても，決断しない限り何事も進まない．またオーソライズ（制約条件などについて関係ステークホルダー間での決まったことの宣言）もそれを明確にしない限り，どんなに時間をかけても，どんなに悩んでもその成果は「0」である．予定した時期に決断しない場合はかえってマイナスの成果になる．時期が過ぎれば過ぎるほどマイナスは大きくなる．

決断できない場合のひとつに，決断できるだけの情報が集まっていないことや，条件が整っていない場合がある．この場合は先行する質的作業ができていないことが多い．

④ 関連部門との折衝

この作業は複雑である．例えば顧客との間での「仕様確定」作業とか，「他部門からの要員獲得」作業などである．この作業の進捗は質的作業の進捗に似ている．しかしこの作業は単独ではできない．相手がいる．したがって，相手との関係を悪くしてしまうと成果はマイナスになる．質的作業はもし担当ができなければ，より力のある担当にすれば「0」からスタートできる．しかし関連部門との折衝作業は，最悪の場合，担当を変えても「0」からはスタートできず，「マイナス」の状態からスタートせざるをえなくなる．

以上，作業を特性に対応して，4つに分けた．しかし現実の作業はこれらの作業のひとつの性格だけを持つということは少なく，2つ以上の性格を併せ持つ場合が多い．しかし進捗管理をする場合，これら4つの作業の性格を把握し，フォローする作業がその中のどれに相当するか，またはどの性格が強いかを判断しておくことが肝要である．

現実に進捗管理（計画）をする場合には，作業をできるだけ「量的作業」に還元できるようにすることが重要である．また②，③，④の作業は中間段階の進捗を評価できないため，ひとつの作業の中間段階については，原則としてその進捗を判断しなくてもよいように作業を分解しておくことが進捗管理のコツである．

(2) 進捗評価基準

作業単位を明確にして，進捗状況をはっきりさせるのが進捗評価基準である．進捗評価基準を決めないで進捗状況を把握しようとしても，実態と遊離した希望的観測にしかならない．

進捗評価基準を決めるにあたっては前の作業の分析で述べたことを踏まえ，可能な限り作業の単位を細かくして [2]，結果として現実の進捗を表現できるようにすることが肝要である．計画において作業の単位を細かくすることは，状況把握とプロジェクトマネジメントのレベル向上につながる．ソフトウェアプロジェクトの計画外れの最も一般的な原因は，必要な具体的作業の見落としにあるといわれている．目標を細かく設定するのは，不測の作業をなるべく発生させないためでもある．

進捗評価基準の例としてここでは ① 重み付けマイルストーン法と ② 固定比配分法 [3] の2つを挙げる．

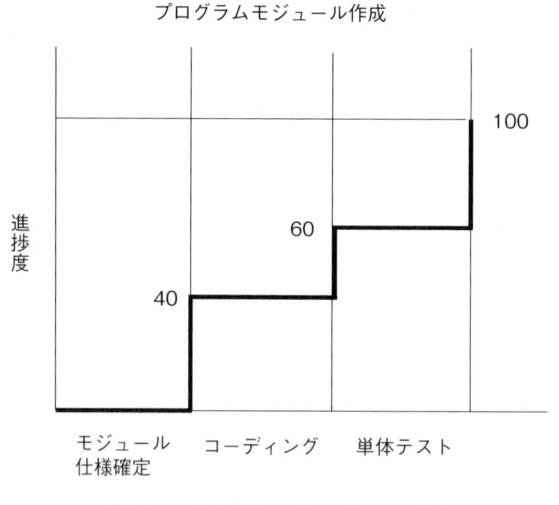

図 9.3 重み付けマイルストーンの例

① 重み付けマイルストーン法

　重み付けマイルストーン法は1つの作業の中間に必要なマイルストーンを設定し，各マイルストーンにおける作業量を勘案し，進捗度を決める方法である．ただしマイルストーンは具体的にわかるものでなければならない．図9.3に例を挙げる．この例は，1本のプログラムモジュールの作成の進捗度について重み付けをしている．モジュール作成作業を3つに分割し，モジュール仕様確定，コーディング完了，単体テスト完了というマイルストーンを設ける．そして全体の作業量を100として，それぞれの作業に対して40，20，40の配分をする．進捗実績は図の太線で表わされている．モジュール仕様が確定すれば，進捗は40，コーディングが終了すれば60（コーディングの量は20としている），単体テストが終了すれば100（単体テスト自体は40）となる．

　この方法は作業量の大きい作業についての進捗を評価するのに有効である．ただしマイルストーン設定を具体的にするために，作業の中身を理解し，そこで出るアウトプットを明確にしなければならない．WBSにおけるワークパッケージとアクティビティ（またはタスク）との関係に似ている．

② 固定比配分法

　図9.3で説明すると，固定比配分法は途中のマイルストーンを決めずにプログラムモジュール作成作業を「開始」したか，「終了」したかのみに注目して，進捗を評価する方法である．固定比といわれるのは進捗率を「開始」と「終了」に配分しているからである．作業が「開始」されたら0から50までの進捗率を定め，それに応じて「終了」したら100から50までの進捗を与える．現実には「開始」50，「終了」50のケースと，「開始」0，「終了」100のケースのどちらかが適用されることが多い．固定比配分法は作業量の小さい作業に適用される．

　ソフトウェア開発作業の場合，属人的な作業になりやすく，進捗を実績に基づいて評価することが困難になっている例が見られる．固定比配分法を適用できるほどの作業の具体化ができ

ると「見える化」が図られることになる．ただしプロジェクト初期の計画時点で全ての作業の細分化をしようとするのは現実的ではない．したがって細分化はフェーズ（段階）単位にする．各フェーズの初期（詳細スケジュール策定時）に設定することが有効である．

作業を細分化する場合の注意点を挙げる [2]．

- 目標を細かくする．できるだけ，1～2日単位
- 目標リストに全ての作業を網羅する
- 実際の開発担当者に目標を作らせ，マネジメント側と共通認識をとる
- 目標は達成できたか，できないかのいずれかになるように定義する
- 目標の達成状況を正確に報告させる
- 目標は必ず具体的成果に基づいて進捗を厳密に解釈することに留意
- 常に進捗状況を評価し，計画から外れはじめた場合は，小さな目標の再調整／再計画

一般的に見られるのは，プロジェクト初期段階では進捗管理をゆるやか（雑，甘い）にやっていて，後半になってから厳しくやっていることである．しかしこれはあまり効果がないというより，ほとんど効果はない．最初にマネジメントを厳しくしておいて，プロジェクトが進行するにつれてマネジメントを緩めていく方が，逆よりも簡単で，しかも効果がある．

9.3.2 進捗管理手順

図 9.4 [1] に進捗管理手順を示す．進捗管理においてはまず，プロジェクト計画において設定された進捗管理体制，スケジュール計画，進捗評価基準，フォロー方法を確認する．次に，これらの内容が関係者に周知徹底しているかを確認する．徹底していなければここで徹底を図る．以後，進捗管理手順に従って，定期的に（例えば1回／週）フォローサイクルを回す．

まず各担当者から進捗評価基準に基づいた進捗情報の収集をする．この収集サイクルは前にも言及したが，リズムを持たせなければならない．

次に収集された情報と計画との対比を行い，進捗状況を判断する．特にスケジュールに遅れがないかということと，品質に問題がないかという面から判断する．スケジュール面から特にチェックする点は

- 全体としての進捗状況はどうか（例えば EVM における SV, CV, SPI, CPI など）
- 個々の作業に遅れている部分があるか
- トータルフロートのチェック
- クリティカルパスに遅れ，問題点があるか
- 工程の進捗状況によりクリティカルパスが変わらないか

クリティカルパスに問題があればプロジェクト全体の遅れに直結する．進捗のチェックと並行して各作業に品質上の問題が発生していないか，今後進捗・品質において問題が発生しそうなところがあるかどうかを確認する．品質が悪いと判断される場合は，以後の工程は確実に遅れることになる．

スケジュール，および品質に問題があると判断した場合，直ちに対策を実施することはせず

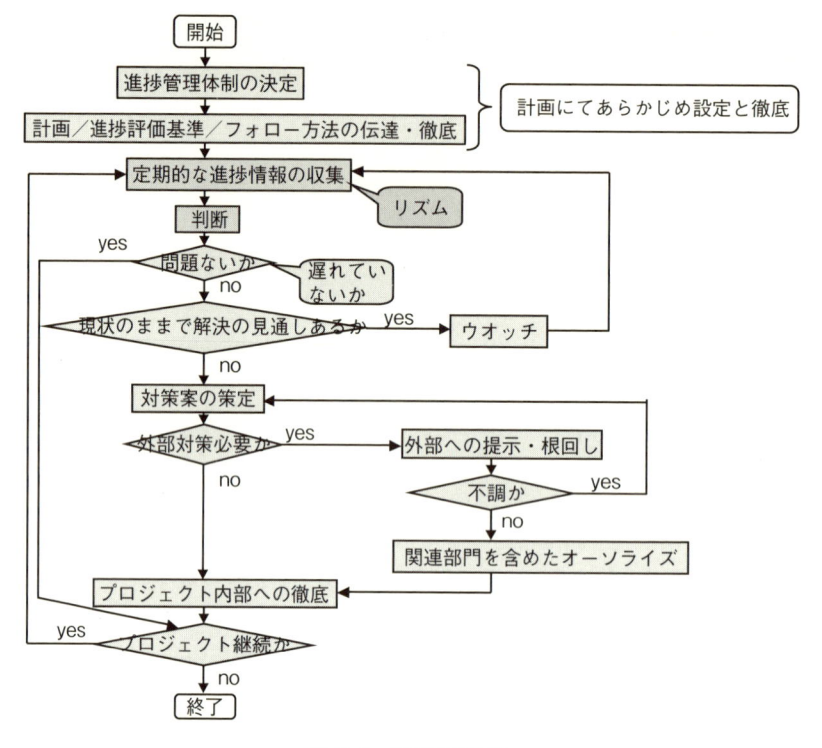

図 9.4 進捗管理手順

に，現状のまま作業を進めていけば解決できるか（遅れが回復できるか）どうか，すなわち現状のままで解決の見通しがあるかを判断する．解決の見通しがあると判断した場合は，手を打たずに推進状況のウォッチだけをし，次のサイクルでもう1度判断する．対策を実施することは，瞬間的にはプロジェクトの推進にディスターヴを与えることになるからである．そのまま推進していった場合に，将来それがプロジェクトの外部まで影響を及ぼすことになりそうだと判断した場合は，すぐに対策を立てなければならない．立てた対策がプロジェクト内のみで対処できるものであるかどうかを判断する．内部のみでは対処が困難と判断した場合は，外部へその対策案を提示して，根回しをする必要がある．外部とのコンセンサスがとれたならば，その対策を関連部門も含めてオーソライズし，その結果をプロジェクト内部に徹底する．

進捗情報の収集から内部への徹底までを，プロジェクト開始から終了まで「定期的」に，リズムを持ってフォローする．

9.3.3 進捗管理体制

図9.4の手順の最初に進捗管理体制の決定という事項を挙げた．第5章でも触れたが，体制を決定することは作業をする場合の基本を決めることである．進捗管理においても体制と各人の役割，およびそれらを連結する運用のやり方を明確にし，それをプロジェクトに徹底することが重要である．

図9.5に進捗管理に関連する体制の例を示す．この例は一般的な体制であり，その中から進

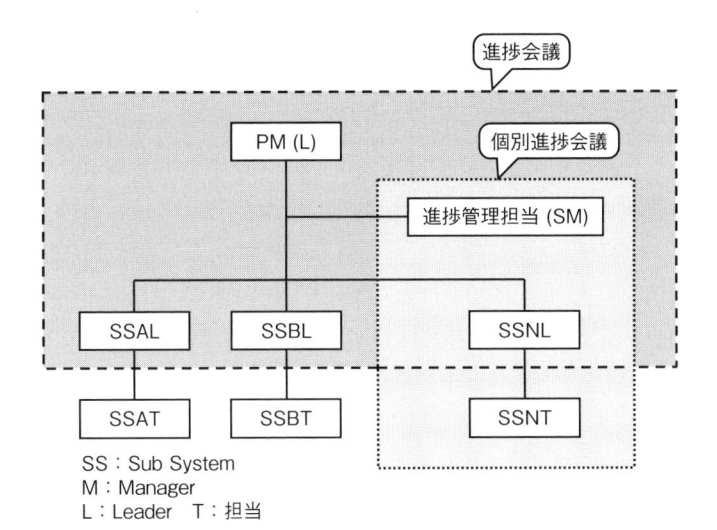

図 9.5　進捗管理体制

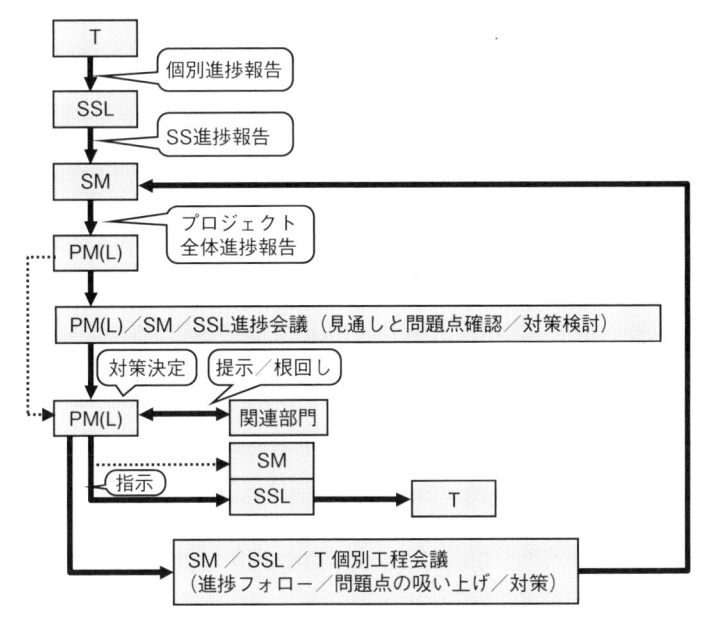

図 9.6　進捗管理運用の流れ

捗管理に関係する部分を示している．この体制を前提として進捗管理における情報の流れを図 9.6 に示す [1]．進捗情報の流れは担当から進捗管理スタッフまで報告される．最近は，個別進捗データは電子ファイルとして，関係者は見られるようになっているケースが多い．しかし見通しを含めた見解として SS 進捗報告／プロジェクト全体報告は必要である．

　この情報を基にして進捗会議を開催する．この会議での検討事項は，「報告」という形で既に整理された進捗状況と見通しを確認しあうこと，および問題点の把握とその対策を講じることである．この会議で，進捗状況を整理するとかその理解を合わせるために時間を費やすことは

無駄である．進捗会議は定期的に開催する必要がある．「定期的」ということは簡単なことではあるが，本質的な意味で理解しているプロジェクトマネージャは少ない．特にきちんとした見通しと自信を持っていないプロジェクトマネージャほど理解していない．

　進捗会議で検討した結果や，または PM(L) が問題として把握した事項についての対策ができたならば，それを実施するかどうかの決断は必ず PM(L) がする．

　決断したら，実際の行動を直ちに開始する．外部に影響のある場合は，PM(L) が主体的に対応する．これは全部 PM(L) がしなければならないということではないが，少なくとも PM(L) の指示の下にプロジェクト全体で積極的に動かなければならない．プロジェクト内部のみで対応できる対策であれば，PM(L) は直ちに関連の担当にきちんと指示する．必要な場合は個別進捗会議の開催を指示する．個別進捗会議のメンバーは関係する SS のメンバーと進捗管理スタッフである．個別進捗会議では該当する作業の進捗のフォローと，その中での個別問題の吸い上げと対策を検討し，実施できることは実施に移し，プロジェクト全体として手を打たなければならないことは，進捗会議に上げるとか PM(L) へ報告する．

　以上，進捗管理の標準的な流れについて述べた．これらはプロジェクトの特性や規模により様々の方法が提案されている．しかし基本的な考え方は同じである．

9.3.4　遅れ対策 [1]

　進捗管理において現実に最も頻繁に発生することは，「スケジュールの遅れ」である．また遅延した時にその遅れを回復することは至難の技である．遅れを拡大しないようにすることで精一杯の場合が多い．ここでは「遅れ」について考える．

(1) 遅れとは何か

　プロジェクトはどのような場合に「遅れ」になるか．「遅れ」はまず「計画からの遅れ」という形で出現する．したがって計画がなければ，最後の納期の日を除いて遅れはないことになる．計画をきちんと立て進捗評価基準が明確になっている場合は，遅れを定量的に把握できる．通常問題になる遅れで起こることは，計画スケジュールが明確でなく，納期のみがはっきりしている場合に「このままでは遅れているのではないか」という曖昧な認識と不安として現れる．より悪い状況は，顧客や他部門などの第三者から指摘されて慌てて確認し，「どうも遅れているらしい．それも大幅に」というような他から強制された認識である．

　「遅れているのではないか」という懸念が出たら，まず現状での進捗を整理して把握することが大事である．現状をきちんと把握しないままに，焦って対策のみを暗中模索した結果，かえって逆効果になっている例も多い．計画が明確になっていて，遅れをある程度客観的に把握できている場合はこの過程は省略できる．ここで遅れが明確になったら，それが計画における見積ミスなのか，計画の不備なのか，実施上における不測の事態の発生か，計画したことをきちんと遂行しなかったためなのか，それ以外の原因なのかを見極める．次にその問題が全体的なスケジュールに影響するものか，ある部分だけのものか，ある段階の中だけのものかにより，場合によっては計画の見直しを含む対策を立てることになる．この場合の重要なポイントは，現状のままで進めていったときに最終納期の時点でどうなるかの見通しをつけることである．常

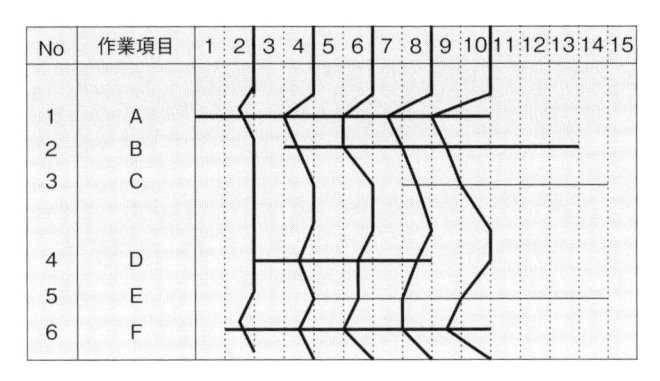

図 9.7　平均しての遅れ

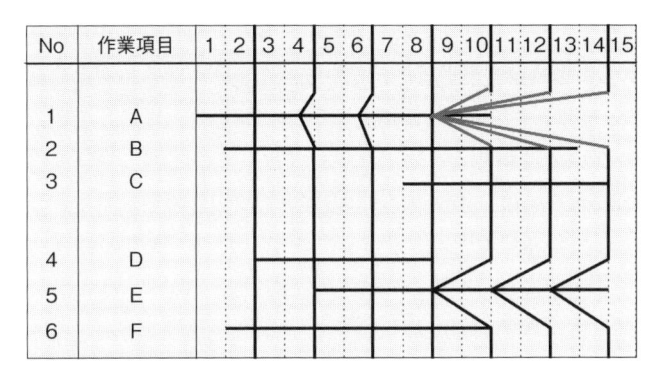

図 9.8　突然の遅れ

にこの視点から判断しないと実質的対策を打ち出すことは困難である．

(2) 遅れの例

遅れの例として平均して徐々に遅れる例（図 9.7）と突然の遅れが発生する例（図 9.8）について，ガントチャート（バーチャート）上に稲妻表記で進捗状況を示している．

図 9.7 は全体が平均して徐々に遅れている例である．計画がしっかりしていて，この現象が発生している場合は，計画における作業量や相互の関連のバランスは取れているが，全体としての作業量の見積が過小評価だったか，担当者の能力評価が過大評価だったのかのどちらか，または両方である．その他の原因で発生している場合，原因を特定することは意外と困難である．

図 9.8 は突然の遅れが発生する例である．突然の遅れが出た場合，明白な原因があるか，プロジェクトが無管理であったかのどちらかである．図 9.8 の作業 E は担当者が病気になって何日か休んでしまったとか，その他明白な原因があるはずである．作業 A のケースで考えられることは，ひとつは基本設計のミスによる作業の手戻りである．もうひとつは杜撰な進捗管理である．具体的な実績に基づいて進捗状況を把握せず，希望的観測で進捗を判断していたため，終了近くになって，遅れが明確になった場合である．

(3) 遅れの想定原因と対策

遅れた場合，対策として要員の追加投入が図られることが多い．しかし人を増やした場合に

は，かえって遅れと混乱を助長することが多い [4]．この場合 9.3.1 項 (1) で述べた作業の区分の観点からの分析が必要である．量的作業の遅れの場合のみ，単純に要員を追加して対処することが可能である．したがって遅れの原因をできるだけ量的作業の遅れに還元できるようにプロジェクトの作業を整理し，組み立てておくことがマネジメントのコツである．

「量的作業の遅れ」には，仕様が明確なプログラム作成の遅れ，データ作成の遅れ，テスト計画が明確なテスト実施作業の遅れなどがある．これらの遅れは要員を追加すれば回復は可能である．見通しを持ってするならば，クラッシングやファーストトラッキング [5] も有効である．要員の追加ができない場合には開発量の削減（スコープの縮小）か，工期を延ばすことも考えられる．ただし量的作業の遅れであるためには，その作業の内容，範囲，成果物が明確になっており，それ相当の技術力を持った人ならば簡単に遂行できると想定されるようになっていなければならない．

「質的作業の遅れ」の場合は，担当者が，その作業における問題を明確に認識していない場合と，問題は認識しているが，その問題を解決するための手段，対処方法を認識しておらず，作業の目処が立てられない場合がある．いずれにしても，その内容についての理解と洞察が要求される．作業の内容によっては，該当する問題に対する有識者を参加させることが最も効果的である．参加形態としては単にコンサルティングか，プロジェクトの担当として全面的に参加してもらうかについて明確に方針を定めておくことが肝要である．その参加要員をうまく活用し，できるだけ質的作業から量的作業に転換させることを強力に進め，質的作業の極小化を図ることに留意しなければならない．

「決断とオーソライズの遅れ」の場合 2 つの原因が考えられる．ひとつは一見「決断とオーソライズの遅れ」と見えながら，実は決断するまで，状況が煮詰まっていない場合である．この場合本当の原因は「質的作業の遅れ」である場合が多い．もうひとつの要因は，それを担当している要員の資質である．すなわち決断しなければならないというプレッシャーに耐えられないタイプである．この場合はより上位者（上司など）が指導するか，肩代わりをするかしなければならない．プロジェクトマネージャに，この原因がある場合，母体部門長または母体部門のマネジメントスタッフがこの任を果たす必要がある．

「関連部門との折衝の遅れ」については折衝する姿勢ができていない，折衝力が不足している，折衝するには立場が弱いなどのどれかの理由によっておこる場合と，折衝する相手側に問題がある場合がある．折衝する姿勢ができていない場合には，自己の責任を全うする意識を，体制を通じて徹底することである．折衝力が不足している場合は指導が必要である．折衝するには立場が弱い場合，すなわち相手の社会的立場（地位）に比べて，担当者の立場が非常に低い場合には，それよりも上位部門がサポートし，折衝に当たってやることも必要となる．折衝する相手側に問題がある場合には，そことだけ折衝しても，壁にぶち当たるだけということになりかねない．この場合，さまざまなルートからの根回しなどが必要である．

以上，作業の量と質の区分に対応した基本的考え方を述べた．次にシステム開発プロジェクトにおいて，主として「量的作業」以外で，実際に起こり得る遅れの要因の例を挙げる．

・エンドユーザーとプロジェクトとの役割分担の曖昧さ，または両者の認識のずれ

- 成果物が整理されていない
- ユーザ要求把握の不十分
- ユーザの認識不足による影響
- スケジュールや作業量，コスト見積の不備
- システム的なまとまりの悪さ
- データベース設計のまずさ
- マンマシンインターフェースの考え方の不統一
- ソフトウェア構造の複雑化や見通しの悪さ
- 性能設計の不備

など，これらの要因が上流段階で現れる場合は最悪「まとまらない」という現象となって現れる．

- ISV (Independent Software Vender) 製品に問題が発生した時，特に未知の ISV 製品の組合せで問題が生じたとき
- コミュニケーションのまずさ
- 作業の指示とフォローの不徹底
- 外部とのインターフェースに対する押えの不徹底
- 外注の遅れ
- 関連する他社／他部門の遅れ
- 特殊な技術スキルを保有する担当者の脱落
- 想定外の技術的な問題の発生

(4) 対策のまとめ

遅れ対策を整理すると基本は 4 つである．現実の対策はこれらの組み合わせになる．

- スコープの縮小
- 納期の延期
- 要員の追加投入
- 環境の改善

「スコープの縮小」は仕様の簡易化や要求機能の削減である．スコープの縮小について考慮すべきことは，まず内容（仕様）が確定しているかどうか，またどこまでが確定していてどこが未確定かを明確にすることである．未確定の部分があれば，その部分を除いた場合にシステムがどうなるかを想定することである．システムの基本的な動きに影響がなければ，この部分が削減の対象になる．影響がある場合には，この部分の確定にいつまでかかるか，それでスケジュールはどうなるかを予測する必要がある．この結果，どうしても問題になるようであれば，納期の延期や要員の投入も含めての総合的対策を立てる必要がある．

次に確定部分について，システムの基本的な動きや顧客要求の目玉に影響のない機能の削減や仕様の簡易化について検討し，その結果をリストアップし，その優先度を決める．そしてこれらの削減や簡易化をした場合，開発量の削減規模とクリティカルパスに対する影響度合いを

見積もる．この開発量，クリティカルパスについての考慮は，対策を検討する場合，常に考慮の対象として意識しておく必要がある．遅れ対策としてスコープの縮小を採用する場合には，第一にクリティカルパスになる部分の作業量を縮めることであり，次に全体開発量を削減することである．最後に顧客が受け入れられるかどうかについての見通しと，受け入れられなかった場合のバックアップ対策についても検討しておくことは重要である．

「納期の延期」は受け入れられれば実際上確実で効果的である．受け入れられるためには，納期を延期しても顧客に影響ないか，あっても我慢できる程度に少ないかのどちらかでなければならない．次に，どこまで延ばせば確実にできるかの見通しを立てる必要がある．この見通しがなければ絶対に納期延期は提示できない．またこの見通しが現実には受け入れられないようなものであれば，そのままでの提示は危険である．他の対策も検討し，現実にあった納期延期案としてまとめなければならない．

「スコープの縮小」と「納期の延期」の中間的対策として，「段階的運用開始」の手段がある．一部を予定通り運用開始して，一定期間の間に逐次機能アップや性能アップをしていく方法である．

「要員の投入」には質的要員の投入と量的要員の投入の2つがある．量的要員の投入は単純な対策であるが，前述したことに留意しなければならない．質的要員の投入については，要員の能力や実績を十分に見極め，該当する問題に適している要員を選定することが肝要である．不適格な要員を投入すると，かえってプロジェクトに混乱を与える．

「環境の改善」は，作業場所の統合や作業環境の改善，開発支援環境についての改善，作業時間や時間帯についての改善などについて，作業者の実態をよく観察して，実のある改善になるようにすることが肝要である．しかし「環境の改善」によりどの程度，生産性が上るか，工期の短縮ができるかを見通すことは困難である．したがってこの対策は，他の対策を確実にするための補助的対策として考慮した方が無難である．

9.3.5　進捗管理における留意事項 [1]

進捗管理において特に留意すべき事項を挙げる．

① 計画および進捗管理手順や進捗評価基準の徹底

このためにはプロジェクトマネージャおよびマネジメントスタッフがプロジェクト計画を具体的イメージとして把握していることが前提である．次に必要な役割のところへ，必要なタイミングで必要な情報を「伝達」することを重視する姿勢が重要である．

② 計画と現実の乖離に要注意

ひとつは計画した時と実際の環境の違いである．もうひとつは担当者の能力が計画で想定した能力と実際の担当の能力の違いである．能力については本来の能力差もあるが，計画に対する認識，実施における気配り，けじめをつける雰囲気を醸成することの不足または欠如が，本来の能力差以上の差を発生させていることが多い．

③ 開始の問題

ある作業が開始したことになっているが，その後進捗したという報告がない場合がある．

この場合ほとんどは事前の作業が完了していないのに，完了したとして，次の作業開始に移ったようになっていることが多い．これは進捗管理する側が，遅れているために，焦って終了にしているためである．

④ 明確で具体的な結果に基づかないで進捗を％表示にし，見掛け上の定量化

これは具体的な進捗評価基準を設定しないままに，「だいたい50％終わりました」ということで50％進んだとしているものである．これは50％という数値で，いかにも数値化しているようであるが，中身は何もない．これで進捗管理をしていると思っているかもしれないが，マネジメントする側の気休め以外の何物でもない．

％表示する場合は，完了した作業項目数／全体の作業項目数×100％など，事実に基づいた数値でなければならない．

9.4 プロジェクトの完了

実行マネジメントの最終段階は「プロジェクト完了」である．本節ではプロジェクト完了について，その重要性と留意すべき事項について述べる．

9.4.1 プロジェクト完了の明確化の重要性

プロジェクト完了のイメージを明確にし，プロジェクトステークホルダー全員がそのイメージを共有することは，プロジェクトを成功させる重要なポイントである．すなわちステークホルダーがプロジェクトのゴールを共通に認識し，その視点から判断することにより，けじめと共通の推進意欲を作り上げることができる．品質評価も具体的になり，実際の成果の品質も良くなる．

完了の判断基準は基本的には「プロジェクト計画に表現されている目標と基準が達成できる」ことである．そのためにはプロジェクト計画の目標と基準がそれに耐えられる具体性を持っていることが必須である．

9.4.2 プロジェクト完了における留意事項

まず注意しなければならないことは「プロジェクト完了の判断基準があるかどうかである．しかもその基準は規定などに準拠しただけの形式的なものではなく，具体的でなければならない．

次に「プロジェクト完了の判断者は誰か」である．プロジェクトマネージャが自ら完了を宣言することはできない．通常はプロジェクトマネージャの上位者が完了基準をクリアしたかどうかを見て判断することになる．ただし判断者は関係部門も含めた組織上の役割に対して決める．

システム開発プロジェクトの場合，システムリリース後の利用環境における稼動状態が判断に大きな影響を与える．例えば，システムの稼働率，ダウン回復時間，障害発生状況，オペレーションの流れなどについての基準をクリアしたかどうか，また具体的なイメージが描けるならば定性的，心理的条件を評価対象にすることも実質的な効果がある．例として初期運用に入ったとき，「ユーザそのものの感触がどのレベルになっていればOKとするか」などの具体的イメージを想定しておく．このような基準があると初期運用段階におけるプロジェクトメンバー

の顧客への対応における行動基準になり，心証を良くする．

またこの時点においては，以後のシステム運用段階における評価方式とフィードバックの仕方，改善活動の計画および保守部門との引継ぎを明確にしておかなければならない．

また完了時点におけるプロジェクトの整理事項を明確にする．すなわちプロジェクト成果物の確認，システム緒元と実現データの確認，および完了後の引継ぎ事項を明確にする．

最後にプロジェクトの成果を評価する．評価なしで完了したプロジェクトはノウハウ習得の機会を半分以上無駄にすることになる．

評価ポイントを以下に挙げる．

- プロジェクト全体成功度
- 特に気のついたよかった点，悪かった点
- プロジェクト計画各項目に対する目標の達成度
- プロジェクト計画各項目について
    - 計画段階での問題点
    - 設計段階における問題点
    - 製作／実装段階における問題点
    - テストの計画，準備，実施段階における問題点
    - システム移行段階における問題点
- 関係部門とのコミュニケーションの評価／問題点
- プロジェクトマネジメントの評価，問題点
- 次期プロジェクトで特に留意すべき点

プロジェクトの目標にシステムが運用されること以外の目標があったか，あれば，その目標は達成できたか．以下に評価例を挙げる

- 採用した開発方法論の評価と問題点の整理
- 採用したツールの評価と問題点の整理
- 採用したプロダクトの評価と問題点の整理
- 要員のレベルアップの評価
- ユーザとの関係の評価（ビジネス上）

> **演習問題**
>
> **設問1** 実行マネジメントにおいて，第一にすべきことは何か．またそこでのチェックポイントを挙げよ．
>
> **設問2** 進捗管理について，次の記述の中から最も適当なものを選べ．
>
> > a 「質的作業」は作業の中間段階で進捗状況を評価できる
> > b 進捗評価基準としては，「パーセント法」がソフトウェア開発においては最適である
> > c クリティカルパスに遅れがある場合，プロジェクト全体の遅れに直結する
> > d 進捗に遅れがでた場合，直ちに要員を追加して回復を図ることが現実にとれる対策としては妥当である

参考文献

[1] 髙根宏士：『ソフトウェア工程管理技法』ソフト・リサーチ・センター，1991
[2] Steve McConnell：*RAPID DEVELOPMENT*, Microsoft Press, 1996. 邦訳，日立インフォーメーションアカデミー：『ラピッドデベロップメント』アスキー
[3] Quentin W. Fleming & Joel M. Koppelman：*EARNED VALUE PROJECT MANAGEMENT, Second Edition*, PMI, Inc., 2000. 邦訳，『アーンド・バリューによるプロジェクトマネジメント』日本能率協会マネジメントセンター，2004
[4] F. P. Brooks, Jr：*THE MYTHCAL MAN-MANTH*, Addison-Wesley Publishing Company, 1975. 邦訳，山内正弥：『ソフトウェア開発の神話』企画センター，1977
[5] 『プロジェクトマネジメント知識体系ガイド・公式版（PMBOKガイド第4版）』PMI，2008

第 10 章
プロジェクトの問題マネジメント

> **□ 学習のポイント**
>
> プロジェクトを推進するにあたって，そこで発生する問題，課題，リスクなどをまとめてここでは問題マネジメントとすることを理解し，具体的には障害管理，変更管理，リスクマネジメントに分け，それぞれについての特性と留意点を理解する．その中で特にリスクマネジメントがプロジェクトマネジメントの黒幕であること，およびリスクマネジメントで最も重要なことはリスクを感じる「センス」であることを理解する．

> **□ キーワード**
>
> 問題（―／マネジメント），課題，変更（―／管理／管理手順／記録／管理リスト／管理グラフ／管理計画／管理グループ），リスク（―／マネジメント／マネジメント計画／の特定／分析／指数／対応計画／のレベル），障害管理（―／リスト／グラフ），障害（記録／状況報告に対するセンス），障害フォロー手順，クイックレスポンス，回避，転嫁，軽減，受容，実行状況監視

プロジェクトが開始してから完了するまで問題がなく，計画通り順調に推移することはまれである．むしろ問題が次から次へと発生し，それらを解決していった先に初めて曙光が見えるプロジェクトが普通である．世の中にデスマーチプロジェクト [1] とかプロジェクト崩れ [2] とか，動かないシステム（コンピュータ）という単語が飛び交うのは，そのような事態が常態だということを示している．ここではプロジェクトで発生する広い意味での「問題」にいかに対処するかを考える．

10.1 問題マネジメント

広い意味での問題には，過去，現在，未来におけるものがある．過去および現在における問題（狭義）とは既に起こってしまった，または起こりつつある不具合，障害，誤り，バグなどである．文字通り「問題」である．これに対して，現在の課題とは，現時点でシステムが動かないとか，明確な障害があるということではないが，より効果的，効率的にするために改善した方がよいとか，変更した方がよいと思われる問題で，「変更（提案）」といわれる．未来の問題とは，将来こんな問題が発生するのではないか（かもしれない）と予想されるものである．これは「リスク」と呼ばれる．

10.1 問題マネジメント

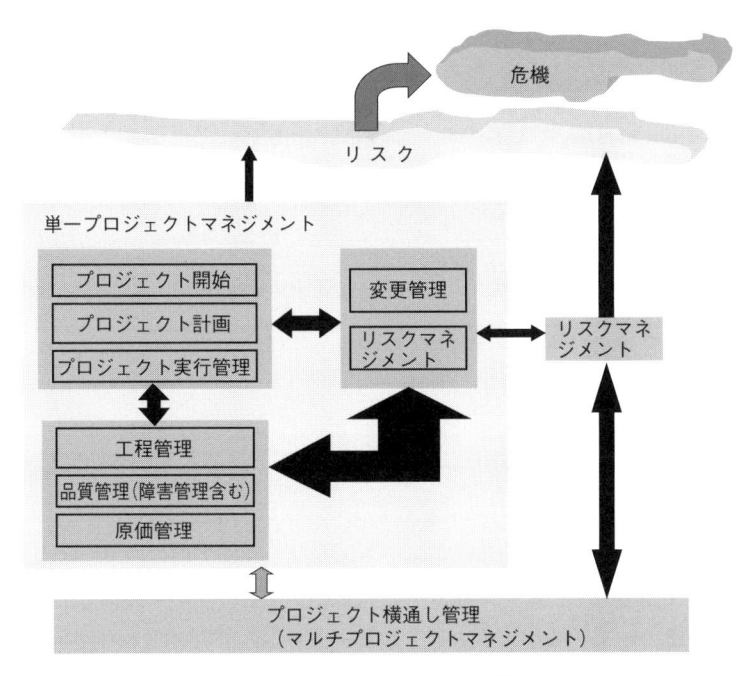

図 10.1 問題マネジメントの構造

　ここでは過去および現在の問題（狭義）を「障害」，現在の課題を「変更」，未来の問題を「リスク」といい，これらをまとめて「問題（広義）」という．

　ここでは「障害」，「変更」，「リスク」をマネジメントするものを，それぞれ「障害管理」，「変更管理」，「リスクマネジメント」という．そしてこれらの3つに対応するマネジメントを合わせて「問題マネジメント」という

　図10.1に問題マネジメントの構造を示す．プロジェクトは自然に任せておくと，エントロピー増大の法則により，混乱し，入り乱れてくる．そして危険な段階に入ってくる．悪いことが起こりそうな事態になる．この状態を通常リスクがあるという．最終段階が危機状態，いわゆるクライシスである．プロジェクトが混乱からリスク，リスクからクライシスへの負の連鎖をたどるのを防ぐために問題マネジメントがある．

　プロジェクトの問題を解決し，リスクの発生を防止するための単一プロジェクトとしてのマネジメントと，そのプロジェクトを内部に持つ母体部門としてのマネジメントがある．

　単一プロジェクトのマネジメントとしては定常的・一般的なマネジメント機能としての進捗（工程）／品質／原価管理がある．またプロジェクト進行面からのポイントとして，プロジェクト開始／プロジェクト計画／プロジェクト実行管理の局面がある．障害管理は，一般的に品質管理の中で対処されている．そしてプロジェクトの問題の見える化と，常時意識しなければならないものとして変更管理とリスクマネジメントがクローズアップされている．変更管理にプロジェクトの実態が反映されることが多い．

　リスクマネジメントはプロジェクトが進行する過程で，問題や支障を発生させないために，今後，起こる可能性のある問題点を事前に予測し，手を打つことが目的であり，プロジェクト

の将来を「読みきる」ことがポイントになる．またリスクマネジメントには単一プロジェクトとしてのマネジメントと母体部門としてのマネジメントの両面がある．

　注意しなければならないことは，「障害」は当初想定した稼働環境で所定の（要求されていた）機能や性能を発揮しないことであり，原則的には，直ちに対処し是正しなければならないが，「変更」は稼動環境が変わったため機能や性能に対する要求に変更が生じたり，要求そのものに変更が生じたりしているので，対処すべきかどうかの判断がいることである．ただし「障害」と「変更」を明確にするためには，ステークホルダーの間で，当初想定した稼働環境と実稼働環境を正確に把握し，共通の認識をしていることが肝要である．

10.2 障害管理 [3]

10.2.1 障害管理とは

　障害管理とは開発した（しつつある）システム／ソフトウェアについて，それが当初想定した稼動する環境とマッチングしないとき，その問題をできるだけ早く検出し，定義し，対策を打てるようにし，その結果を確認すること，および必要ならば次の成果物に対して改善事項をフィードバックさせるようにすることの一切のコントロール活動をいう．

10.2.2 障害管理の構成

　図10.2に障害管理の構成を示す．

　障害が発生した時，処理の流れはまず障害情報の収集である．次にこの情報を基に原因分析をする．分析した結果，原因が判明したら，この原因を除去するための対策を実施する．その後予防保守として同じような問題がないかどうかを調べ，あれば対策を講じる．この過程で最も重要なのは，障害情報の収集である．障害情報の収集に漏れや不備があると，障害管理は砂

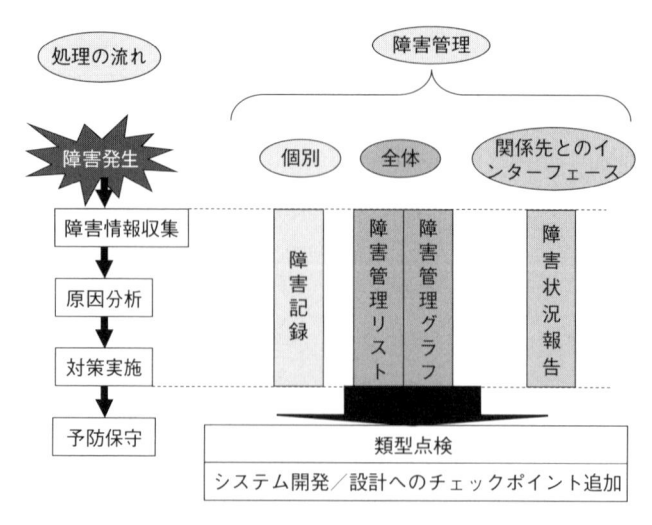

図 **10.2**　障害管理の構成

10.2 障害管理

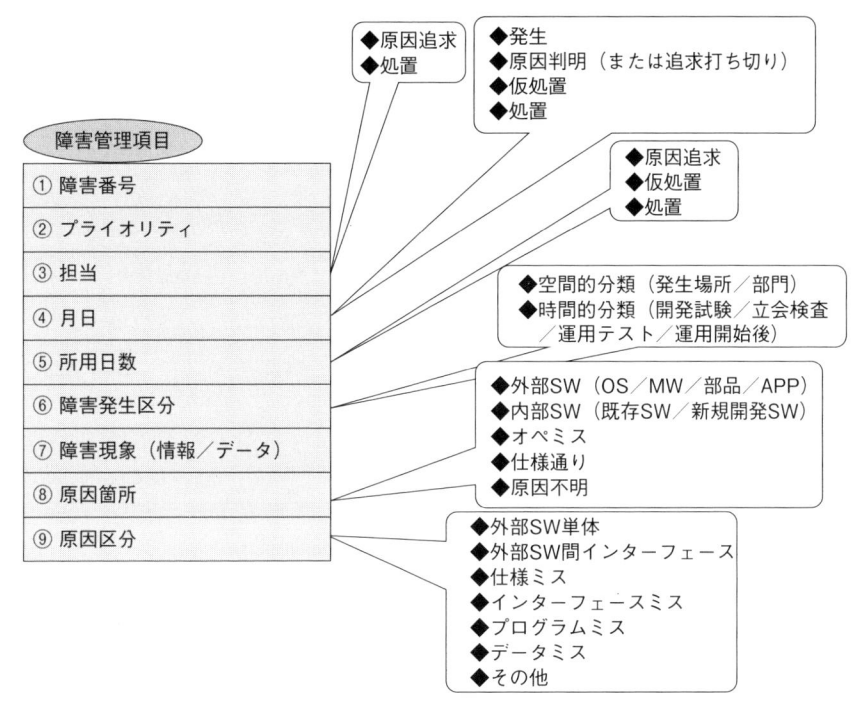

```
障害管理項目
① 障害番号
② プライオリティ
③ 担当
④ 月日
⑤ 所用日数
⑥ 障害発生区分
⑦ 障害現象（情報／データ）
⑧ 原因箇所
⑨ 原因区分
```

③→
◆原因追求
◆処置

④→
◆発生
◆原因判明（または追求打ち切り）
◆仮処置
◆処置

⑤→
◆原因追求
◆仮処置
◆処置

⑥→
◆空間的分類（発生場所／部門）
◆時間的分類（開発試験／立会検査／運用テスト／運用開始後）

⑧→
◆外部SW（OS／MW／部品／APP）
◆内部SW（既存SW／新規開発SW）
◆オペミス
◆仕様通り
◆原因不明

⑨→
◆外部SW単体
◆外部SW間インターフェース
◆仕様ミス
◆インターフェースミス
◆プログラムミス
◆データミス
◆その他

図 10.3　障害記録項目例

上の楼閣になる．

　障害情報の収集から対策実施までの過程で障害管理に使用するものに，障害記録，障害管理リスト，障害管理グラフがある．

　障害記録は発生した障害1件ごとについての具体的な情報である．障害記録の項目例を図10.3に示す．この記録は発生した障害について全件漏れなく正確に情報収集をできるかどうかがポイントである．基本的には100%集まっていなければ管理していることにはならない．抜けがあるということは，障害が地下に潜ってしまい，プロジェクトの実情がわからなくなってしまうことを意味する．

　障害管理リストは障害記録を整理し，フォロー状況の明確化を図ることが目的である．障害記録が1件1葉（通常はA4）だとすれば，障害管理リストは1件1行である．簡単な障害管理リストの項目例を図10.4に示す．

　障害管理グラフは障害発生，収束状況を見えるようにすることが目的である．例を図10.5に示す．このグラフから読み取れることは以下である．

　発生件数が多い場合はそれ以前の段階の作業が不良だったことを示す．システムテスト段階での発生件数が多い場合は，それまでに開発したソフトウェアやシステムの品質が悪い．当然，開発作業の品質が悪い．原因にコードミスが多い場合は，プログラミング作業が雑だったことを示す．

　発生件数が少ない場合，単純にそれまでの作業品質が良かったとはいえない．最も注意しなければならないことは障害管理をきちんと実施しているかどうかである．形式的に管理（処理）

項目	項目の説明項
障害番号	発生順の一連番号
表題	障害の内容を示す。通常障害記録のタイトル
プライオリティ	障害の影響度を考慮した重要度（緊急度）
発生日	障害発生日
検知者	障害検知者
追求者	障害原因の追求者
原因コード	原因が判明したとき、対応するあらかじめ決められている障害区分コード
予定日	原因判明予定日
完了日	原因判明日
処置者	不具合の改修担当者
予定日	不具合の改修予定日（必要により仮処置予定日も）
完了日	不具合の改修完了日（必要により仮処置完了日も）
備考	その他特記事項

図 10.4　簡単な障害管理リスト項目の例

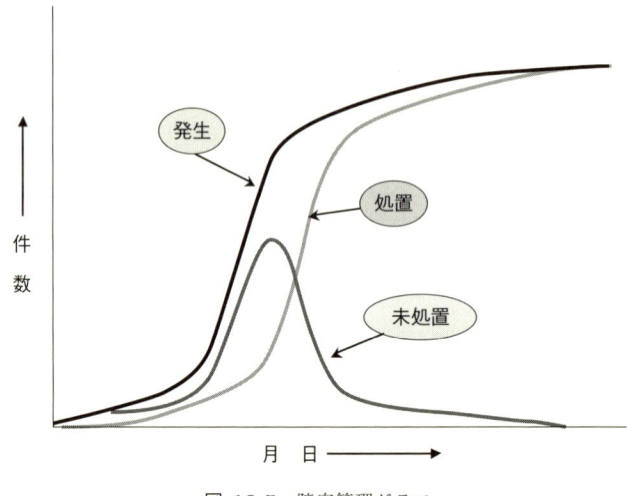

図 10.5　障害管理グラフ

をしているだけで，情報の収集ルートが徹底していなかったり，マネジメント側に情報を吸い上げる意識がなく，無管理になっていたりするために，発生した障害の情報が全て漏れなく上ってきていない場合があるからである．この場合発生件数が少ないにもかかわらず，プロジェクト全体がゴタゴタした雰囲気になっている．

　テスト段階で発生件数が少ない場合，テストの内容に問題があることもある．例えばテストケース（またはテスト項目）などの挙げ方が曖昧で結果の評価が明確になっていない．この場合，要求仕様自身が曖昧なことが多い．またテストケースが全体の動きを網羅するようになっていないとか，テスト結果のきちんとしたチェックがされていないなどである．このような事象をきちんとチェックした上で，問題がないことが明確であると判断できれば，この時点では品質が良いと考えてもよい．

テストを一通り流した以降で，発生累計の線が飽和してきた場合は，該当テストの視点におけるバグはほぼ収束したとみてよい．ただし他の視点からのテストが必要と考えられる場合は，全体が収束したと判断するのではなく，次の段階のテストに移行する．

未処置残件数がいつまでも収束せず，極端な場合，増加傾向にある場合，単純な要因として，障害追求体制や要員に比して，障害の発生が多すぎる場合が考えられる．ただしこれは発生件数が予想より大幅に大きいことから単純に推定できる．次に考えられるのは「設計不良」である．すなわちシステム構造やソフトウェア構造がわかりにくく，障害追求がしやすいインターフェースが考慮されていないことである．システム基本設計レベルのチェックが必要である．次に「外部ソフトウェアに起因すると想定される障害」である．この場合，原因追及や不具合の修正は困難であるので，そのような障害が発生しそうな使い方をしないという観点からフォローすることがよい．最後に考えられることで，しかも最も多いのは「障害管理の不十分」である．障害管理のフォローサイクルが回っておらず，障害の原因追求や処置が停滞していることである．

「障害状況報告」は，障害の発生収束状況を関連部門に報告し，実態を関係者に正確に認識してもらうことが目的である．システム開発プロジェクトでは，システムテスト以降の段階になると，プロジェクト内だけでなく，関連ステークホルダーもプロジェクトの進捗やシステム品質の収束状況に重大な関心を持ってくる．この関心がプロジェクトをサポートする方向になればよいが，プロジェクトの足を引っ張ることになると問題である．関連するステークフォルダーが，不必要に心配したり，安易に大丈夫と思ってしまったりしないよう，実態を正確に認識してもらうために「障害状況報告」を活用する．

障害状況報告には「一般報告」と「重要障害に対する特別報告」がある．

「一般報告」では概況とデータがある．概況では，プロジェクトマネージャのマクロな判断をもとに，プロジェクト状況を簡潔にまとめる．特に被報告者に訴えたい事があれば，それを明確に表現して支援等を要請する．データとしては，一般的には障害管理グラフ，特に必要な場合は障害管理リストを添付する．

「重要障害に対する特別報告」はシステムの収束に向けて，クリティカルポイントになるような障害がある場合，その障害について原因と処置を論理的に明確かつ簡潔に表現して提示することが基本である．原因が不明で追求不能の場合は，収集されたデータからの推論を明確にし，どこからが追求できないかを明らかにし，次回発生したときのデータ収集などに向けた対策をはっきりさせ，必要な場合はそれについての協力要請をきちんと出すことである．

10.2.3 障害フォロー手順

障害フォロー手順を図 10.6 に示す．

10.2.4 障害管理留意事項

障害管理で最も重要なことは「障害に対するセンス」を鋭敏にし，障害を確実に解決していく意識を徹底することである．「障害に対するセンス」を鋭敏にするためには，顧客の立場で障害を実感できるかどうか，特に顧客の経営者の立場で障害を判断できるかがキーである．

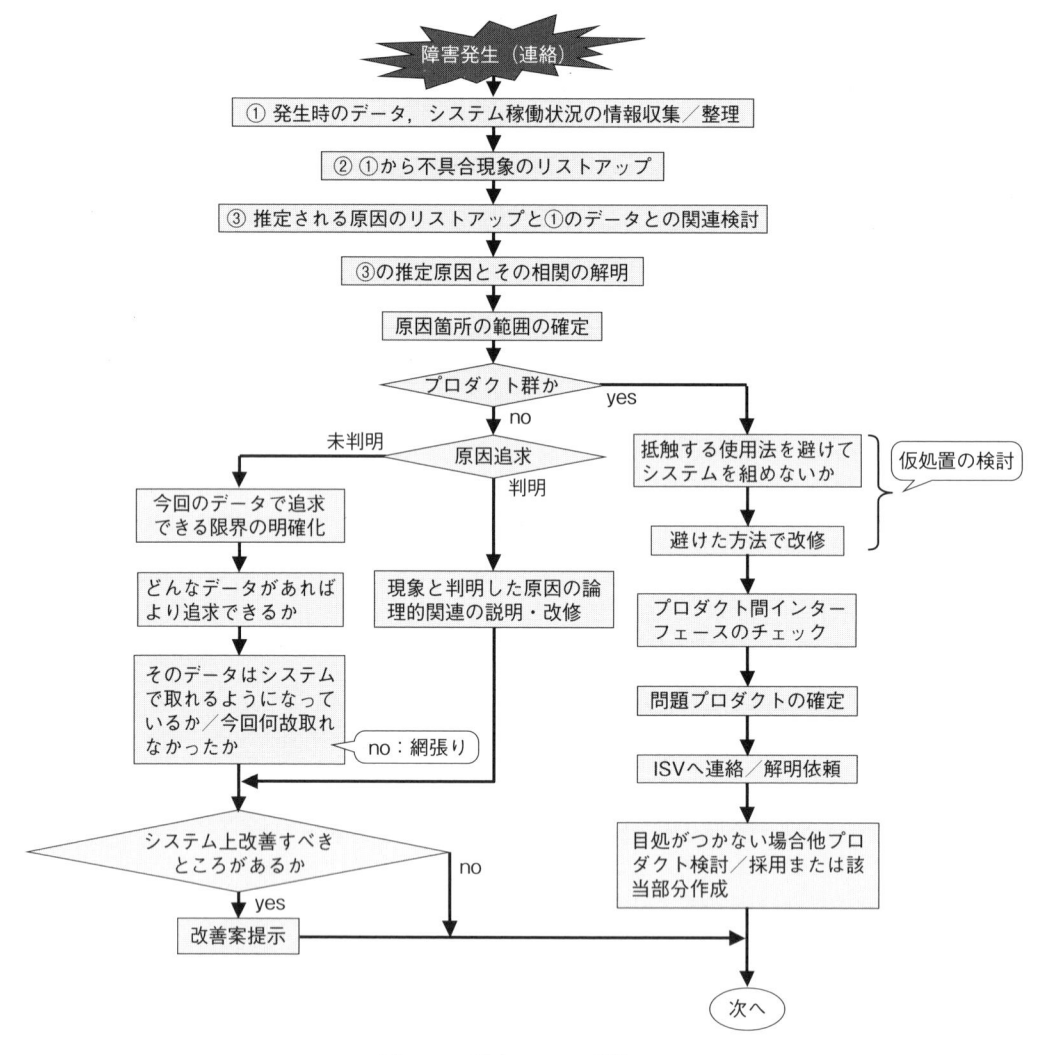

図 10.6　障害フォロー手順 1

　次に，障害が発生した場合，その対応において「クイックレスポンス」が重要である．システム開発においては，特に運用テスト以降の段階では，迅速な対応が必須である．そのためには障害発生の初期の段階で極力詰めることである．ただちに原因が判明しない場合，顧客，その他の関係する必要なステークホルダーに対して，いつまでに，どのように詰めるかを早く連絡し，その期間の被害を最小限にする手を打つ．また，解決するまでの期間の運用方法の提案やサポートが必要である．解決が長期化する場合は中間報告をする．その場合，どこまでが解明されて何が現在ネックか，そのネックをどのようにして解決に持って行こうとしているかをはっきり見せることである．

　障害が多発し，事態が錯綜した場合は各障害解決の優先度を明確にし，作業計画を立て，それに則って，関係するステークホルダーを巻き込んでいくことが肝要である．

　障害追及では，どうしても原因は自分のところではないと思いがちである．これが高じるとセ

クショナリズムや自己をガードする立場に陥りやすい．しかしこの意識は障害追及において，最も障害になるものである．障害管理がプロジェクトに徹底しなければならないことはセクショナリズムや官僚主義の排除である．障害管理はシステムの収束に向けた最後の歯止めであることを肝に銘じるべきである．

10.3 変更管理

10.3.1 変更管理とは

　変更管理とはプロジェクトの進行中に加えられる（重要な）変更要求を評価し，管理し，承認する作業であり，さらにプロジェクトの全ての関係者に，それぞれの作業に影響を及ぼす変更を確実に知らせ，その変更が確実に達成されたかどうかを管理することである．すなわち，必要な変更を確実に行うと同時に，変更の影響をプロジェクト全体に周知徹底し，コントロールすることである．

　変更管理が対象とするものは，一般的にはプロジェクトで決定された全ての成果物である．しかし小さなプロジェクトで，全ての成果物を変更管理の対象とすると，管理が重くなり，かえって動きが取れなくなる場合がある．その場合には，変更管理の対象を主要な成果物のみに絞り，その変更を徹底的に管理することが有効である．例えばソフトウェア開発プロジェクトなどで仕様とコード（プログラム）のみに絞って，変更管理をするなどである．この場合，仕様変更管理などと呼ぶことがある．

10.3.2 変更管理手順

　変更管理の内容は障害管理とほぼ同じで対応できる．異なるところは，障害管理で取り上げられたものは基本的には全て対応しなければならないが，変更管理で提示されたものについては対応するかしないかの判断が入ることである．

　変更管理の構成は図10.2の障害管理の構成と同じになる．その中で障害記録は変更記録，障害管理リストは変更管理リスト，障害管理グラフは変更管理グラフと置き換えて考えるとよい．

　変更管理では，まずどのように管理するかを明確にするために，プロジェクト計画の一部として含まれる変更管理計画を作る．そこでは，変更管理の手順と変更管理の管理下で扱う成果物を明確にする．次に変更管理グループを設定する．このグループは変更要求を受け入れるか否かを決定し，承認する機関として機能する．メンバーは関係する主な組織の代表で構成する．ここで変更管理の対象となるのは，プロジェクト計画で正式に決定され，作成承認された成果物である．変更グループにおいて変更会議を行い，変更の可否を検討する．この場合，基本的には変更受け入れ可否の判断基準を決めておき，それに基づいて決定する．この判断基準はプロジェクトの位置づけ，特性により決められる．システム開発のプロジェクトでは，一般的には基本設計の時点では内容で判断し，良ければ積極的に承認する．開発／実装時点ではシステムの変更量と作業進捗とのバランスを考慮して決定する．テスト時点ではできるだけ承認しないという考え方もある．

デイリーの変更管理は，決定されたものの最初の成果物ができたときから開始する．まず成果物の承認である．この承認された成果物に対して変更要求がある場合，変更提案が変更管理グループに提示される．変更管理グループの事務局は変更作業の担当部門を特定し，該当部門に変更提案書を配布して検討させる．同時に関連する部門に提案された変更のプラスとマイナスの影響を，それぞれの観点から検討させる．各部門はそれぞれの評価をまとめ，会議でその変更の諾否，すなわち承認するか，拒否するか，または判断を先送りするかどうかを決める．この時の検討のポイントは

- その変更によるメリットは何か
- その変更はコストにどのような影響を及ぼすか
- その変更はスケジュールにどのような影響を及ぼすか
- その変更はソフトウェアの品質／セキュリティにどのような影響を及ぼすか
- その変更は人的，物的資源の割り当てにどのような影響を及ぼすか
- その変更はプロジェクトのもっと後の段階または将来のバージョンに先送りできないか
- その変更を加えるとソフトウェアを不安定にする危険のある時期にプロジェクトが達していないか

変更管理グループ事務局は，変更提案の扱いについて，会議での決定内容を関連部門に通知する．そして変更が確実に実施されたことを確認する．

10.3.3 変更管理のメリット

変更管理を，きちんと実施することはプロジェクトの見える化とけじめをつける意味で有効である．

まず影響やメリットを検討せずに，思いつきで変更を強制することができなくなる．したがって不要な変更がプロジェクトに加えられるのを防止できる．また関連する部門の全てが決定にかかわるので，より適切な判断がなされる．そしてステークホルダーとの間で共通認識を作ることが容易になる．

必要な決定について関係者が十分に認識できるようになる．その結果，進捗管理における作業の終了判定について厳密になる．すなわち「マイルストーンのいいかげんな終了判定」を防ぐことができ，進捗状況をより正確に把握できるようになる．また責任の所在をより明白にできる．責任の欠如は問題を抱えるプロジェクトに共通する特徴のひとつである．

プロジェクトの足取りを詳細に記録しておけるので，プロジェクトの全期間にわたって更新された様子をたどりなおすことができる．

これらのメリットを出すために注意しなければならないことがある．それは，経営者，営業部門，顧客，プロジェクトマネージャなどが，変更会議の決定を，その権限だけから覆すような事態を招いていたとしたら，変更管理は形式のみで実質の管理にはならないことである．

10.3.4 変更管理留意事項

ここでは変更管理の中でも特に重要な仕様変更管理についての留意事項を述べる．情報系シ

ステムでは，当初の目論見が外れると簡単にシステムの仕様がひっくりかえる．それによりシステムの収束が困難になる例は多い．したがってこの実態を認識し，決めた仕様はステークホルダー間で十分コンセンサスをとって合意し，後で，絶対に変更しないという意思を持って作業を進めることが肝要である．ベースとして，顧客との間に仕様のイメージについて共通の理解が基本である．それを踏まえた上で留意すべき事項を以下に挙げる．

① 仕様表現の一義性の確立と時間的流れにおける視点の安定性の維持

　　仕様は，意味が一義的に解釈されるように表現することと，仕様変更要求受け入れ可否決定の視点（判断基準）は常に一定に保つことが必要である．この視点の安定性が崩れた場合，システムの収束は保証されない．一定に保つべき視点の例として
　　・常にユーザーニーズとプロジェクトの工期，予算，システムのまとまり具合とのバランスをとるという視点から，個々の仕様変更要求の受け入れ可否を判断する
　　・システムの基本的な骨格の整理・明確化に重点をおいて仕様の決定

② 仕様変更が五月雨的にバラバラと，かつ大量に発生しないようにする．特に似たような仕様変更が後で発生しないように，個々の仕様変更を管理するだけではなく，それらをトリガーとして，常にシステム全体を見直す感覚を持って管理

③ 決定した仕様変更については，しつこくけじめをつけることをプロジェクト内に徹底

10.4 リスクマネジメント

10.4.1 リスクマネジメントとは

リスクには本来危険，危険率，保険金額，被保険者などの意味がある．すなわち悪いことの起こる恐れ（確率）がリスクといえる．プロジェクトにおいて，スケジュールの遅れやコストの超過，中止などの望ましくないことに遭遇する恐れである．PMBOKやP2Mでは多少拡大して解釈している．

「リスクとは，もしそれが発生すれば，スコープ，スケジュール，コスト，品質などの内，少なくとも一つのプロジェクト目標に影響を与える不確実な事象あるいは状態のこと」[4]．

「リスクとは，これから遂行しようとするプロジェクトの目的に対して影響を与える不確かな出来事であり，それによって引き起こされる結果と影響度」[5]．

両者とも将来起こるかもしれない不確かなことをリスクとして，必ずしも「望ましくない」ことだけでなく「望ましいこと」でも不確かなことをリスクと言っている．この定義からリスクマネジメントをPMBOK[4]では次のように定義している．

「プロジェクト・リスク・マネジメントはリスクマネジメントの計画・特定・分析・監視・コントロールなどの実施に関するプロセスからなる．プロジェクト・リスク・マネジメントの目標は，プロジェクトに対してプラスとなる事象の発生確率と影響度を増加させ，マイナスとなる事象の，発生確率と影響度を減少させること」．

現実にはプロジェクトでリスクという場合は「望ましくない」ことの発生がほとんどであるので，ここでは

「リスクマネジメントとはリスクが危機状態（重大局面，プロジェクト崩れ）にならないように，また危機状態になったとき，その被害ができるだけ小さくなるようにマネジメントすること」と定義して話を進めていく．すなわち本章の最初で述べた「未来の問題」を扱うことになる．

10.4.2 リスクマネジメントの構成

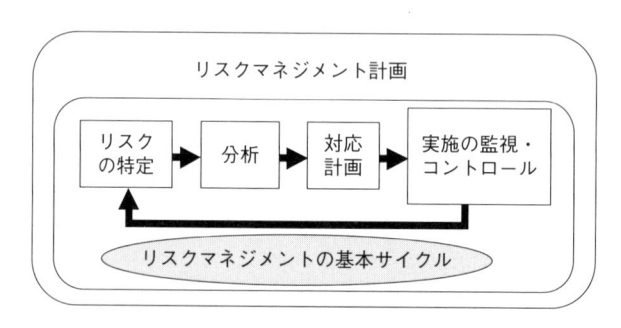

リスクマネジメントの構成は図 10.7 に示すように，リスクの特定，分析，対応計画，実施の監視・コントロールという基本サイクルと実際のプロジェクトでこのサイクルを具体的にどのように回すかというリスクマネジメント計画からなる．

図 10.7 リスクマネジメントの構成

(1) リスクマネジメント計画

「リスクマネジメント計画」はリスクマネジメント活動をどのようにするかを計画するものである．すなわちどのようにリスクをマネジメントするかの方針を決めるところでもある．特にリスク分析の方法，リスクに対するプロジェクトの優先度決定方針，発生確率と影響度の評価方法，リスクフォローの方法などを明確にする．

(2) リスクの特定

「リスクの特定」とはプロジェクトのスケジュール，コスト，品質に影響を与えそうな事象（リスク）をリストアップし，文書化（リスク管理リストの作成）することである．リスクマネジメントの第一歩はプロジェクトに影響を及ぼすリスクをリストアップすることである．リスクマネジメントで最も重要である．この部分の検討が貧困ならば，以後の分析をどんなに精緻にやっても砂上の楼閣を築くだけである．現実には「リスクの特定」にそのプロジェクトの特性が出る．悪い結果が発生してから，「それは想定外でした」という言い訳の説明を聴くことがあるが，多くの場合，リスクの特定を徹底していなかったことがほとんどである．

リスクの特定では「思いつくものをすべてあげる」という意識が重要である．その場合 内容はできる限り具体的にする．抽象的な場合は以降の展開ができず，有効な対応策も見つけられない．リスクの特定に当たっては，関係者や経験者にプロジェクトを説明し，彼らから思いつくリスクや問題点を挙げてもらうことも有効である．またリストアップしたリスクを避けよ

うとしたときに考えられる対策をとったときに予想されるリスクも考慮（リストアップ）する．このリスクを2次リスクという．これらを整理し，プロジェクトにおける具体的表現として，リスク管理リストを作成する．

また「繰り返し現れるリスク」と「プロジェクト特有のリスク」について注意することが肝要である．「繰り返し現れるリスク」とは複数のプロジェクトで，高い頻度で発生するリスクである．これについては，事前の調査やこれまでのプロジェクトデータ，外部情報などを参考にし，それらの一般情報を基に，該当プロジェクトの具体リスクとしてリストアップする．「繰り返し現れるリスク」についての事象が豊富で，整理されているほどその組織のリスクマネジメント能力は高くなる．「プロジェクト特有のリスク」については，「プロジェクト実態の観察」が重要である．この観察を基にリストアップする．

(3) リスク分析

「リスク分析」とは各リスクの発生見込（確率）と影響度合い，およびその代替手段のリスクを評価し，リスクの大きさを算定する．これによりリスクの優先順位を設定することである．算定のために使用されるものとしてリスク指数という考え方がある．

$$リスク指数 = （予期せぬ損失の発生する確率）\times（損失の規模）$$

予期せぬ損失の発生する確率を「リスク発生確率」，損失の規模を「影響度」ともいう．個々のリスク事象のリスク指数の合計がプロジェクト全体のリスク指数になる．リスク指数算出の例を図10.8に示す．損失規模の単位はコスト（金額），作業量（時間）などが考えられるが，この例では作業量（週）をとっている．この指数を基にリスク対応の優先付け，すなわちリスク対応の優先順位を決定する．これによりリスクマネジメントの重点をどこに置くべきかがわかるようにする．リスク対応の優先付けを行うに当たって，リスク指数は有力な情報であるが，それ以外にプロジェクトの状況から見て，各リスクへの対応の重要度や緊急度および，どの時点で手を打つのが最善か，ぎりぎりいつまで待てるかも考慮し，最終的な対応の優先順位（プライオリティ）を決める．

指数からのみプライオリティを決める場合，図10.8では算出されたリスク指数の順位でプラ

リスク	発生確率	損失規模(W)	リスク指数(W)
A	80%	6	4.8
B	5%	2	0.1
C	15%	10	1.5
D	25%	2	0.5
E	10%	8	0.8
F	20%	2	0.4
G	10%	1	0.1
H	30%	20	6.0
I	20%	1	0.2
J	50%	2	1.0
合計			15.4

注）W：週

図 10.8　リスク評価表例

イオリティを決める．例では H, A, C, ... の順である．

　リスク分析では定性的リスク分析と定量的リスク分析 [4] がある．定性的リスク分析では発生確率と損失規模は主観的に決められる．したがって優先順位も主観的になる．一方定量的リスク分析は特定されたリスク事象がプロジェクト全体にどの程度影響するかを数値的に分析する方法である．このために使用される技法としては，感度分析とかシミュレーションがある．定量的分析をすることによって，リスク事象の，より確かな影響度を評価できるが，そこまでせずに定性的分析だけでも，リスク全体に目を向けることになり，プロジェクトのリスクマネジメントレベル全体に対する深い洞察力が養われる．

　特定されたリスクがどの程度の確率で発生するか，また発生した場合どの程度の影響を及ぼすかを評価，予測するために重要なポイントは，それらのリスクを発生させる要因となる兆候を観ることである．この兆候をトリガーという．具体的局面におけるマネジメントではリスクの特定が最も重要であることは前述したが，そのリスクを育ててしまうトリガーを見通すことが肝要である．トリガーが絡み合い，成長して具体的なリスク事象として発生する．リスクとトリガーの関係の例を挙げると，病気がある．例えば心筋梗塞になるリスクの発生確率は健康な人では無視できる程度の確率かもしれない．ところが高血圧，高コレステロール，喫煙習慣などがあると，その確率は数十％になる場合がある．心筋梗塞と高血圧，高コレステロール，喫煙習慣はリスクとトリガーの関係である．医者が様々な症状から病気を予測することと同じように，トリガーとリスクの関係を読み取ることはリスクマネジメントにおけるセンサーの役割を果たすことになる．ただし，これを読み取るために最も重要なのは現実のプロジェクト（現場，現物）を観て診断することである．

(4) リスク対応計画

　「リスク対応計画」とは各リスクへの対応計画を作成することである．個々のリスクへの対応計画で重要なことは，それぞれの計画が他のリスク対応計画と整合性を持つことであり，プロジェクト全体の計画とも整合性を持たせることである．

　検討順序としては，まず特定された優先順位の高いリスクそれぞれを取り扱うための計画を立てることであり，次に各計画の相互干渉の確認をする．相互干渉がある場合はそれに基づく2次リスクなどを考慮し，両者を合わせた対策を考える．次に対策した結果，各リスクの新たなリスク指数を算出する．このリスク指数が許容できる範囲に入るまでこの検討を繰り返す．この過程で効果のあるリスク対策と，効果があまり望めないリスク対策を把握し，効果のある対策に絞って実施することを計画する．

　実施すべき対策が決定したらその対策の実行状況の監視，リスク対策の解決完了の判断，新たに発生するリスクの特定のための管理手順の準備を計画する．

　リスク対応策を整理すると回避，転嫁，軽減，受容がある．

① 回避 (avoidance)

　リスクの回避とは，予想されるリスクやその状態になることを取り除くため，あるいはプロジェクト目標をリスクから守るために計画を変更することである．リスクを避け，計画段階からリスク事象の根本原因を取り除く．回避の例としてはスコープの縮小，納期の延期，リソー

ス（資源や時間）の追加投入，馴染みのない外注を避け良く知っている外注に発注すること，コミュニケーションの改良などがある．

プロジェクト初期に発生するリスクは「回避」することができる．極端な対策案としてはプロジェクトを中止することである．

② 転嫁 (transference)

リスクの転嫁とは，リスク発生の結果をリスク対応の責任とともに第三者へ移す対策である．リスクをプロジェクトから追い出すこと，すなわちリスクの発生個所と責任の所在を明確化することであり，リスク自体はなくならない．通常，契約により特定のリスクを第三者に転嫁することが行われる．例えば保険，瑕疵担保，定額請負契約，遅延ペナルティなどであり，財務的なリスクに有効である．リスク転嫁の一つにリスク分散 (distribution) がある．リスクの分散とは，有害なリスク発生の影響と責任を分け，分散したそれぞれのリスクを受容可能な限界値まで減らすことである．例としてコンソーシアムの結成やリスクの公表がある．リスクの公表とはリスクとその結果生ずる影響の重要性について上位管理者，顧客，営業責任者，他のステークホルダーにあらかじめ発表しておき，実際にリスクが発生した時，共同で責任を持って対処する意識を持ってもらい，対処してもらうことである．

③ 軽減 (mitigation)

リスクの軽減とは，有害なリスク事象の発生確率と発生結果の影響度のいずれかまたは両方を，受容可能な限界値まで減らす試みである．例えばリスクをクリティカルパスからはずすことである．

④ 受容 (acceptance)

リスクの受容とはリスクを軽減するための計画を何も立てないことである．受容には「積極的な受容」と「消極的な受容」がある．「積極的な受容」とはリスクがおきた場合に備えてコンティンジェンシー計画を立てておくことであり，「消極的な受容」とは何の行動も取らず，成り行きに任せることである．一般的にはリスク指数が小さいリスクに対して取られる．ただし損失規模の大きいリスクとリスクの相関には注意が必要である．例えば東日本大震災・津波における福島原発の事故である．この場合，発生確率は非常に小さかったかもしれないが，発生した場合の影響は，東電，または日本の電力業界だけでなく，一般国民（特に福島県民），世界エネルギー問題，最悪は地球環境にまで直接影響する可能性があることは，関係者ならば当然想定できたはずである．このようなことが危惧される場合は，例え発生確率が小さくても徹底的な検討とリスク対策を考えておくことが必要である．少なくとも万全のコンティンジェンシー計画が必要になる．

コンティンジェンシー計画とは，プロジェクト期間中に特定したリスクが発生した場合にその影響度を減らすために事前に立てた計画である．「軽減」における「影響度」のみに対しての対策と考えてもよい．

リスク対応計画を立てるとき，常に意識しておくこととして残存リスクと 2 次リスクがある．

残存リスクとは回避，転嫁，軽減の対応策をとった後に残るリスクである．2次リスクとはリスク対応策を実施した結果から直接発生するリスクである．現実のプロジェクトでは残存リスク，2次リスクも考慮し，最終的な対応策を立てる．

(5) 実行状況監視

実行状況監視とは，プロジェクトマネージャが各リスク対応計画の実行状況を監視することであり，その中で見出される新たなリスクを特定し，メンバやステークホルダーにフィードバックすることである．

実際の活動では，リスク対応計画を重要リスク管理リストのような形に整理し，それをベースに各リスクの解決状況を確認し，新たに生じるリスクを特定し，管理下に組み込むことである．

注意すべきことは定期的にレビューすることである．無理をしてでもリスクに定期的に目を通し，リスクについて定期的に考慮し，重要度の変化に注目することである [6]．

10.4.3　リスクマネジメント留意事項

(1) マネジメントとリスクとの関係

リスクマネジメントとはリスクを事前に予測し，その発生（危機状態になること）を防止，または発生した（危機状態に陥った）ときの被害を最小に押えるための対策を立て，適切なタイミングで実施することである．したがってマネジメントにおける最大のリスクは，リスクについて全く考慮しないことと，リスクが有りそうだと曖昧に感知しながらそれを放置して何ら対策を打たないことである．これを「管理の放棄リスク」という．「管理の放棄リスク」，すなわち形式的管理のみで実質としての管理をしていない場合には，その結果として，大きな問題を発生させることが多い．

マネジメントする側は常に，このプロジェクトにはどんなリスクがあって，どう対処すればいいかに視点を置き，このまま進んだらプロジェクトはどの時点でどのようになるか，リスクは何かに常に目を光らせる．そこでは「リスクを見落とすリスク」にも注意する必要がある．

・自分には，わからないリスクがあることがあるということを十分に自覚すること
・チェックリストの準備と充実化，マニュアル化
・最後にもう一度考え直してみること

積極的にリスクを攻撃しなければ，リスクの方が積極的に攻撃してくることを肝に銘じておく必要がある．

(2) リスクマネジメントにおける基本姿勢

気がつかないものはリスクにならない．リスクとは起こるかもしれない不確かな事象であるから，「起こるかもしれない」と誰も感じなければ，どんな危機的状態に陥ってもリスクは感じられない．したがってリスクマネジメントで最も重要な事は，まずは「感じること」である．「感じる」ことが鈍いならば，センサーの悪い制御機器のようなものであり，使い物にならない．「感じる」ための最善の手段は，リスクを感じることができるための感性を磨き，リスクを特定する力を身につけること，および現場に立ち会うこと，現物を見ることである．現場，現物を

見ずに中間情報で判断すると，本当に「感じる」ことができずに，疑心暗鬼になったり，安易な判断に陥ったりする．

　次に感じた事を「克明に読む」ことである．「読み」が面倒だということで表面的な問題だけを処理して，自己合理化することは「管理の放棄リスク」という最も危険なリスクを招来することになる．リスクを「克明に読む」ことをしないで，後でトラブルが起こる方がはるかに深刻で，対応が面倒である．

(3) リスクのレベル

　リスクには空間的，時間的意味においてレベルがある．空間的意味でのレベルの例を挙げると，低いほうから，個人，プロジェクト，（狭義の）母体部門，所属企業，業界，経済社会，人間社会，地球である．時間的レベルを挙げると，瞬間（今日または当面の仕事1日～1ヶ月），プロジェクト期間（1ヶ月～数年），ビジネス活動期間（数年～数10年），個人の一生（数10年～100年），孫の代まで（100年～150年），人類生存期間（150年～）がある．

　例えば，あるプロジェクトに携わっていて，ミスを犯したとする．瞬間的には上司からの叱責や査定を下げられるというリスクが考えられる．このリスクが発生しないような対策を考えれば，そのミスを隠蔽し，関係者に報告しないことである．しかし瞬間的，個人的レベルでのリスク対策ばかりしていると，より上位のプロジェクトを失敗に落とすリスク発生の確率が高くなる．次にプロジェクトの成功ばかりを意識して（後は野となれ山となれ）リスク対策をしていると，プロジェクト完了後の成果に問題を発生する可能性が高くなる．例えばプロジェクトの成果が使い物にならないとかである．このように上位のリスクを考慮せず下位のリスクに対するリスク対策ばかり意識していると必ずしっぺ返しを受けることになる．

　現実にはプロジェクトの短期的リスクを排除することばかり意識して，外注丸投げなどを繰り返している組織では空洞化が起こり，いざトラブルが発生したりすると，組織内の要員では何の手も打てず，オロオロするだけになったりする．最近頻発している企業の不祥事などはその典型的な例である．地球環境問題はその最終的な姿である．

　我々はリスクを検討する場合，常に当面しているレベルよりも1ランク高いレベルのリスクを検討し，問題がないことを確認してから，その範囲内での当面のリスク対策を考慮する姿勢を持たなければならない．

　上位のリスクを考慮しておくと最終的にはうまくいく．反対に下位のリスクにばかり目を奪われると必ず破綻をきたすことになる．

　リスクマネジメントにあたっては，マネジメントする側は，自分たちだけで対処しようと考えずに周知を集めなければならない．プロジェクトメンバ，関係者，第三者（コンサルタント／カウンセラーなど）を積極的に活用してまとめることである．ただしまとめの中心が自分であることだけは徹底して意識し，その点から作業を強力に進める事が肝要である．

演習問題

設問1　リスクマネジメントおいて最も重要なことは何か．またそれはなぜか．

設問2　あるプロジェクトにおいて特定されたリスク事象はA, B, C, Dの4つである．それぞれの発生確率は20%, 30%, 5%, 25%であり，これらのリスクが実際に発生した場合，想定されるプロジェクトの遅延は10日, 20日, 10日, 8日である．このプロジェクトのリスク指数はいくらか

参考文献

[1] Edward Yourdon：*Death March,* Prentice Hall, Inc, 1997. 邦訳，松原友夫他：『デスマーチ』トッパン，1998

[2] 高根宏士：『ソフトウエア工程管理技法』ソフト・リサーチ・センター，1991

[3] 高根宏士：『クライアント／サーバプロジェクト管理マニュアル』ソフト・リサーチ・センター，1998

[4] 『プロジェクトマネジメント知識体系ガイド・公式版（PMBOKガイド第4版）』PMI，2008

[5] 日本プロジェクトマネジメント協会企画：『新版P2Mプロジェクト＆プログラムマネジメント標準ガイドブック』日本能率協会マネジメントセンター，2007

[6] Steve McConnell：*RAPID DEVELOPMENT,* Microsoft Press, 1996. 邦訳，日立インフォーメーションアカデミー：『ラピッドデベロップメント』アスキー

第11章
プロジェクト調達・外注マネジメント

□ **学習のポイント**

プロジェクトの目標を自組織の要員，ノウハウだけで達成することは通常困難であり，効率的でもない．したがって他組織（通常は企業）の要員，ノウハウを活用する．これを調達という．その中でプロジェクト特有の要求を満たしてもらう場合，外注という．ここでは外注管理の概要について理解する．また契約および契約形態を理解する．

□ **キーワード**

調達（―／マネジメント），購買，外注（―／管理／計画），内外製，請負，瑕疵担保責任，準委任，善管注意義務，派遣，契約（―／形態），再委託，検収（―／条件），外注先（―／の選定手順／選定基準／の評価），フォロー管理，レビュー，発注（条件／仕様），進捗管理，キックオフミーティング，品質管理，受け入れ（―／管理／検査），保守体制

11.1 調達・外注マネジメント

プロジェクト調達マネジメントとは「作業の実行に必要なプロダクト，サービス，所産をプロジェクトチームの外部から購入または取得するプロセス」[1]と定義されている．外部から製品（材料，部品含む），作業する人工，ノウハウなどを取得することである．ここでは調達を，一般に市販されている製品などを取得する「購買」と，プロジェクトが特別の要求を持って，それを受託開発してもらうとか，それに見合う付帯サービスや作業を委託する「外注」に区分する．「購買」については「ものを買う」という意味で一般的注意をすればよい．したがってここでは「外注」に的を絞って解説する．

「外注」とは特定の目的を達成するために，ある組織体が他の特定の組織体（通常は企業）に業務（または業務を担当する要員の派遣）を依頼し，依頼された組織体がそれを受託することで成立するビジネス形態である．

「外注管理」とは目的を達成するために，他組織体（企業）の要員，技術力，ノウハウ，製品やサービスを活用するに当たって必要な管理である．

11.2 外注の目的と必要性および内外製の考え方

11.2.1 外注の目的

外注の目的は「品質／価格／納期／サービスをトータルとして満たすこと」[2]である．品質だけを満たすこと，価格だけを満たすこと，納期だけを満たすこと，またはサービスだけを良くすることは，一定の条件さえ満たせばできる．しかしこれらを，同時にバランスをとって満たすことは難しい[3]．例えばシステム開発には一般的に多様な技術が要求される．これらの技術を自組織のみで賄おうとすることは現実的ではない．自組織のコア技術を自社で賄い，それ以外の技術については，その技術をコアにしている企業に委託する．一般的には人材やノウハウの業界全体での共用化を図り，有効活用することは業界にとってもメリットが大きい．

11.2.2 外注の必要性 [3]

外注の目的は，技術や人材を有効活用して，自組織，ひいては業界全体の成果をあげることである．しかし現実には，その目的から発注されることは少なく，さまざまな理由から発注される．

① 要員不足／負荷変動への対応

負荷変動により，自組織の要員のみでは，作業が量的に対応できない場合に外注が活用される．そのひとつの要因として，自組織員（正社員）を増やせない（増やさない）ということがある．これは育成しても辞めてしまうという人材流動化リスクや，景気に左右されない採用をしたいとか，採用した後職種に合わない人の処遇をどうするかというリスクを除きたいという意図からである．

② コスト的に有利／原価低減

自組織員より単価の安いところに，原価を下げる目的で外注することがある．最近クローズアップされている中国への発注などはその典型的な例である．ただしこの目的で外注する場合，依頼する業務内容をよく確認するとともに，依頼先企業の組織的な技術，品質管理レベルを把握しておくことが肝要である．

③ 開発技術力の不足

自組織の持っていない技術をプロジェクトが必要とする場合，その技術を持っているところに外注する．これは本来の外注の目的に合う外注である．このためには自組織として保有していない技術を持った外注先について情報を収集しておくことがいざという時に有効になる．

④ 特定ノウハウの活用

特定技術，特定業務，特定企業に強い外注先をプロジェクト目的に合わせて活用する．またある地方に関係するプロジェクトにおいて，その地方に根差した企業を，将来のことも踏まえ，活用する．

11.2.3 内外製の考え方

内製とは，自組織内でシステム／ソフトウェア製品を製作することをいい，外製とは自組織以外の外部に製作させることをいう．外注を検討する場合，最初にしなければならないことは，内製するか外製するかの決定である．この決定を，個々のメンバに恣意的にさせないで，組織としての方向性に合った決定にするために「内外製の判断基準」を明確にしておく必要がある．この基準はあくまでも，組織の方針に沿った独自のものになるが，一般的に考慮しておかなければならないことはコスト，キャパシティ，スキル（技術力），専門性，機密性などであり，これらを踏まえ，自組織の技術やノウハウの流出，組織の空洞化防止について厳密な判断をすることが要求される．またセキュリティ対策については十分考慮し，内外製の判断基準を決定することが肝要である．

11.3 契約形態から見た外注の種類 [3]

外注とは二者間での契約行為である．その契約形態は契約自由の原則により，二者間で決めればよいが，民法で明示されている形態としては「請負」，「準委任」がある．これらはまとめて委託ということがある．また派遣法で「派遣」契約が定められている．

11.3.1 請負

請負は，当事者の一方がある仕事を完成することを約し，相手方がその仕事の結果に対してその報酬を支払うことを約することによって，その効力を生ずる（民法632条）．

請負のポイントは「仕事の完成義務」と「瑕疵担保責任」である．

請負では受託者が一定の業務を完成し，その結果に対して発注者が報酬を支払うものである．したがって完成しなければ支払う必要はない（仕事の完成義務）．ここで「仕事の完成」とは，成果物を伴う場合は成果物の受け入れ検査の合格をもって，成果物を伴わない場合は受託者の作成した報告書を発注者が確認したときをもって「完成」となる．

また受託者に瑕疵担保（成果物の不備修正）責任がある．要求内容が明確になっていれば，遅延ペナルティを課すことも可能である．したがって，一般的には発注側にとってリスクが小さい．

ただし著作権についての取り決めが必要である．取り決めがない場合，著作権は受託者にある．

11.3.2 準委任

「準委任」契約では発注者が受託者の専門能力を想定し，コンサルティングなどの一定の業務処理を委任し，受託者がこれを承諾して当該業務を処理するものである．準委任の定義は民法643条と民法656条にある．

民法643条（委任）
　委任は，当事者の一方が法律行為をすることを相手方に委託し，相手方がこれを承諾することによって，その効力を生ずる

民法 656 条（準委任）
　この節の規定は，法律行為でない事務の委託について準用する

　「準委任」契約では，必ずしも業務の完成責任を負うものではなく，また成果物を伴わなければならないものではない．委任を受けた者の法的な義務は「進捗報告」と「終了報告」だけである．ただし委任先に善良なる管理者の注意義務がある（善管注意義務）．また瑕疵担保責任はない．作業場所は委任先が決め，発注者が指揮命令をすることはできない．この契約は通常，委任先の専門的スキルやノウハウを想定してなされる．したがって発注者側の想定に誤りがあり，しかもそれを見極める目がない場合，成果を得られないというリスクがある．

11.3.3　派遣

　派遣とは「労働者派遣事業の適正な運営の確保および派遣労働者の就業条件の整備に関する法律」（派遣法）に基づいた外注を言う．この契約の特徴は以下である．

- 業務（作業）内容，作業場所は派遣契約において定められる
- 派遣先の指揮命令に従って当該業務に従事する
- 指揮命令は契約書で明記した人（複数可）以外にはできない
- 通常は派遣要員を派遣先社内に駐在させる
- 支払い方式は契約により自由に決定できる
- 派遣要員には，一般的には完成責任も瑕疵担保責任もない
- 派遣要員の 1 回の契約期間には限度があり，延長については再契約が必要
- 派遣要員の苦情の処理など，発注側にも派遣法に伴う義務が多く発生
- 一般的には要員を派遣した企業には著作権はない

　「請負」契約では要求条件を明確にできない場合，「完成」ということが曖昧となり，「瑕疵担保」責任も曖昧となる．「準委任」については，専門性についての認識と成果に対する評価ができないと，メリットを得ることができなくなる．「派遣」では，業務についての具体的指示と作業に対するきちんとしたフォローができないと，受託者に対する支払いだけの結果になるとか，受託者に業務の中身を牛耳られ，何も手出しができなくなる，いわゆる「空洞化」現象を招来しやすい．

11.4　外注管理の流れ

　図 11.1 に外注管理の流れを示す．最初に外注するかしないか，するならば何 (What) を，どの程度 (How much) するかを決める「外注計画」がある．次に「発注先選定」をし，そこで発注（契約）する．後は外注作業の終了までのフォロー，最後に受け入れ（検収）がある．

11.5　外注計画

　外注計画では外注するかどうかを決定し，外注するならば，いつ (When) までに，どれだけ

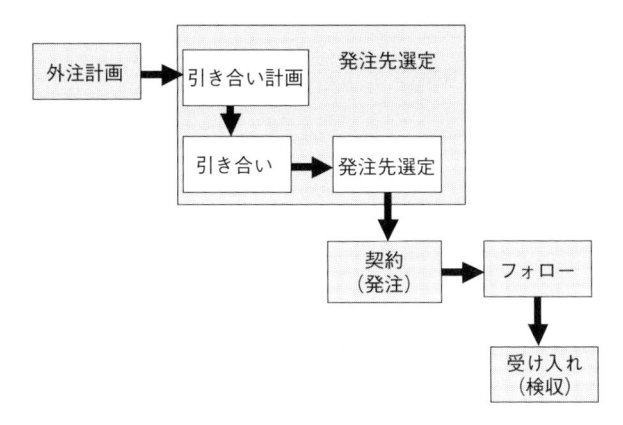

図 11.1 外注の流れ

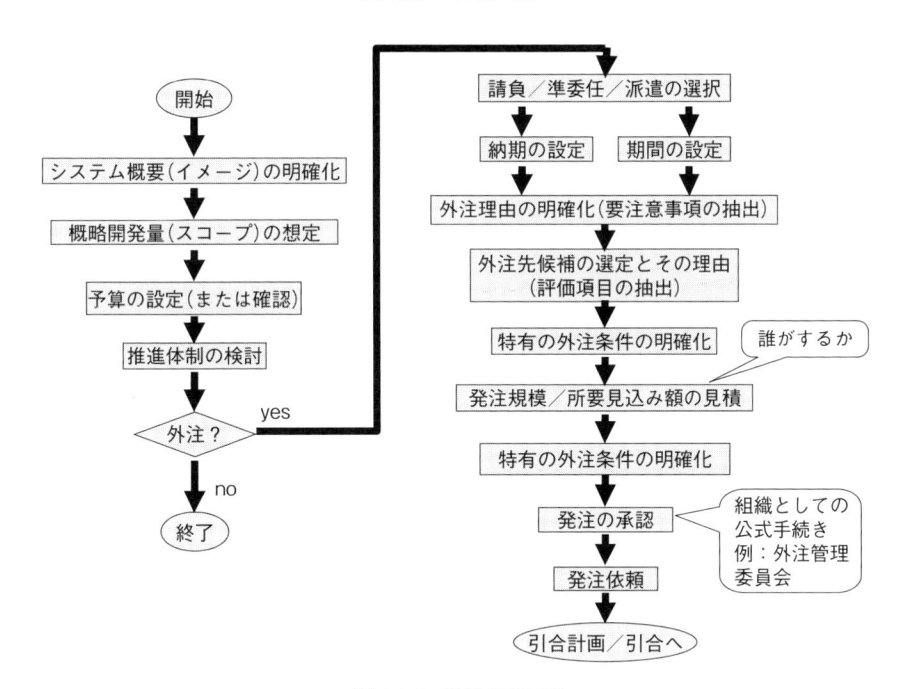

図 11.2 外注計画手順

(How much) 必要なのかを決定することである．すなわち内外製分析を行い，外注するかどうかを決め，次に契約形態を選択する．同時に外注の作業範囲の明確化を図る．図 11.2 [3] にシステム開発を例とした外注計画手順を示す．

　図において請負では納期，準委任と派遣では期間を設定する．「発注規模／所要見込み額の見積」は当然プロジェクトメンバがしなければならない．この見積をせずに，外注側から提案された見積額を「高い」とか「安い」とか言っているプロジェクトがあるが，空洞化現象の一つである．「発注可否の承認」は，母体部門としての承認である．単に人がいないとか，納期に間に合わないというだけでプロジェクトが安易に外注していたならば，その組織は何のために存在しているか分からなくなる．外注にあたっては，母体部門の組織目的や経営方針に合致して

いるかどうかを判断することが肝要である．

外注計画において以下の項目が明確になっているかを確認する．この確認はプロジェクト自体で実施することは当然であるが，母体部門としても確認することが必要である [5]．

① 外注するシステムやソフトウェアの使用目的は何か
外注により得られる効果は何か
② 外注する部分の仕様は現時点ではどの程度明確になっているか
確定部分と未確定部分は明確になっているか
未確定部分の確定予定は明確になっているか．それは外注のスケジュール上問題ないか
③ 外注するシステム／ソフトウェアに相当する市販プロダクトまたはフリーソフトはないか
あるとすればそれでも外注する理由は妥当か
④ 外注のための発注見積額は，プロジェクトに割り当てられた予算内か
発注見積額の見積精度は想定内と見てよいか
予算オーバーしている場合，または精度が想定内に入っていないと判断される場合，それに対する対応方針は明確か
⑤ 外注するシステムやソフトウェアの開発過程で，得られるノウハウは将来自組織で必要となる可能性はないか．必要な場合，そのノウハウの確保対策はあるか
⑥ 契約形態は妥当か
再委託の条件を確認しているか（再委託とは外注先が二次発注すること）
損害賠償条項は明確で妥当か
知的財産権（特許／著作権など）の帰属は明確になっているか
外注するシステムやソフトウェアの中に機密の内容や秘密資料の手渡しはないか
セキュリティ契約条項は具体的で充分か
⑦ 検収条件は決定しているか．また，決定内容は明確か
⑧ 発注先への要求納期は厳しいか
通常予想される期間の 0.75 [4] 以下になっているか
⑨ 外注先を決定した理由を整理して明確にしているか
外注先の選定基準はあるか
外注先は以前に大きなトラブルを起こしたことはないか

以上の確認などを踏まえ，計画は「外注計画書」としてまとめられる．

11.6 発注先の選定

11.6.1 発注先の選定手順

外注計画書ができたら，次に発注先の選定作業に入る．まず「引き合い計画」を立てる．引き合い計画では，引き合いに使う文書を準備することと，選定評価基準を作ることである．

引き合いで使用する文書で一般的に見られるのは提案依頼書 (RFP) である．その他必要に

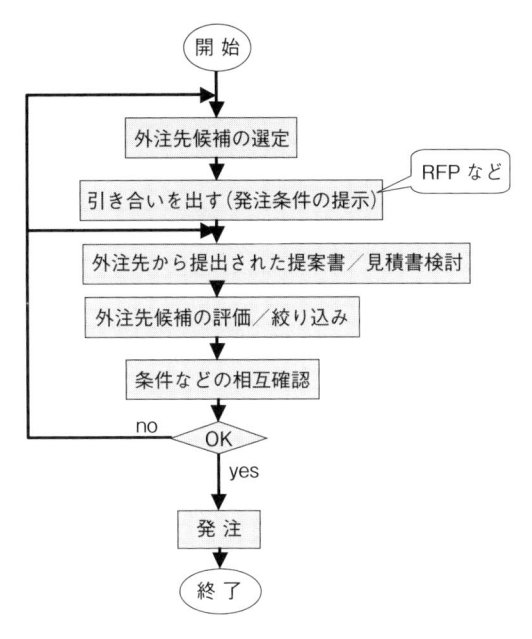

図 11.3 外注先の選定手順

応じて情報提供依頼書 (RFI)，入札招請書 (IFB)，見積依頼書 (RFQ) などがある．

評価基準は受け取った提案の中から発注するベンダーを選定するための基準である．内容としてはコスト（ベンダーから見れば価格），技術スキル，資金（調達）能力，マネジメントの仕組みと品質レベルなどがある．必要ならば足切り基準（提出された文書のみから判定してふるい落とす基準）も決めておく．

準備ができたら，ベンダーに対して引き合いを出す．引き合いの出し方は，色々あるが，最も一般的には，まず関係する情報網（ウエブサイト，新聞，専門誌など）を介して入札公告を出し，RFP が用意されていること，および入札説明会の開催をベンダーの候補に知らせる．説明会に集まったベンダーに対し，RFP などの説明をする．ベンダーは決められた期限までに提案書を作成し，提出する．提出された提案書を選定評価基準に従って，まず書類審査で足切りを行い，残ったベンダーから提案書を含めた，ベンダーの姿勢などの説明を受ける．その結果で最終的に発注先を決定する．

図 11.3 [3] に，外注先の候補をあらかじめ絞った後の選定手順の例を示す．

11.6.2 発注先選定のポイント

① 事前に発注先選定基準を設定しておくことが前提

- 基本的には必要とする外注先のイメージを明確にし，それをベースに設定する
- 選定基準に基づいて外注先の技術力／管理力／姿勢を評価，格付け
- これまでの外注先についての実績データの蓄積とそれに基づいた単価やマネジメント方針の決定．この方針はプロジェクト対応に設定するのではなく，母体組織として標

準を設定しておき，個々のプロジェクトの特性に応じて，テーラリングしたものを用いる

② 外注先の特性に基づく選定のポイント

- 専門技術か，開発請負か，派遣か？
- 会社の歴史
- 顧客（or発注者）の地元企業か
- 系列か，独立か？（機密保持／分担　機密保持には複数の企業へ発注　発注範囲／インターフェースの明確化と管理に要注意）

③ 外注先の能力レベル

- 経験はどの程度あるか（当該システム経験／他社への納入実績／専門分野経験）
- 技術レベル（一般技術者のレベル／専門分野技術／提案力）
- 規模（開発要員の確保状況）
- 経営管理レベル
  経営者の経営姿勢／経営状態の良否
  品質管理の実践状況／作業標準化の状況
  労使関係の良否，人材提供の柔軟性
- 要員の教育／人材育成体制
- ビジネスネットワーク
- CMMIレベル（一般的にはレベル3相当以上）

④ 価格（単価など）

⑤ 姿勢

- 提案書から見て，内容全体についてのイメージがあるか
- RFPに対する回答だけでなく，主体的，積極的な提案があるか
- ヒアリングにおいてRFPの内容を自分のものとして把握しているように見えるか

11.6.3　判断のキーポイント

　対象となる外注先企業が社会的に有名か，大きいかというような一般的指標はそれほど気にする必要はない．要は発注者がやってもらいたいことをきちんと，しかも気配りを持ってやってもらえるかどうかがポイントである．その基本は

- 発注側の要求に対する共感的姿勢
- 発注者が必要とする技術やノウハウを持っていること

である．その他

- ノウハウの流出防止／価格低減／将来性の観点からできれば複数会社を選定し，比較検討

する
- 社長または該当事業責任者，および実際の担当責任者とのじっくりした話し合いをする
- 主要メンバを派遣契約で試行的使用
- 資金繰りの実態把握

などを考慮して判断する．

11.7 契約（発注）

　発注先選定がされると，次に選定した外注先と契約することになる．これが発注行為である．ここでは，その際の契約について述べる．

　契約とは一定の法律的効果を発揮させる目的で相対する当事者の合意によって成立する法律行為（岩波国語辞典第六版）である．契約は当事者間の「申込」と「承諾」という「意思表示の合致」により成立する．契約が成立したことの証拠として契約書がある．

　契約書の種類としては基本契約書，個別契約書，覚書などがある．

　「基本契約書」は秘密保持，著作権の帰属や再委託の制限など，発注側と受注者の間における具体的案件のすべてに共通する事項について取り決めたものである．一般的には具体的取引をする前に両者の間で最初に取り交わす契約である．

　「個別契約書」は個別の具体的契約案件に関する取り決めである．発注仕様および発注条件が定められる．請負契約において契約条件に盛り込むべき事項の例を以下に挙げる．

- 発注仕様，対象作業範囲および具体的作業内容の明細
- 納品物の明細，納入期日，納入場所
- 納期
- 体制．発注側と外注先の役割（責任）分担
- 受け入れ検査および検収条件につき特に定める事項
- 作業スケジュール
- 契約金額および支払条件
- 外注先の作業実施場所，その他の作業環境に関する事項
- 作業方法／進捗報告・確認／情報連絡／協議方法
- 前提資料の特定
- 発注側が貸与および使用許諾する（提供する）情報，資料，機器，設備およびソフトウェアなどの明細
- その他特に必要な事項

覚書は個別契約についての補足事項である．

11.8 フォロー管理

11.8.1 フォロー管理とは [3]

　フォロー管理は発注してから納入／受け入れまでの間，問題がないかどうかをモニタリングし，リスクを検知し，必要ならば手を打つことである．派遣契約の場合は通常の作業では自組織プロジェクト内のメンバーとしてマネジメントすればよいが，請負契約の場合は外注管理としてのフォロー管理が必要である．

　契約の視点からは契約条件の変更管理が重要であり，変更管理がしっかりしていれば，後は発注先の問題である．しかしソフトウェアやシステムの外注で，発注側が契約条件の変更のみを管理しただけで，納期の日に所定の成果物が納入されることは滅多にない．また予定通りに，成果物が納品されなかった場合の実質的リスクは発注側の方が大きい．したがってこのフォロー管理は極めて重要である．

11.8.2 フォロー管理における全般的留意事項

　フォロー管理において一般的に留意しなければならに事項について以下に挙げる．

① プロジェクトの中で外注に対する窓口責任者を決める．外注先との取り決め事項の変更などは全て窓口責任者を通す
② プロジェクトメンバーに，契約書（条件書など含む）内容の周知徹底を図ること
③ 発注先に対して「礼」を尽くすこと．約束を守ること
④ 発注先のシステム／ソフトウェア開発体制，および技術力を把握し，発注条件通りに遂行できるか総合的に見極める．特に発注仕様の全体に対して責任を持って対応できるリーダーがいることをできるだけ早く確認すること
⑤ 発注先の作業状態の評価を行い，特性に応じたフォローを行う．評価ポイントとしては作業実績および，それから見られる体制，技術力，開発方法，品質管理，ドキュメントなどである
⑥ 発注先からの報告は現況，問題点，対策，見通しを主とし，責任の所在を明確にしつつ，収束方向に進める
⑦ ペンディング事項は常に把握できている状態にする
⑧ 発注先の窓口責任者への指示が外注先企業の関係者全員に徹底しているかどうか，担当者の行動や成果物から把握する．発注先担当者の顔を覚えておく
⑨ 問題点を指摘しても，それが相当期間経っても改善されない場合には引き取り処置（契約キャンセル）を検討する．これは瞬間的には発注側にとってメリットはない．しかし長期的に見て体質の引き締めに効果があることと，大規模プロジェクトなどの場合に他の外注先などにいい意味での影響がある

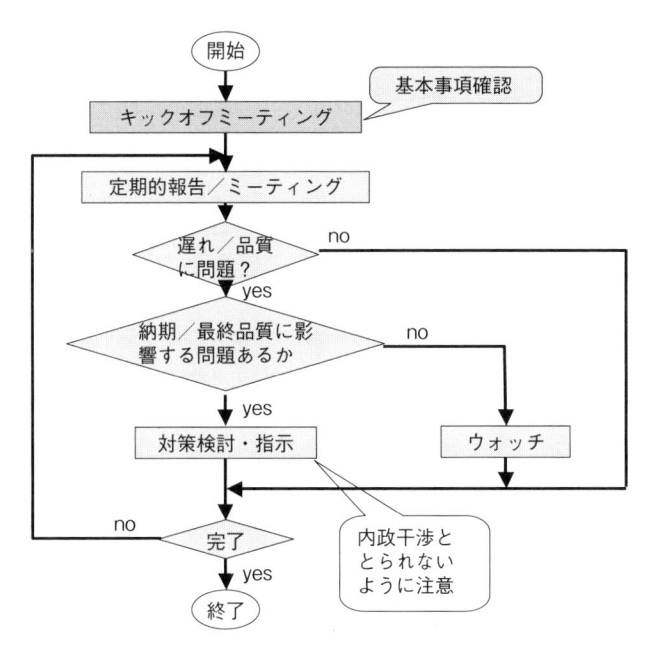

図 11.4 外注進捗管理の流れ

11.8.3 進捗管理面から見たフォロー

図 11.4 に外注の進捗管理の流れを示す．この流れで，最初のキックオフミーティングが重要である．このミーティングは外注先との間で契約後，作業を始めるときの最初の打ち合わせである．このミーティングで基本事項の確認を行う．確認事項は

① 作業の引継ぎに伴う発注条件／発注仕様書のレビューを実施することを決める．発注条件，発注仕様は発注側，外注先の間で共通認識しなければならない最も重要なものである．この認識がずれていた場合，以降の作業をどんなに正確にやっても誤った成果しか出ない．最も悲劇的なことは誤ったことに対して正確に作業をすることである．ただしレビューミーティングの開催を慌ててやることはせずに，外注先に事前に確認する時間を充分に与える．その結果を提示してもらいながらレビューをする．この確認結果で外注先の総合的実力がほぼ推定できるというメリットもある．

② 以下の事項の確認

・外注先の設計，製作，テスト，および納入時品質の考え方
・外注先の品質管理体制，品質評価体制
・外注先のプロジェクト計画書の内容確認

③ 以下の事項の決定

・進捗管理の方法（マイルストーン計画／報告内容・連絡・督促の方法／進捗評価基準）
・各種作業標準類，帳票様式類

・進捗管理，品質管理に用いるツール類
・変更管理のルール

外注先が複数の場合は特にプロジェクトとして統一する（標準化）ことが重要である．

キックオフミーティング後は決められた方法でフォローを行う．フォローは定期的に行う．例えば毎週月曜日 am 9.00 と決めたら，その通りに実施する．これは第9章（実行管理）でも述べたが，作業のリズムになるのでふらついてはいけない．またこの時の進捗評価は成果物および具体的作業の明確な終了基準に基づいて行う．「大体終わりました」などという口頭報告で進捗判断をしてはならない．その結果に基づき，進捗状況を数値的に評価し，以後の見通しを立てる．進捗に遅れが大きくなった場合，必要ならば追求する項目をより実態に即した形で細分化し，ビジュアルに管理できるようにすることも考えられる．

また外注先から問題点を提示されたり，要求されたことには速やかに対応し，進捗を停滞させたりしないことも進捗を守らせるために留意しておかなければならないことである．外注先に対して「礼」を尽くすことのひとつの具体的例である．また問題が多かったり，その解決が難しい場合は，優先付けを行い，期限，担当を設定して確実にフォローするようにする．

進捗フォローにおいて必ず出てくるのは「遅れる」という事象である．極端な場合は最終納期の遅れになるが，そこに至る前に手を打つことを心がけなければならない．そのためには遅れの要因を見つけなければならない．具体的要因は個々のプロジェクトで異なる．しかし，その中に一般的に現れる事象を挙げてみる．

発注者側の要因としてはまず「発注仕様書の不備」が挙げられる．遅延したプロジェクトでこれが挙げられないことはないといってよい．キックオフミーティングで述べたレビューはこの影響をできるだけ少なくするためである．次に「発注仕様の変更」である．それから「納期設定上の不手際」がある．これはプロジェクトと各外注先との間でスケジュールの整合性が取れていないために，外注先が作業を開始する日になっても先行すべき作業が終了しないスケジュールになっていることなどがこの例である．特にプロジェクト側で準備すべきことについてのスケジュールと外注先作業のスケジュールで齟齬をきたす例が多い．

「外注先能力の把握不足」もある．これは外注先の問題のように見えるがそうではない．「外注先の能力不足」は外注先の問題であるが，それの「把握不足」のために不適当なところに発注してしまい，しかも外注先にまかせっきりにしておいて，結果として遅れるのは発注側自身の（法律的責任とは別に実質のリスク対策として）問題である．

最後に外注して「何を管理すべきかがわかっていない」という大きな問題がある．この場合外注管理がわかっていないだけでなく，より全体の問題としてプロジェクトマネジメントがわかっていないことが多い．

外注先の要因としてはまず「能力以上の受注」が挙げられる．これはソフトビジネスが人工で価格が決められることが多いため，どうしても作業時間を多くするような受注をするからである．またそれに絡んで「見積の不備または誤り」がある．過小見積，見積の抜けのため，用意した体制と本来必要な体制に差が出てしまうことである．また「新規受注による技術上／業務上／発注企業に対する不慣れ」がある．

外注先での最も大きな遅れの要因は「貧困なプロジェクトマネジメント」である．すなわち「プロジェクトマネジメント意識がない」とか「プロジェクトマネジメント意識だけで何をすべきか具体的にわかっていない」とか「プロジェクトマネジメントの形式はあるが具体的中身がない」とかである．プロジェクトマネジメントがしっかりしていれば，他の要因については，そのマネジメントする中で，ある程度対応できているはずである．

両者の要因としてはただ一つ「コミュニケーションの不足／齟齬」が挙げられる．これがそれぞれの要因を，より大きくしている．コミュニケーションがよければ一方の問題は他方でもわかるし，お互いに協力して対応することもできる．

11.8.4　品質管理面から見たフォロー

(1) 一般的留意事項

一般的に外注を活用しながら高品質の成果物を得るためには，まず外注先に発注側の意図を明確に伝えることが重要である．まず明確な発注仕様・発注条件，特に要求品質を提示することである．そしてこの内容を外注先が理解したことを確認する．次に作業標準などの設定と徹底を図る．これはコミュニケーションの齟齬を防止するためである．

外注先の作業スケジュールの中で予定されたレビュー（審査）へ参加し，品質のレベルを把握することは有効である．この場合，自プロジェクトで確認ができない（参加できない／確認するスキルがない）場合，必要ならば外部専門家を活用することも考えられる．ただしレビューをする視点，チェックポイントをはっきりさせておく必要がある．単に心配だからレビューに参加するということは外注先の作業をディスターブしているだけになりかねない．

レビューにおいては（中間）成果物の中で最初にできたものを徹底的に確認し，そこで検出された問題点・改善点をフィードバックし，以降の作業の品質向上に反映させる．

(2) 外注先に対するチェックポイント

外注先に対するチェックポイントとしては次の点を確認する．

① 品質に対する考え方，特にバグに対する考え方
　　ソフトウェアにバグがあるのは仕方がないと思っている外注先の品質は低い
② 品質向上に対する実質的取り組み
③ テストに対する考え方
　　テストの組み立て方および設計時点でのテストに対する考慮
④ レビュー／照査／検認に対する考え方

(3) 発注仕様

発注仕様が曖昧であれば，外注先にその判断を任せることになり，結果として「瑕疵」の認定が非常に困難になる．したがってシステム開発プロジェクトなどにおいて要求が曖昧なまま発注せざるを得ない時は，無理に一括して請負発注せずに仕様確定作業と確定後の開発作業に分ける．例えば要求定義（場合により基本設計までを含む）段階までとそれ以降を切り離して発注する．そして要求定義（／基本設計）のレビューを納得できる（主観的には完璧と思われ

る）まで行い，以降の作業について再見積を行った上で，別契約で発注する．契約形態の例としては要求定義／基本設計は準委任（または派遣），詳細設計／開発は請負とする．

　次に発注仕様を外注先が理解しているかどうかを確認する．そのひとつがキックオフミーティングの後のレビューである．しかしそれだけではなく彼らの成果物をチェックすることにより，その理解が，正確かどうかがわかる．すなわち外注先の第一段階の成果物が発注仕様または指定基準に従っているかを実際にチェックし，その出来具合を評価する．最初の成果物の中で，特に複雑で理解しにくいと思われる発注仕様に関連する成果物をチェックすることが有効である．この確認で問題ある場合は次の工程へ進まず徹底して改善対策を実施する．

　また指示，変更がある場合は，文書化して外注先の窓口責任者を通すことを徹底する．個々の担当者同士だけが認識し，プロジェクトとしては知らなかったというような事態があったら，品質は確実に悪くなるし，その改善は非常に困難になる．また仕様変更については，工程，原価の見通しを整理した上で，手戻りを最小限にするようタイミングよく出すことが肝要である．

(4) 外注先の作業品質

　ここでは発注条件，発注仕様通りに作業がされているかどうかを確認することである．この確認は早いほどよい．

　各作業工程における成果物は工程の完了時点で評価するだけでなく，早めにその品質状態をフォローする．例えば何本かのプログラムを作成する場合，スケジュール上最初にできるプログラムのプログラム仕様，コード，単体テスト計画・成績をチェックし，その結果に基づいて以降のフォローのレベルなどを決める．また単体テストを実施する前にコード，単体テスト計画（特にテスト項目の網羅性）のチェックをし，その結果で品質を推定し，必要ならば対策を講ずるなどである．

　また定量化ができる場合，各作業工程における管理目標値を設定し，各工程の進捗段階でその目標値をフォローすることも有効である．目標値の例としては不良率（不良件数／開発量，レビュー指摘件数／ページ数，不良件数／試験項目数）がある．

　この結果，あらかじめ品質が悪いと推定される場合は実質のフォロー頻度を増やす．ただし頻度を増やす場合の考え方や方針を明確化することは必要である．また外注側作業について中間検査，例えば受注側最終テスト（システムテストなど）においてテスト実施の中間段階で状況確認すること，および受入れ時の検査方法を見直すことも考えられる．

11.9　受け入れ管理 [3]

　外注先が約束した作業を終了し，成果物を納入してきた時に「受け入れ」作業がある．受け入れ管理には納入時点における「受け入れ検査」とその後の管理，すなわち「受け入れ後の管理」がある．ここでは受け入れの考え方，および受け入れ検査と受け入れ後の管理について述べる．

11.9.1　受け入れの考え方

　受け入れ作業は取引上「検収」と呼ばれる．検収とは納入された成果物を契約で定められた

条件（仕様／品質／数量など）に合っていることを確かめた上で，受け取ることである．外注先から見るとシステム開発における検収とは契約で定めた全ての工程が完了し，発注側に対して「契約通りのシステムを納入したこと」を意味する．その意味で検収は契約上の分岐点であり，外注先から発注側へ責任が移る．

また受け入れ時，成果物をきちんとチェックし，受け入れ後それをわかる形で管理することは外注によるシステムやソフトウェア開発の効率化を計りながら，以後そのコントロールを自分のところに保持し，技術／ノウハウの蓄積とレベルアップをするため非常に重要である．

11.9.2 受け入れ検査

受け入れ検査は「組織の空洞化」を防止する最後の歯止めである．いざというときに過去の財産（納入された成果物およびそれに伴うノウハウ）を利用できるかどうかは受け入れ時の納入物件をどのように整理し，確認して受け入れるかによる．

受け入れ検査条件はあらかじめ契約書（または検査基準書など）の中で明確にしておくことが必要である．

検査の種類としては直接検査（動作確認検査）と間接検査（物件確認）がある．

システム開発を発注した場合の直接検査のポイントとして以下の例がある．

- システムテスト計画書（要領書）はあるか／内容は妥当か
- システム機能を満足していることを確認したか
- システム運用の流れが一貫していることを確認したか
- ユーザーインターフェースが常識的にみて悪くないことを確認したか
- システムの開始／終了処理が確実に動くことを確認したか
- 異常処理の代表例を確認したか
- 確認しなかった異常処理について受注者の最終テストのテスト成績を確認したか
- ハードウェア障害時の処理，回復機能を確認したか
- 処理時間性能（応答時間，バッチ処理時間，回復切り替え所要時間など）を確認したか
- 過負荷入力時の処理および処理時間性能を確認したか
- 例外入力時の処理および処理時間性能を確認したか
- 直接検査（動作確認テスト）で発生した障害件数は？
- 障害件数は開発量／開発期間に比較して多いか
- 障害の原因区分に何が多いか（仕様，プログラム，データ，準備，操作など）
- 障害にシステムの構造上致命的なものはないか
- 障害にシステム仕様の曖昧さから来る結論の分かれるものはないか
- 障害に対する外注先の対応のスピードと確実性は？

ただし受け入れ時の直接検査のみでは必ずしも品質の判定ができない場合があるので，外注先における開発過程の品質管理状況を確認することも重要である．

間接検査（成果物の形式確認）のポイントとして以下の例がある．

- 成果物のドキュメント体系は指定通りか
- ドキュメント（成果物）リストに抜けはないか
- ドキュメントリストとモジュール（プログラム／データ）リストの間で整合性はとれているか
- モジュール（プログラム／データ）リストはソフトウェア構造と一致しているか
- ドキュメントリストに記載してあるもの全てが揃っているか
- ドキュメントの整合性をチェックしたか（各仕様書間，仕様書／テスト計画書／テスト成績書間）
- 各ドキュメントが発注仕様を満足していることをレビューなどにより既にチェックしているか．そうでないとしたら今回全部チェックしたか．そうでないとしたら，チェックしないでもよい根拠は明確で妥当か

　外注先におけるドキュメントなどの成果物の作成過程，管理状況も確認しておくと，品質レベルの推定に有効である．

　直接検査と間接検査をいかに組み合わせて受け入れ検査をするかが検査水準である．検査水準を決めるのは発注物件の規模や難易度，外注先の実績である．

　検査した結果の合格／不合格の決定条件および不合格の場合の処置（実際はペナルティ事項）はあらかじめ明確にしておかなければならない．

11.9.3　受け入れ後の管理

　検収した後の管理が「受け入れ後の管理」である．ここでは保守体制の確認と受け入れ後の品質追跡管理がある．

(1) 保守体制の確認

　保守体制としては発注側，外注先双方の体制確認が必要である．外注先の体制としては契約条件で決めた受け入れ後のアフターフォロー，特に障害が発生した時の対応ができる体制になっているかどうかを確認することである．また契約とは別に外注先の品質管理，納入した製品やシステムに対する責任と顧客に対する基本的な考え方がどうであるかも重要である．これらについての外注先の実情を把握しておくと同時に，それぞれのレベルに応じて発注側としての対応を決定しておいた方がよい．

　発注側が基本的に整備しておかなければならない体制として，納入された成果物の管理体制がある．この体制はプロジェクト単独ではなく母体組織として整備しておく必要がある．

(2) 受け入れ後の品質追跡管理

　受け入れた製品やシステムの品質を常時把握し，必要な場合に手を打っていくことは，その製品やシステムを有効に活用していくうえで重要である．

　品質の追跡管理としては，まず品質情報の収集がある．稼動しているシステムやソフトウェアの障害がどのくらいあるか，また，その発生傾向はどのようになっているか，処置の対応状況はどうかなどを把握し，現在の対応で現実に問題がないかどうかを判断して，必要な場合に

は手を打てるようにすることである．

また，障害の内容を分析することも重要である．すなわちコードミス，データミス，オペレーションミス，仕様と現実の不一致，性能問題などに原因を分類し，それらの傾向からシステムの改善方向を探すとか，自組織の品質管理の改善，外注先に対する今後の改善指導に活用する．

11.10 外注先の評価 [3]

単一プロジェクトのみを考えた場合には，その必要性は少ないが，長い目で外注先を有効に活用しようとする場合には，外注先に関する実績評価などのデータの蓄積とその活用が必要である．

(1) 評価の必要性

外注先評価の目的は，外注先との間で適正な取引をするためにある．外注先のきちんとした評価ができなければ，現在の取引が適正かどうかを判断することはできない．適正な取引を行うためには，外注先が提示してくるものが市場のレベルや他の外注先企業と比較して妥当なものであるかどうかということと，約束したことを守れる企業かどうかを評価できなければならない．そしてこれらの評価を通じて安価で良質な成果物を取得できるようにすることである．

取引実績のある企業の評価を通じて優良企業を発掘し，協力企業として認定登録し，積極的な活用を図る．また評価結果から，必要な場合には外注先に対する指導も考えられる．

評価ポイントとしては以下のようなものが考えられる．

① 外注先の総合信頼性，計画と実績の差異分析
② ソフトウェア品質実績による評価，保守性
　　・受け入れ時のバグ収束率，外注先最終テストのバグ成長曲線から判断
　　・受け入れ後のバグ発生率，受け入れ検査／システムテスト／運用テスト／システム運用時
　　・バグ原因の分析
　　・バグ発生後の対応の迅速性
③ 全体対応能力，最大動員能力／質的要員動員能力
④ 品質管理体制，作業標準のレベル
　　納入された成果物が不良であるからといって取り換えがきくものではないからこそ，開発工程を管理し，検査を実施する体制（独立した部門が望ましい）が重要な役割を果たす
⑤ 実質的生産性（データの収集／蓄積），平均／偏差
　　開発範囲，効率の指標（FP／LOCなど），ソフトウェアの種類，ソフトウェアの難易度　新規／改造／流用／プロダクトの利用，使用言語，採用している開発プロセスなどの情報を整理し，実質の生産性を把握する
⑥ 外注先の方針および風土
　　・経営者の品質向上意欲
　　・品質管理に対する取り組み状況

- 自社ソフトウェアに対する責任の負い方
- 利益と品質に関するバランス感覚
- 社員の教育方針およびその実績

11.11 外注管理における基本的留意事項 [6]

最後に外注管理において留意しておかなければならない基本的なことについていくつかの項目を挙げる．

① 外注先との作業方式を明確に設定しておき，それを徹底してフォローすること
② 自組織要員に対して，取りまとめ主体であることの意識教育と管理教育
③ 契約の意識の徹底
④ 優秀な外注先に対する運命共同体意識の醸成
⑤ 空洞化の防止
- 技術の流出および空洞化の防止に心掛け，安易に丸投げ外注をしないこと
- 負荷調整および納期対策を理由に安易に外注しないこと
- 外注先に全ての責任を押し付けないこと
  プロジェクトを円滑に運営する責任の所在は，まず発注する側のプロジェクト担当部門そのものにあることを銘記すること．現状で最も留意しなければならないこと
⑥ 外注管理に関する自組織の諸規定および諸関連法規の周知，遵守に努めること．これはトラブルが発生した時，そのトラブルの影響範囲を拡大しないためである．関連法規には民法，商法，労働者派遣法，労働基準法，労働安全衛生法，職業安定法，不正競争防止法，刑法，著作権法，特許法，下請け代金支払い遅延防止法，税法，個人情報保護法，J-SOX法などがある．
⑦ 知的所有権およびセキュリティに留意すること
⑧ 採算性を十分勘案の上，外注すること
⑨ 購買部門（または相当する外注管理部門）以外の部門で勝手に外注先と口頭または文書で契約をしてはならない

―― 演習問題 ――――――――――――――――――――――――――――――――

設問1　契約において以下の中で正しくないものは何か

　　　　a　準委任契約においては受注側に「完成責任」と「瑕疵担保責任」がある
　　　　b　請負契約においては，特に契約で定めない限り，成果物に対しての著作権は受注側にある
　　　　c　派遣契約においても発注側は，決められた人以外は，派遣された要員に指示することはできない
　　　　d　派遣契約においては派遣要員からの苦情などの提示があった場合，その対処責任は発注側にもある

設問2　一般的に外注において契約後，作業するにあたってキックオフミーティングを行うが，このミーティングにおいて確認すべき事項，決定すべき事項をそれぞれ2つ以上挙げよ

―――――――――――――――――――――――――――――――――――――――

参考文献

[1] 『プロジェクトマネジメント知識体系ガイド・公式版（PMBOKガイド第4版）』PMI，2008
[2] 花田収悦：『ソフトウエアの計画と管理–日科技連ソフトウエア品質管理シリーズ第5巻–』日科技連出版社，1987
[3] 髙根宏士：『ITプロジェクトにおけるソフトウエア外注管理』ソフト・リサーチ・センター，2006
[4] Steve McConnell：*RAPID DEVELOPMENT*, Microsoft Press, 1996. 邦訳，日立インフォーメーションアカデミー：『ラピッドデベロップメント』アスキー
[5] 髙根宏士：「外注におけるリスクマネジメント」プロジェクトマネジメント学会誌，Vol.6, No.4，2004
[6] 髙根宏士：「ITビジネスにおける外注管理 〜 課題と留意点」プロジェクトマネジメント学会誌，Vol.4, No.2，2002

第12章
プロジェクトの組織的マネジメント

□ 学習のポイント

　これまでのプロジェクトマネジメントでは，母体組織全体として見た単一プロジェクトの成否にバラツキが発生するなどの問題がある．本章では複数のプロジェクトを抱える母体組織の単一プロジェクト横断的なプロジェクトの組織的マネジメントの必要性と考え方，組織的マネジメントの実現に向けた戦略・統制とプロジェクト支援基盤構築の取り組み方法などについて解説する．

- プロジェクトの組織的なマネジメントの必要性について理解する．
- 組織的なマネジメントのフレームワークについて理解する．
- 組織的なマネジメントの取り組みについて理解する．
- 第三者によるプロジェクトの審査と監査について理解する．
- プロジェクトのグレード区分決定基準について理解する．
- 第三者によるプロジェクト審査の流れについて理解する．

□ キーワード

　プロジェクト組織的マネジメント，プロジェクト審査，プロジェクト監査，プロジェクト管理レベル，プロジェクトグレード区分決定基準，第三者審査

12.1　プロジェクト横断的な組織的マネジメントの必要性

　これまでのプロジェクトマネジメントは，どちらかと言えばプロジェクト立ち上げから完了までを対象としており，プロジェクト成立後にプロジェクト関係者による計画書の作成，実行のマネジメントが行われてきた．しかしプロジェクトの成立以前や完了後のトータルなライフサイクルをカバーしていないためにプロジェクトの成果の確実な獲得に向けた取組みが充分とはいえない．

　また，プロジェクトの成否がプロジェクトマネージャやメンバー個人の能力に過度に依存し，母体組織全体として見た単一プロジェクトの成否にバラツキが発生するなどの問題もある．

(1) 組織的マネジメント欠如のリスク

　以下に，母体組織が抱える複数の単一プロジェクト横断的な組織的マネジメントの欠如によって想定されるリスクを示す．

① プロジェクトと事業戦略との不整合

　　母体組織活動の全体最適化の視点を欠くことにより，単一プロジェクトの優先度誤りや類似プロジェクトによる重複投資などの無駄を引き起こす．

② 筋の悪いプロジェクトの成立

　　目標の妥当性判断を特定の関係者の主観に委ねるため，プロジェクトの客観的なポートフォリオ視点の欠如や目的適合性の不備からプロジェクトの形骸化を生む．

③ 非現実的な目標設定による破綻

　　目的は妥当でも実現性が低いと膨大な経済的，機会的な損失を生み破綻を招く．

④ 管理技術の蓄積・共有化が進まない

　　失敗した単一プロジェクトの情報はともすれば，責任回避から隠蔽されがちで，不適合事例の組織的な蓄積がなされず，再発防止策や恒久対策，プロジェクト活動の真の改善に向けた技術の蓄積や伝承が進まない．

⑤ 適用環境の不備

　　母体組織の組織風土の視点を欠くと，プロジェクト自体は無事に完了しても，特定の既得権益を有する母体組織関係者の離反により最終的な効果の獲得に至らない．

　　したがって母体組織全体として，複数の単一プロジェクトの品質や生産性向上を図るためには，これまでのプロジェクトマネジメントの取組みに加えて，母体組織が抱える複数の単一プロジェクト全体の品質を組織的に確保し，企業の経営戦略に沿ったプロジェクトの成果を確実に獲得するための組織的なマネジメントの枠組みを定着させることが極めて重要である．母体組織全体としてのプロジェクト活動品質の確保は，組織の持続的な成長・発展の前提になるものであり，今後，企業や組織の責任者は組織全体としてのプロジェクトの組織的マネジメントの視点を持つことが必須要件と考えられる．

(2) 組織的マネジメントがもたらす効果

① 不良プロジェクトの阻止が企業収益の改善や真の生産性向上につながる．
② 単一プロジェクト横断的なプロジェクト関連情報の共有による計画精度の向上
③ 失敗事例の組織的なノウハウの蓄積によるプロジェクト崩れの再発防止や管理技術の継続的な改善
④ 組織的なプロジェクト要員の育成

12.2　組織的マネジメントのフレームワーク

　第2章の図2.5が組織の抱える複数の単一プロジェクトを組織的にマネジメントするためのフレームワークである．プロジェクト指向型企業ではこのフレームワークに基づき，第3章で解説したプロジェクト戦略と統制，プロジェクト支援基盤の整備・強化など，総合的な施策を戦略的に進めて行く必要がある．

12.2.1 プロジェクトの戦略と統制

第2章の図2.5に示すプロジェクトマネジメントの制約に対応して，企業が抱えるプロジェクト活動全体の戦略立案および統制機能を整備する．

(1) プロジェクトの戦略機能

第3章，プロジェクト戦略マネジメントで述べた，企業の経営戦略や事業戦略と整合するプロジェクト活動全体の戦略，中長期計画，年度計画や入力資源計画（要員計画，資金計画）機能などである．

(2) プロジェクトの統制機能

第4章，4.1節，プロジェクト品質マネジメントの定義で説明した「源流管理」の原則に基づき

① プロジェクト成立段階におけるプロジェクト目標の経営戦略との整合性や妥当性，実現性の審査．プロジェクトポートフォリオを明確化しプロジェクト企画段階で，その有効性とリスクを見極める機能や重点プロジェクトの企画書，計画書の審査機能など
② 重点管理対象プロジェクトのグレード区分決定基準，計画書の審査や実行監査，審査や監査のチェックリスト，プロジェクト実行管理・運営や報告ルール，機密情報の管理，プロジェクト企画書や計画書，報告書など各種プロジェクト関連文書の記述様式の整備
③ プロジェクト開始前の目標設定に際して，実績値を把握する機能
④ プロジェクトの実行および完了時点のプロジェクト監査と不適合の是正機能
⑤ プロジェクト完了後，プロジェクトの結果とプロジェクト開始前の実績値の相対的な差異を分析・評価・判定する機能
⑥ プロジェクト完了後，一定期間経過後にプロジェクトの最終目標に対する達成度を目標設定で使用した評価指標に基づいて監視し，是正あるいは次の計画に反映する機能など

12.2.2 プロジェクトの支援基盤

企業が抱える複数の単一プロジェクトの実行を支援する母体組織全体としての共通基盤であり，以下の機能が必要である．

① 入力資源の質・量の供給・補填機能
  単一プロジェクトに必要な入力資源の確保を支援する機能で，資材の調達およびプロジェクト要員の確保を目的とした採用・育成機能など
② 単一プロジェクトを支援する情報システム基盤の整備と，システムによるプロジェクト関連情報の提供
③ プロジェクトの品質を評価し，確保するための標準的なプロジェクト品質測定法や評価指標 (KPI) の提供
④ プロジェクトの成果，工数や見積，支払いなどの実績データ，失敗や成功事例，ノウハウ，ノウフーなどのデータを蓄積し単一プロジェクトの見積や計画立案の支援に向けて必要情

報を提供する機能など．

12.3　組織的マネジメントの取り組み

(1) 単一プロジェクト横断的な組織全体の最適化

　図 12.1 は企業が複数の単一プロジェクト活動を全体最適化するために実施するマネジメントの概念である．

　単一プロジェクトの起案者から個別に申請されるプロジェクト企画書を母体組織の審査部門が審査し，単一プロジェクト立上げの必要性を見極める．類似した目標を持ち，プロジェクトを分けて実施する必然性の無い単一プロジェクトはできるだけ標準化，共通化，集約して重複投資を極力回避し，企業全体としてのプロジェクト活動の全体最適化を図る．

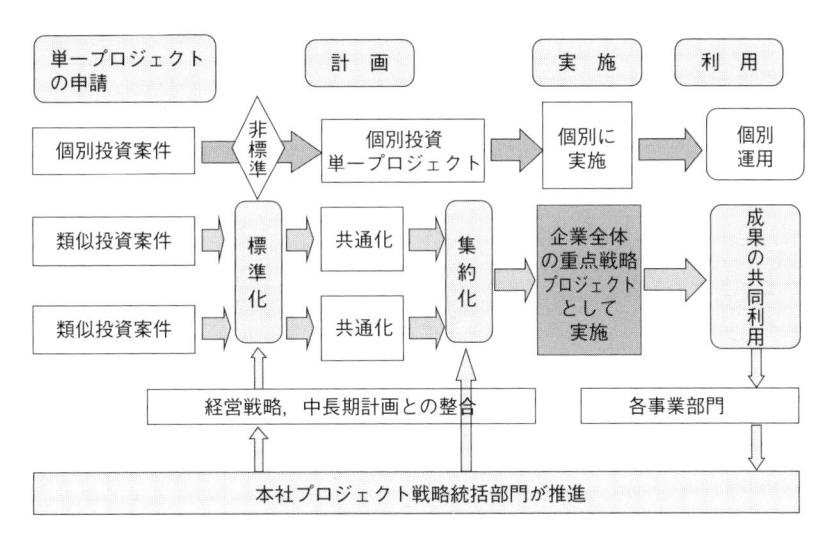

図 12.1　単一プロジェクトの母体組織全体最適化のプロセス

(2) 単一プロジェクト起案の適正化

　図 12.2 は企業のプロジェクト戦略実現に向けたプロジェクト起案の流れである．

　単一プロジェクト企画書は企業の経営戦略や中期経営計画，事業戦略，新規投資計画，プロジェクト戦略やプロジェクト実施ガイドラインとの整合性をとって起案する必要がある．そのためには企業は第 2 章で解説したプロジェクト戦略やプロジェクト実施ガイドラインの整備を進めておく必要がある．

(3) 単一プロジェクト横断的な投資活動の全体適正化

　図 12.3 は企業全体の投資活動の適正化に向けた単一プロジェクトの審査と統制の流れである．

　各部門から起案された単一プロジェクト企画書を企業全体のプロジェクト戦略，プロジェクト実施ガイドラインに基づいて審査し，その中で企業全体として戦略的に取り組むべき共通的な重点テーマと単一プロジェクトで取り組むべき個別テーマに仕分けする．単一プロジェクト

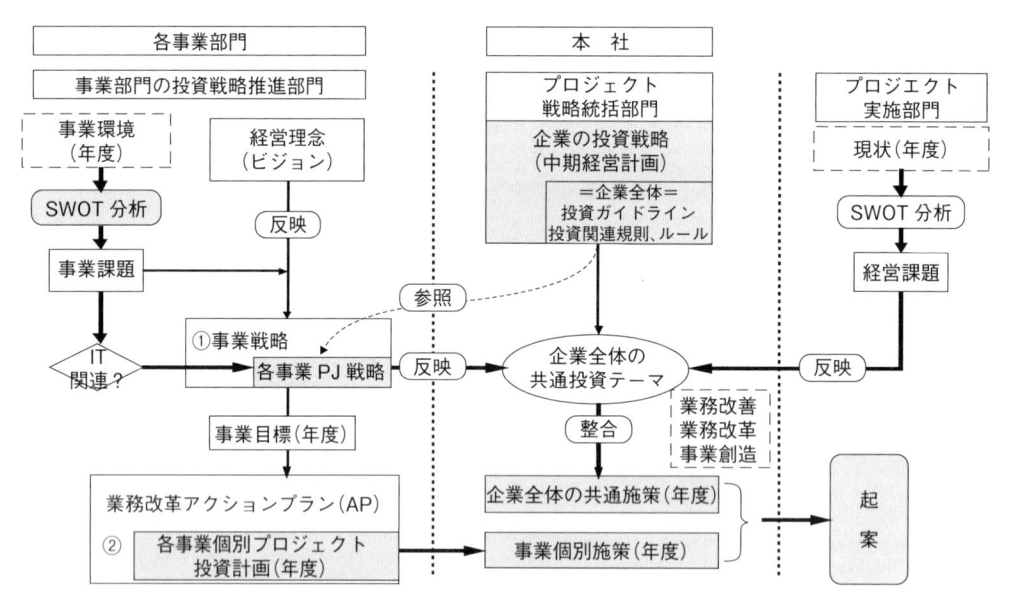

図 12.2 プロジェクト起案のプロセスの例

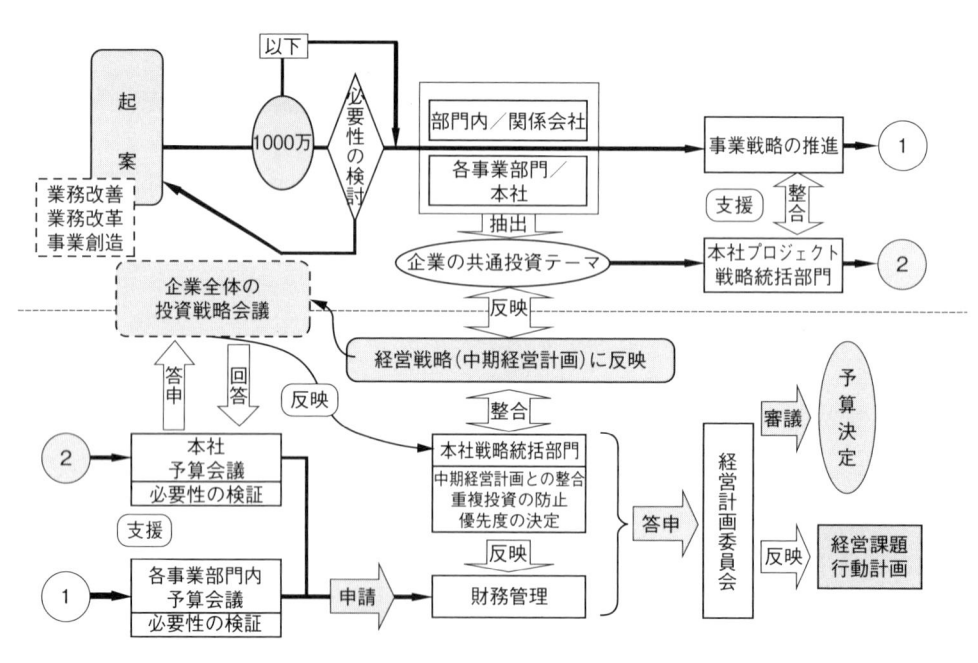

図 12.3 企業全体の投資活動最適化のプロセスの例

として起案されたテーマであっても審査の結果，他の類似した目的を有する単一プロジェクトと共に企業全体として取り組むべき共通テーマは企業全体の経営戦略（中期経営計画）に反映する．一方，審査の結果，個別に実施することが承認された単一プロジェクトの予算は各部門の投資計画に反映する．

12.4 プロジェクトの審査と実行監査

プロジェクト審査責任者は，母体組織が抱える複数の単一プロジェクト全体の品質・コスト・納期の確保および生産性の向上，投資リスクの低減を図るため，特に重要と認められた（グレード区分A）プロジェクトの立上げ前および完了後に審査を行う．また，必要と認められた場合には重点戦略プロジェクトの実行段階での監査を行う．

12.4.1 プロジェクト審査の対象と範囲

(1) 審査の対象

審査対象となるプロジェクトは，投資の規模，母体組織から見た経営戦略的な重要度，開発・導入技術の新規性，システムの規模，品質要求レベル，リスクの度合いなどの特性に基づいて，母体組織の責任者または権限を委譲された審査責任者がプロジェクトグレード区分（プロジェクトの管理レベル）を決定する（表12.1，プロジェクトグレード区分決定基準と審査範囲を参照）．

(2) 審査の対象文書

① プロジェクト事前審査
⇒ プロジェクト企画書および主要関連文書（例：見積仕様書／要求仕様書など）
② プロジェクト実行監査
⇒ プロジェクト計画書および主要関連文書（例：進捗管理表，障害管理リスト，実行予算管理表など）
③ プロジェクト完了審査
⇒ プロジェクト完了報告書および主要関連文書（例：企画書，計画書，見積仕様書／要求仕様書，検査成績書など）

(3) 審査チームの構成

⇒ 母体組織の審査責任者，プロジェクトの起案者，プロジェクトマネージャの候補者，関係するステークホルダーおよび審査に特に必要な専門家などで構成する．

母体組織の経営戦略の一環として，特に重要な戦略的プロジェクトの審査には，母体組織の責任者，担当役員なども参加する．

12.4.2 プロジェクトグレード区分決定基準

母体組織の責任者はプロジェクト活動の全体最適化に向けて，母体組織が抱える単一プロジェクトの重要度（管理レベル）を決定するためのプロジェクトグレード区分決定基準を明確化する．

また，プロジェクト起案者は母体組織で定めたプロジェクトグレード区分決定基準に基づいて，起案プロジェクトのグレード区分を設定し，母体組織責任者の承認を受ける．

12.4.3 プロジェクト審査および監査のプロセス

(1) プロジェクトの事前審査

表 12.1 プロジェクトグレード区分の決定基準と審査範囲の例

グレード区分	プロジェクトの特性	グレード区分決定の基準 下記，いずれかの条件が成立したとき	プロジェクト審査会議		
			開始	中間	完了
A	投資規模 システム規模 経営戦略性 技術戦略性 製品戦略性 販売戦略性 新規性 波及性 リスク 品質要求レベル	投資額／システムの規模が大きい（1億円以上）． プロジェクトの成否が経営戦略に大きく影響する． 開発されたシステムがIT戦略に大きく影響する． 導入する製品や要素技術の新規性が高い． プロジェクト成果の波及効果が大きい． プロジェクトの実行リスクが高い． 機能面，性能面での品質要求レベルが高い．	◎	◎	◎
B	投資規模 システム規模 リスク 品質要求レベル 実績の有無 特殊要件 体制	投資の規模／システムの規模が大きい（1000万円以上）． プロジェクトの実行リスクが大きい． 要求される品質要求のレベルが高い． 過去に導入実績が無い． 納期や体制，導入環境，価格面での特殊要件がある． プロジェクトの推進体制が自社，自部門に閉じない．	○	△	○
C	その他	上記に該当しない個別単一プロジェクト	△	△	△

定　義
◎：母体組織の責任者をまじえた審査会議の実施が必須
○：起案部門の責任者の指示に基づき審査会議を実施
△：審査会議の実施を省略できる

　母体組織の審査責任者はプロジェクト立上げ前にプロジェクト立上げの必要性を評価し，プロジェクトで発生が予想されるリスクを整理して，プロジェクト立上げの可否を判定する．
　また，立上げを承認したプロジェクトについては，企画書にリスク対策を盛り込む．
　以下の流れでプロジェクトの審査を行う．

① 単一プロジェクトの起案者はプロジェクト立上げ前にプロジェクト企画書を作成し，プロジェクトの目的，スコープ，責任体制，スケジュール，実現方法，予算などについて明確化する．また，プロジェクト実施による投資リスクを回避するための具体的な施策を盛り込む．
② プロジェクトの起案者は想定されるプロジェクトの重要度，優先度，リスクに応じたプロジェクトのグレード区分を設定して，審査責任者にプロジェクトの立上げを申請する（表12.1，プロジェクトのグレード区分決定基準と審査範囲を参照）．
③ 母体組織の審査責任者はプロジェクト立上げ前に，プロジェクトの起案者から申請されたプロジェクト企画書に基づきプロジェクトの事前審査を実施する．また，申請されたプロジェクトのグレード区分を決定し，プロジェクトの管理レベルを決定する．
④ プロジェクト審査はチェックリストに基づき，目的適合性・期待効果・妥当性・実現性の

視点から実施する．プロジェクトの成功を阻害する経済的，技術的リスクを含むあらゆるリスクを確認し，問題や課題を明確化する．

⑤ 母体組織の審査責任者は，プロジェクト企画書に目的適合性，実現性の視点から重大な問題が発見された場合には，プロジェクトの立上げを保留し，プロジェクト起案者に対して，プロジェクト企画書の見直しを指示する．

⑥ プロジェクト起案者は，プロジェクト審査で指摘されたプロジェクトの実行可否に関わる重大な指摘事項について，プロジェクト企画書の見直しを行い，再審査を依頼する．

⑦ プロジェクト審査組織は，プロジェクト企画書の妥当性が確認された後，プロジェクトの立上げを承認する．⇒ プロジェクト開始宣言の発令 ⇒ プロジェクト計画書の策定

(2) プロジェクト実行監査

母体組織の審査責任者は必要に応じてプロジェクト実行段階の監査対象プロジェクトを決定し，プロジェクトの実行監査を行う．プロジェクト実行監査ではプロジェクトの実施状況を評価し，プロジェクト実行段階で発生している問題や課題，リスクを明確化して，必要な場合には母体組織としての対策を実施する．

以下の流れで実行中のプロジェクトの監査を行う．

① プロジェクト立上げの承認を受けたプロジェクトの起案者は，プロジェクト審査組織から指摘された指摘事項について管理し，プロジェクト企画書に確実に反映して，確実に解決をフォローするとともに，類似プロジェクトの過去の不適合の再発防止に努める．また，重大な指摘事項について解決の目処が立たない場合には，プロジェクトの申請を取り下げる．

② プロジェクトマネージャはプロジェクト実施中，プロジェクトグレード区分に基づき，計画書に指定した様式，頻度で審査責任者に中間報告を実施する．

③ 監査責任者はプロジェクト実施中に必要と認める場合には，監査対象プロジェクトを決定し，プロジェクト実行監査を実施する．

④ 監査責任者はプロジェクト監査要領書に基づくプロジェクトの実行監査を行う．プロジェクト実行監査は，プロジェクトマネージャから提出されたプロジェクト中間報告書や計画書，関連する文書やメンバーのヒアリングに基づき実施する．

⑤ プロジェクト実行監査では，プロジェクトの進捗状況を確認し，問題や課題，リスクを明確化する．

⑥ プロジェクト実行監査の結果，プロジェクトの進捗に重大影響を及ぼす問題を発見した場合，監査責任者はプロジェクトマネージャおよび関係するステークホルダーに問題への対策，是正を指示する．

⑦ プロジェクトマネージャは，プロジェクト実行監査で指摘された重大な指摘事項について，その原因を究明し対策を立案する．

⑧ プロジェクトマネージャは，プロジェクト監査チームから指摘された指摘事項について，問題や課題の解決，リスク対策に基づく是正を図る．

⑨ プロジェクト監査チームがプロジェクト実行監査の結果，プロジェクト内部の体制では対応できない問題を検出した場合には，プロジェクトマネージャを含む母体組織のステーク

ホルダーと共に対策を立案し，実行する．

(3) プロジェクト完了審査

母体組織の審査責任者はプロジェクト完了報告書に基づき，プロジェクトの成否を評価し，プロジェクトの終了可否を判定する．終了が認められたプロジェクトについては，プロジェクト実行段階で発生した問題や課題，リスクを整理し記録するとともに，反省点や不適合の再発防止策を次期プロジェクトの再発防止に向けて，蓄積する．

以下の流れでプロジェクト完了の審査を行う．

① プロジェクトマネージャはプロジェクト完了後，すみやかにプロジェクト完了報告書を作成し，プロジェクト計画書に記述された目的，スコープ，責任体制，スケジュール，実現方法，予算などの実績について明確化する．また，プロジェクト実施過程で発生した問題点や課題，解決のための具体的な施策を記録する．
② 母体組織の審査責任者は，プロジェクトマネージャから提出されたプロジェクト完了報告書に基づき，プロジェクトのグレード区分に応じたプロジェクト完了審査を行う（表12.1，プロジェクトのグレード区分決定基準と審査範囲を参照）．
③ プロジェクト完了審査では，プロジェクトの成否を経済的・技術的な視点から評価し，問題点や課題を明確化する．
④ 母体組織の審査責任者はプロジェクトグレード区分に基づき，プロジェクト完了報告書の審査を実施し，プロジェクトの終結可否を判定する．
⑤ プロジェクト完了審査の結果，プロジェクト計画の達成に反する重大な問題が発見された場合には，プロジェクトの終結を保留し，プロジェクトマネージャに対して，プロジェクト完了時期の見直しを指示する．
⑥ プロジェクトマネージャは，プロジェクト完了審査で指摘されたプロジェクト終結の可否に関わる重大な指摘事項について，プロジェクトの見直しを行い，再審査を依頼する．
⑦ プロジェクトマネージャは審査組織から指摘されたな指摘事項について，プロジェクト完了報告書に確実に反映するとともに解決をフォローする．また，重大な指摘事項について解決の目処が立たない場合には，プロジェクトの完了申請を取り下げ，プロジェクト計画書を見直して，プロジェクトを継続する．
⑧ プロジェクト審査組織はプロジェクト完了報告書の妥当性が確認された後，プロジェクトの終結を承認する．⇒プロジェクト完了宣言の発令
⑨ プロジェクト完了審査で終結を承認されたプロジェクトマネージャは，プロジェクトで発生した問題や課題および対策，完了審査会議で指摘された問題や不適合を記録・管理し，次期プロジェクトでの不適合の再発防止に備える．

> **演習問題**
>
> 設問 1　プロジェクト横断的な組織的マネジメントはなぜ必要か？
> 設問 2　プロジェクト横断的な組織的マネジメントができていない組織では，どのような問題が起こるか？
> 設問 3　プロジェクト横断的な組織的マネジメントにはプロジェクトの統制と何が必要か？
> 設問 4　単一プロジェクトの統制のためには何を作り徹底させる必要があるか？
> 設問 5　プロジェクトの審査を適切に行うためには単一プロジェクトに対して何を決める必要があるか？

参考文献

[1] 江崎和博：「情報システム導入プロジェクトの目標品質向上に向けた 3 次元統合価値モデルの提案」プロジェクトマネジメント学会誌，Vol.10, No.5, pp.15–19, 2010 年 10 月

[2] 江崎和博：「ソフトウェア開発の品質，生産性向上に向けた ISO/IEC 25030 制定の意義」情報処理学会誌ディジタルプラクティス，Vol.1, No.2, pp.94–100, 2010 年 04 月

[3] 江崎和博：「組織的なプロジェクトマネージャの育成に向けて」プロジェクトマネジメント学会誌，Vol.11, No.4, pp.20–21, 2009 年 08 月

[4] 江崎和博：「総合的なプロジェクト管理フレームの提案」プロジェクトマネジメント学会誌，Vol.11, No.2, pp.20–21, 2009 年 04 月

[5] 江崎和博：「プロジェクト品質向上に向けた ISO25030 適用の意義」プロジェクトマネジメント学会誌，Vol.10, No.5, pp.3–7, 2008 年 10 月

[6] 江崎和博：「経営視点から見た IT 投資における総合的なリスクマネジメント」プロジェクトマネジメント学会誌，Vol.6, No.4, pp.9–14, 2004 年 8 月

[7] 江崎和博，他 6 名：『これならわかる生産管理』MMBOK, 工業調査会, 2009.

[8] 『プロジェクトマネジメント知識体系ガイド・公式版（PMBOK ガイド第 4 版）』, PMI, 2008.

[9] 日本プロジェクトマネジメント協会企画：『新版 P2M プロジェクト＆プログラムマネジメント標準ガイドブック』日本能率協会マネジメントセンター, 2007

[10] （独）情報処理推進機構ソフトウエア・エンジニアリング・センター：『共通フレーム 2007 第 2 版』オーム社, 2009

[11] 『プログラムマネジメント標準 第 2 版』PMI 日本支部, 2009.

[12] 『ポートフォリオマネジメント標準 第 2 版』PMI 日本支部, 2009.

[13] 『組織的プロジェクトマネジメント成熟度モデル 第 2 版』PMI 日本支部, 2010.

[14] 『プロジェクトマネジメントオフィス』トーマス・R・ブロック，J・デビットソン・フレーム, 生産性出版, 2002.

第13章
プロジェクトの定量的マネジメント

□ 学習のポイント

　ソフトウェア開発のプロジェクトリスクに対するプロジェクトマネジメントは多岐に及び，プロジェクトマネージャは多くの課題を解決していかなければならない．これを早期に解決し，プロジェクトを確実に成功に導くためには，プロジェクトマネジメントの効果的な実施と，プロジェクトの動きを客観的データとして把握する定量的マネジメントが不可欠である．この章では，第三者によるプロジェクトにおける課題の早期発見と，その課題に対する対策状況を監視する「プロセス監視活動」を具体的に取り上げて，そのプロセスデータを用いた定量的マネジメントの考え方を議論する．

- 実際データ（ここではプロセス監視データ）に多変量解析法を適用して，品質 (Q)・コスト (C)・納期 (D) に関する各種のマネジメント指標を推定・予測するソフトウェアマネジメントモデルを導出する一連の手順を理解する．
- 導出されたソフトウェアマネジメントモデルに基づいて，明らかとなったプロジェクトに失敗をもたらすと考えられる諸要因に対してプロジェクトマネジメントを実施すれば，期待される効果が得られることを理解する．
- プロセス監視データに，ソフトウェア信頼性評価法の考え方を適用することにより，さらに実践的な定量的プロセス監視評価法を獲得できることを理解する．

□ キーワード

　客観的データ，プロセス監視，プロセス監視データ，ソフトウェアマネジメントモデル，多変量解析法，定量的プロセス監視評価

13.1 定量的マネジメントの重要性

　近年，ソフトウェア開発は大規模化・複雑化・多様化しており，ソフトウェア開発プロジェクトには，開始時から多くのプロジェクトリスクが潜在している．そのため，それらのリスクに対するプロジェクトマネジメントは多岐に及び，プロジェクトマネージャは多くの課題を解決していかなければならない．課題を早期に解決し，プロジェクトを確実に成功に導くためには，プロジェクトマネジメントの有効な実施と，プロジェクトの動きを客観的，定量的なデータとして把握するマネジメントが不可欠である．定量的マネジメントでは，プロジェクトが進捗している中でどのような状態・状況を取り扱い，それを測定する項目を定義し，測定結果を

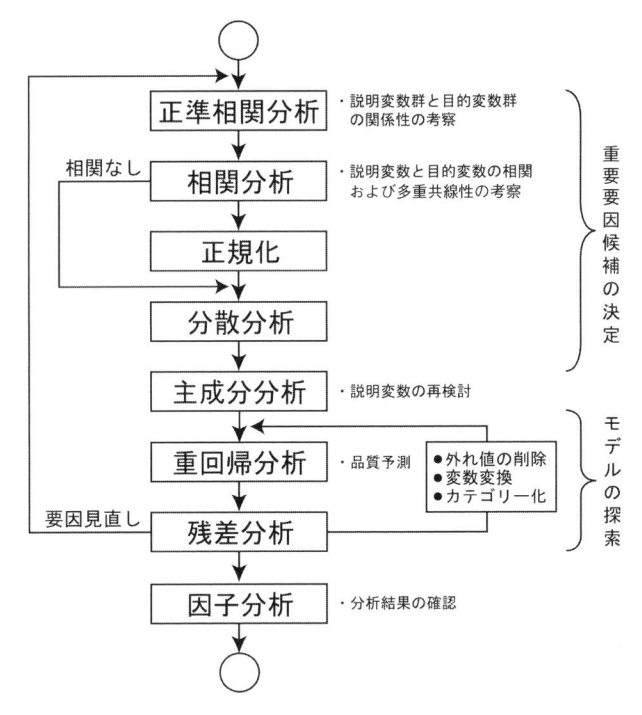

```
         ○
         ↓
    ┌─────────┐      ・説明変数群と目的変数群
    │正準相関分析│        の関係性の考察         ┐
    └─────────┘                              │
         ↓                                   │
相関なし ┌─────────┐      ・説明変数と目的変数の相関   │重
   ┌──│相関分析  │        および多重共線性の考察   │要
   │  └─────────┘                              │要
   │       ↓                                   │因
   │  ┌─────────┐                              │候
   │  │正規化   │                              │補
   │  └─────────┘                              │の
   │       ↓                                   │決
   └─→┌─────────┐                              │定
      │分散分析  │                              │
      └─────────┘                              ┘
         ↓
    ┌─────────┐      ・説明変数の再検討
    │主成分分析│                              ┐
    └─────────┘                              │
         ↓                                   │モ
    ┌─────────┐      ・品質予測    ●外れ値の削除 │デ
    │重回帰分析│                 ●変数変換    │ル
    └─────────┘                 ●カテゴリー化│の
要因見直し ↓                                   │探
   ┌──┌─────────┐                              │索
   │  │残差分析  │                              │
   │  └─────────┘                              ┘
   │       ↓
   └─→┌─────────┐      ・分析結果の確認
      │因子分析  │
      └─────────┘
         ↓
         ○
```

図 **13.1** ソフトウェアマネジメントモデルの導出手順

どのように分析するかといった科学的アプローチを標準化しておくことが重要である．本章では，プロジェクトを成功へと導くために，第三者によるプロジェクト課題の早期発見と，その課題に対する対策状況を監視する「プロセス監視活動」[4] を取り上げ，定量的マネジメントの考え方を述べる．特に，図 13.1 に示すソフトウェアマネジメントモデルの導出手順に従い，実際のプロセス監視データに多変量解析法 [3] を適用し，得られたソフトウェアマネジメントモデル，すなわち品質・コスト・納期（QCD と略す）に関する予測モデルに基づいて，プロセス監視の諸要因の影響を明らかにする．その結果，明らかとなったプロジェクトに失敗を及ぼすと考えられる諸要因に対してプロジェクトマネジメントを実施し，その効果について示す．さらに，ソフトウェア信頼性評価法 [2,5] を適用することで，実践的な定量的プロセス監視評価法に関する有用性の考察を行う．

13.2 プロセス監視活動と定量的分析

プロセス監視活動とは，ソフトウェア開発プロジェクトにおけるリスクおよび課題の早期検出と，そのリスク，および課題に対する対策状況を第三者（品質保証部門，営業部門，開発部門の有識者）が監視することにより，ソフトウェア開発プロジェクトのよじれを未然に防止し，ソフトウェア開発プロジェクトを成功に導くことを目的とする活動である．ここで，プロジェクトのよじれとは，「プロジェクトの目的を達成するために立案した計画と実績の差異が著しく大きい状況」と定義する．

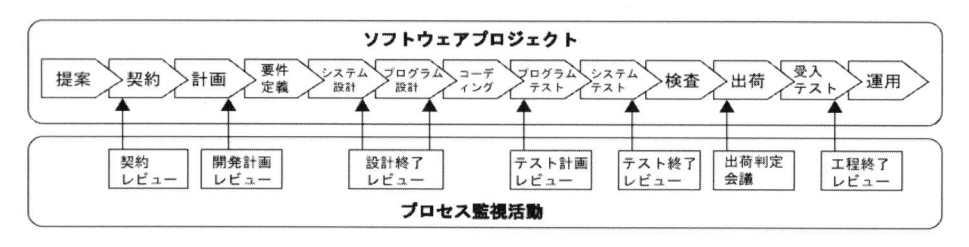

図 13.2 プロセス監視活動の概要

ソフトウェアプロセス監視活動の概要を図 13.2 に示す．

プロセス監視は，ソフトウェア開発プロジェクトに対して，契約から工程終了までの各プロセス単位に設定した確認項目と，帳票類（契約レビュー記録票，開発計画書，試験計画書など）に従って，第三者がソフトウェア開発プロジェクトの上流プロセスからレビューを実施し，プロジェクトマネジメント，開発管理における課題の早期検出，課題の対策状況を監視する活動と，レビューで検出した課題の対策状況，およびプロジェクトの QCD の管理状況を数値化することでプロジェクトを定量的に評価する活動からなる．

プロジェクトの定量的評価によって，よじれの危険性が高いと判断されたソフトウェア開発プロジェクトは，企業経営層へ報告すると共に，重点管理下において，対策の指示および対策解決状況の監視を行う．

13.2.1 ソフトウェア製品品質に影響を与える要因の分析

プロセス監視データからソフトウェア製品の品質予測を行う場合を考える．表 13.1 は，実際に収集されたプロセス監視データである．ここで，各レビュー $X_i(i=1,2,\ldots,5)$ の概要は以下の通りであり，各レビューで，検出された課題の数を各プロジェクトの開発規模で基準化している．

X_1：受注能力の可否を確認することを目的とし，顧客要求事項を実現するにあたり，納期，仕様，価格面から受注して開発する能力があるか否かを判断する．

X_2：開発計画の妥当性を確認することを目的とし，顧客要求事項を実現するにあたっての課題，

表 13.1 プロセス監視データ

Project No.	契約レビュー X_1	開発計画レビュー X_2	設計終了レビュー X_3	テスト計画レビュー X_4	テスト終了レビュー X_5	顧客受入テストの障害件数 Y_q	コスト超過率 Y_c	出荷遅延日数 Y_d
1	0.591	1.181	0.295	0.394	0.394	4	1.456	28
2	0.323	0.645	0	0.108	0.108	1	1.018	3
3	0.690	0.345	0	0.345	0	0	1.018	4
4	0.170	0.170	0	0.085	0	2	0.953	0
5	0.150	0.451	0.301	0.075	0.075	5	1.003	0
6	0.186	0.149	0	0.037	0.037	0	1.000	−8
7	0.709	0	0	0	0	2	1.119	12

納入までの開発計画／体制・役割分担についての妥当性を判断すると共に，次工程への移行判断を行う．

X_3：システム設計プロセスおよびプログラム設計プロセスの状況を確認することを目的とし，仕様書の有無，仕様書の変更の有無，性能設計の有無，生産性設計の有無，ツール検討の有無，経験者／有識者投入の有無，見積り差異などの確認を行うと共に，次工程への移行判断を行う．

X_4：システムテスト・検証プロセスでのテスト計画の妥当性を確認することを目的とし，設計，開発状況，テストスケジュール，テスト観点，テスト範囲，役割分担，品質目標（機能・性能），顧客要求状況の確認を行うと共に，次工程への移行判断を行う．

X_5：システムテスト・検証プロセスの結果から品質の妥当性を確認することを目的とし，システムテスト・検証プロセスの評価，テスト状況，テスト結果分析・評価／対策状況を確認すると共に，次工程への移行判断を行う．

プロセス監視レビューにおける各レビュー $X_i(i = 1, 2, \ldots, 5)$ での検出課題数を説明変数として用いて多変量解析を行ったところ，QCD 指標に対していずれも有意な結果を得ることはできなかった．そこで，プロジェクト間の開発規模の違いによる検出課題数のばらつきを考慮し，レビュー別の検出課題数（件）を開発規模（10^3 ステップ単位）で規準化して得られたデータ表 13.1 を用いて分析を行った．表 13.1 において，QCD 指標として，顧客受入テストでの障害発生件数 (Y_q)，開発予算に対するコスト実績値の比であるコスト超過率 (Y_c)，プロジェクト開始時に計画した出荷予定日を基準とした実遅れ日数である出荷遅延日数 (Y_d) も記載しており，これらは目的変数として取り扱う．

まず，説明変量群と目的変量群との関連性を考察するために正準相関分析を行う．表 13.2 より，分析精度の良い軸 1 を採用する．また，表 13.3 より，Y_q と特に関連しているものは，X_3 であることがわかる．

表 13.2 分析精度

軸	固有値	正準相関係数	自由度	P 値
1	0.928	0.963	6	0.065
2	0.736	0.858	2	0.129

表 13.3 構造係数

	軸 1
［説明変数］	
X_1：契約レビュー	0.416
X_3：設計終了レビュー	-0.944
［目的変数］	
Y_q：障害件数	-0.899
Y_c：コスト超過率	-0.370
Y_d：出荷遅延日数	-0.237

次に，予測モデルにおける 5 つの影響因子 $X_i(i = 1, 2, \ldots, 5)$ と，顧客受入テストの障害件数 (Y_q) の相関分析を行った結果，X_2 と X_3，X_4 および X_5 の間と，X_5 と X_3 および X_4 との間に，多重共線性のある可能性があり，Y_q と X_3 には強い相関関係があると考察できた．

正準相関分析および相関分析の結果，X_3 を説明変数，Y_q を目的変数とし，単回帰分析を行

表 13.4　分析精度

単相関係数 R	0.894
決定係数 R^2	0.798
補正決定係数 R^2	0.758
標準誤差	0.942

表 13.5　分散分析表

要因	自由度	変動	分散	検定統計量 F_0
回帰	1	17.565	17.565	19.8014**
残差	5	4.435	0.887	
計	6	22.000		

う．導出された単回帰式の回帰精度および分散分析の結果を，それぞれ表 13.4 および表 13.5 に示す．これらの結果より，単回帰式のデータに対する適合性は高いといえる．

推定された偏回帰係数および標準偏回帰係数より，式 (13.1) の単回帰式と，これを標準化した式 (13.2) がそれぞれ導出される．

$$\hat{Y}_q = 11.761 \cdot X_3 + 0.998, \tag{13.1}$$

$$\hat{Y}_q^N = 0.894 \cdot X_3. \tag{13.2}$$

以上の分析より，顧客受入テストの障害件数 (Y_q) には，設計終了レビュー (X_3) が大きな影響を与えていることがわかる．

13.2.2 コストおよび納期に影響を与える要因解析

13.2.1 項と同様に，正準相関分析を行う．表 13.6 より，分析精度の良い軸 1 を採用する．また，表 13.7 より，コスト超過率 (Y_c) および出荷遅延日数 (Y_d) と特に関連しているものは，X_1 および X_5 であることがわかる．

表 13.6　分析精度

軸	固有値	正準相関係数	自由度	P 値
1	0.958	0.979	6	0.053
2	0.619	0.787	2	0.230

表 13.7　構造係数

	軸 1
[説明変数]	
X_1：契約レビュー	−0.665
X_5：テスト終了レビュー	−0.854
[目的変数]	
Y_q：障害件数	−0.315
Y_c：コスト超過率	−0.980
Y_d：出荷遅延日数	−0.962

次に，相関分析の結果，X_2 と X_3，X_4 および X_5 の間と，X_5 と X_3 および X_4 との間に，多重共線性のある可能性があり，Y_c および Y_d と X_5 に強い相関関係があると考察できた．ここで，説明変量間の独立性を検討するため主成分分析を行う．表 13.8 の因子負荷量より，第 1 主成分を「総合リスク潜在プロジェクト評価尺度」，第 2 主成分をマネジメント活動要因 (X_1, X_4) および品質保証活動要因 (X_2, X_3, X_5) に識別する「活動要因判別尺度」と新たに定義する．

図 13.3 より，コストおよび納期予測モデルの重要要因候補である X_1 および X_5 とは，互いに独立しているものと判定できることがわかる．

正準相関分析，相関分析，および主成分分析の結果，X_1 および X_5 を説明変数，Y_c を目的変数とし，重回帰分析を行う．導出された重回帰式の回帰精度および分散分析の結果を，それ

表 13.8 因子負荷量

	主成分 1	主成分 2
X_1	0.302	0.895
X_2	0.957	−0.123
X_3	0.748	−0.477
X_4	0.811	−0.412
X_5	0.940	−0.139

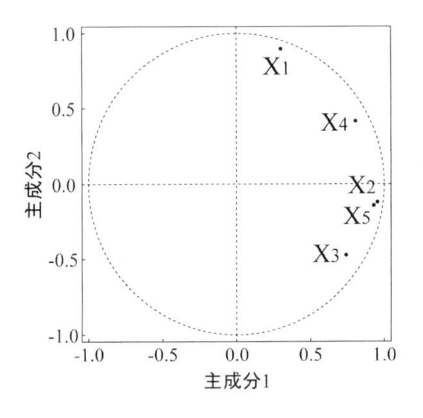

図 13.3 因子負荷量の散布図

ぞれ表 13.9 および表 13.10 に示す．これらの結果より，重回帰式のデータに対する適合性は高いといえる．

表 13.9 回帰精度

重相関係数	0.972
決定係数 R^2	0.945
補正決定係数 R^2	0.917
標準誤差	0.050

表 13.10 分散分析表

要因	自由度	変動	分散	検定統計量 F_0
回帰	2	0.169	0.084	34.1065**
残差	4	0.010	0.002	
計	6	0.179		

推定された偏回帰係数および標準偏回帰係数より，式 (13.3) の重回帰式と，これを標準化した式 (13.4) がそれぞれ導出される．

$$\hat{Y}_c = 0.253 \cdot X_1 + 1.020 \cdot X_5 + 0.890, \tag{13.3}$$

$$\hat{Y}_c^N = 0.370 \cdot X_1 + 0.835 \cdot X_5. \tag{13.4}$$

以上の分析より，コスト超過率 (Y_c) には，契約レビュー (X_1) およびテスト終了レビュー (X_5) が大きな影響を与えていることがわかる．

一方，X_1 および X_5 を説明変数，Y_d を目的変数とし，重回帰分析を行う．導出された重回帰式の回帰精度および分散分析の結果を，それぞれ表 13.11 および表 13.12 に示す．これらの結果より，重回帰式のデータに対する適合性は高いといえる．

推定された偏回帰係数および標準偏回帰係数より，式 (13.5) の重回帰式と，これを標準化し

表 13.11 回帰精度

重相関係数	0.943
決定係数 R^2	0.889
補正決定係数 R^2	0.834
標準誤差	4.706

表 13.12 分散分析表

要因	自由度	変動	分散	検定統計量 F_0
回帰	2	711.122	355.561	16.0537*
残差	4	88.593	22.148	
計	6	799.714		

た式 (13.6) がそれぞれ導出される．

$$\hat{Y}_d = 24.669 \cdot X_1 + 55.786 \cdot X_5 - 9.254, \tag{13.5}$$

$$\hat{Y}_d^N = 0.540 \cdot X_1 + 0.683 \cdot X_5. \tag{13.6}$$

以上の分析より，出荷遅延日数 (Y_d) には，契約レビュー (X_1) およびテスト終了レビュー (X_5) が大きな影響を与えていることがわかる．

13.2.3 ソフトウェアマネジメントモデルによる考察と確認

ソフトウェア製品品質には設計終了レビューが大きく関係しており，プロセス監視活動では，設計終了レビューの結果を用いてソフトウェア製品品質を早期段階で予測することは有用であろう．また，コスト超過率および出荷遅延日数には契約レビューおよびテスト終了レビューが大きく関係しており，コストおよび納期はソフトウェア開発プロジェクトの早期段階で予測することが難しく，同じプロセス監視要因により予測することが可能であると考えられる．

さらに，13.2.1 項および 13.2.2 項における分析精度の確認を行うため，各プロセス監視要因 $X_i (i = 1, 2, \ldots, 5)$ と QCD 管理指標である顧客受入テストの障害件数 (Y_q)，コスト超過率 (Y_c)，および出荷遅延日数 (Y_d) を用いて因子分析を行う．因子分析ではバリマックス回転を用い，固有値および因子負荷量をそれぞれ表 13.13 および表 13.14 に示す．

表 13.13 より，各因子の 2 乗和はそれぞれ 1 以上であり，因子 3 までの累積寄与率も 88.12％ となるため分析精度は高いと言える．表 13.14 より，Y_q および X_3 は共通因子をもっており，この因子は「製品品質」を表していると考えられる．また X_1，X_c，および Y_d は共通因子をもっており，この因子は「プロジェクトの制約条件」を表していると考えられる．

表 13.13 固有値

No.	2 乗和	寄与率	累積寄与率
因子 1	2.77	34.61	34.61
因子 2	2.29	28.62	63.23
因子 3	1.99	24.88	88.12

表 13.14 因子負荷量

	因子 1	因子 2	因子 3
X_2	0.9163	0.3444	0.1402
X_5	0.8104	0.4515	0.2664
X_4	0.6979	-0.0095	0.4158
Y_q	0.1193	0.9633	0.0165
X_3	0.4367	0.8355	0.0017
X_1	0.1182	-0.1926	0.8322
Y_d	0.4560	0.3866	0.7972
Y_c	0.5990	0.3932	0.6315

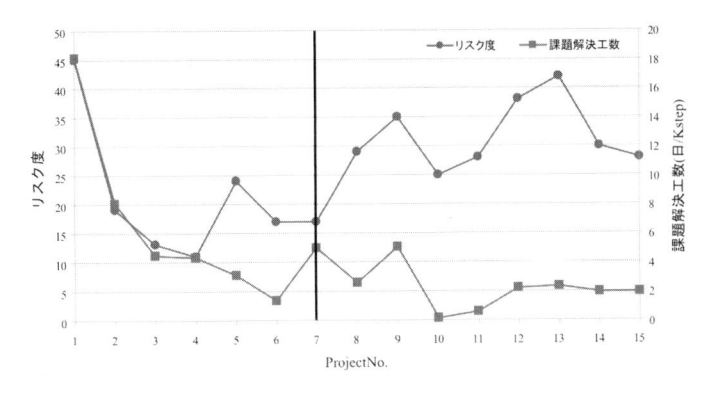

図 13.4 リスク度と契約課題の解決工数の推移変化

13.2.4 プロジェクトマネジメントの実施

以上の重回帰分析および因子分析の結果より，契約レビューにおける課題に対してプロセス監視活動で実施したプロジェクトマネジメントの主な項目は，受注範囲の早期確定，仕様化技術の向上，スケジュールの早期確定，進捗管理の改善，およびテスト技術の改善である．これらのプロジェクトマネジメントを実施し，プロセス改善の定着を行った結果，プロジェクトの当初に計測されるリスク度と契約レビューでの課題解決工数の関係は図 13.4 のようになる．ここで，プロジェクト 8 からプロジェクト 15 が改善の定着後のプロジェクトである．また，課題解決工数とは，検出された課題を解決するために要した日数を開発規模で規準化したものであり，リスク度とは，表 13.15 のリスクチェックシートを用いて，以下の式 (13.7) によって計算され，最大 100 点のプロジェクトのリスク度指標である．

$$リスク度 R = \sum_i \{ リスク項目 (i) \times 配点 C(i) \}. \tag{13.7}$$

図 13.4 より，契約レビューでの重要課題に対して適切なマネジメントを行うことでリスク度の高いプロジェクトに対しても課題を早期に解決することができていることがわかる．

さらに，重回帰分析および因子分析の結果より，ソフトウェア製品品質に影響を及ぼす重要プロセス要因は設計終了レビューであるため，設計段階におけるプロセス改善策として，「設計品質評価」の実施を行う．

設計品質の評価とは，プロジェクトマネージャ，設計者，および品質保証部にて，表 13.16 の設計品質評価シートにより以下の項目を評価し，内容により対策を行うものである．この評価から開発の次工程への移行判定を行う．

・要求分析後に，要求仕様書について，要求がどれくらい盛り込まれているか．要求（機能要件・非機能要件）がきちんと定義されているか．
・基本設計後に，基本設計書の記述事項について，要求（機能要件・非機能要件）が要求仕様書の要求事項から抜けなくすべて設計に引き継がれているか．
・基本設計書について，基本設計が盛り込まれ，基本設計書として不足がないか．

表 13.15 リスクチェックシート

		リスク項目	配点 ($C(i)$)
シ ス テ ム 特 性	開発規模	(1) 機能数が多い，または機能のボリュームが見えない．	3
		(2) システム構造が複雑である．または複雑さが見えない．	3
	業務要件	(1) エンドユーザでのシステムの役割を知らない．	4
		(2) エンドユーザ機能，オペレータ機能があいまい．	6
		(3) ユーザがシステムに要求する品質の重要課題を知らない．	4
	性能要件	(1) 性能要件を顧客と合意していない，または性能を把握していない．	4
		(2) 性能要件は，社内での実績がない．	4
	拡張性	(1) ユーザ要件に将来拡張があるのに，最大値を記述した文書がない．	2
			30
開 発 体 制 特 性	技術基盤	(1) メンバーが経験のない業務，装置に対するシステムである．	4
		(2) スキル不足のメンバーがいる．	2
		(3) メンバーが経験のない技術（OS，パッケージ，開発環境，言語）を含む．	2
	開発体制	(1) プロジェクト管理者の役割と責任範囲が明確でない．	2
		(2) プロジェクト管理者としての経験が浅い．	4
		(3) 品質保証部門が動作検査すべきであるのに，検査する予算と工期がない．	4
		(4) 組織に交代メンバーの余裕がない．	2
	スケジュール	(1) スケジュールは，管理者が進捗管理できる最小単位に分割されていない．	2
		(2) ソフトウェア成果物の規模（枚数，ステップ数）が見積もられていない．	2
	資源	(1) 開発環境が不足（ハード発注遅れ，納期遅れなど）．	2
		(2) 検証環境が不足（ハード発注遅れ，納期遅れなど）．	2
	外部委託	(1) 当社常駐で作業をしない外部委託業者がいる．	2
		(2) 外部委託する作業内容（作業範囲と成果物）が明確でない．	4
		(3) 開発ソフトウェアの大半が外部委託である．	4
		(4) 外部委託先がスキル不足，もしくはその可能性がある．	2
			40
顧 客 特 性	工期設定	(1) 見積り時に計画した工期が確保できていない．	6
	顧客体制	(1) 顧客の仕様決定スキルが不足，または仕様をよく変更する．	1
		(2) 開発中に他の業務の割り込みを多発する顧客である．	1
		(3) 当社で納入実績のない顧客である．	2
		(4) 顧客内でコミュニケーションの不足がある．	1
		(5) プロジェクト内で，他社もしくは顧客担当分の開発遅れがある．	1
			12
契 約 特 性	見積り	(1) 未受注である．または受注範囲と責任境界が明確でない．	4
		(2) 納入成果物名，内容，納入日が決まっていない．	4
		(3) 見積りが甘い．または予算が押さえられている．	4
		(4) 現地調達が必要だが見積りに正しく含んでいない．または，別見積りにしていない．	2
	受入検証	(1) 納品後の顧客受入検証期間と当社の無償保証期間が，決まっていない．	4
			18
		リスク度	100

表 13.16 設計品質評価シート

大項目		要求仕様					アーキテクチャ設計			ネットワーク設計	WEB設計	DB設計	ファイル／テーブル設計	インターフェース設計		異常処理設計	内部処理設計		運用	計	評価
中項目		概要	システム構成	非機能要求	機能要求	適用範囲	システム移行	設計方針	性能条件	セキュリティ	ネットワークレイアウト	WEBレイアウト	DBレイアウト	ファイル／テーブルレイアウト	ユーザインタフェース	ユニットインタフェース	異常処理仕様	処理概要	プロセス構成	シーケンス	運用条件		
小項目																							
1. 要求仕様書の出来栄え	記述有り●	0	0	2	1	0	0	0	1	0	0	0	0	0	0	0	0	0	0	0	1	5	25
	記述無し○	3	0	3	2	0	0	0	0	0	0	0	0	0	0	4	2	0	0	0	1	15	
2. 要求仕様書から基本設計書への引継ぎ	記述有り●	1	0	4	3	0	0	0	1	0	0	0	0	0	3	2	0	0	0	0	1	15	94
	記述無し○	0	0	1	0	0	0	0	0	0	0	0	0	0	0	0	0	0	0	0	0	1	
3. 基本設計書の出来栄え	記述有り●	1	0	4	3	0	0	0	1	0	0	1	4	0	3	3	3	1	1	0	28	78
	記述無し○	0	0	1	0	0	0	0	1	0	0	0	0	0	1	1	0	3	0	1	8	

また，表 13.16 の設計品質評価シートを用いた設計評価手順は，以下の通りである．

1. 記述すべき項目かどうかを判断し，記述すべき項目に○印を付ける．
2. 要求仕様書または基本設計書に記述されているかを確認し，記述されていれば，○を●に換える．
3. ○の数と●の数をカテゴリー別と品質特性別にカウントし，上記の 3 区分に対して，それぞれの評価点（（（●の合計／（○の合計＋●の合計））×100）を計算し，評価点により判定を行う．

設計品質評価実施後のプロジェクトについて，そのプロジェクトマネジメントの効果を図 13.5 に示す．図 13.5 より，設計品質評価後のプロジェクト 17 からは品質の向上が確認でき，またコスト超過率および出荷遅延日数も安定していることがわかる．

また，プロセス改善を定着させることにより契約レビューでの課題解決工数は短くなったが，コストおよび納期を安定させるまでは至らなかった．しかし，設計品質評価の実施によってソフトウェア製品品質を向上させることにより，コストおよび納期も予定どおりにプロジェクトを進めることが可能となった．そのため，品質を向上させることはプロジェクトを成功へ導くために重要な要件であると考えられる．今後もプロセス監視活動によるプロジェクトマネジメントでは，設計品質の評価活動を定着させることによりプロジェクトの成功を導くソフトウェ

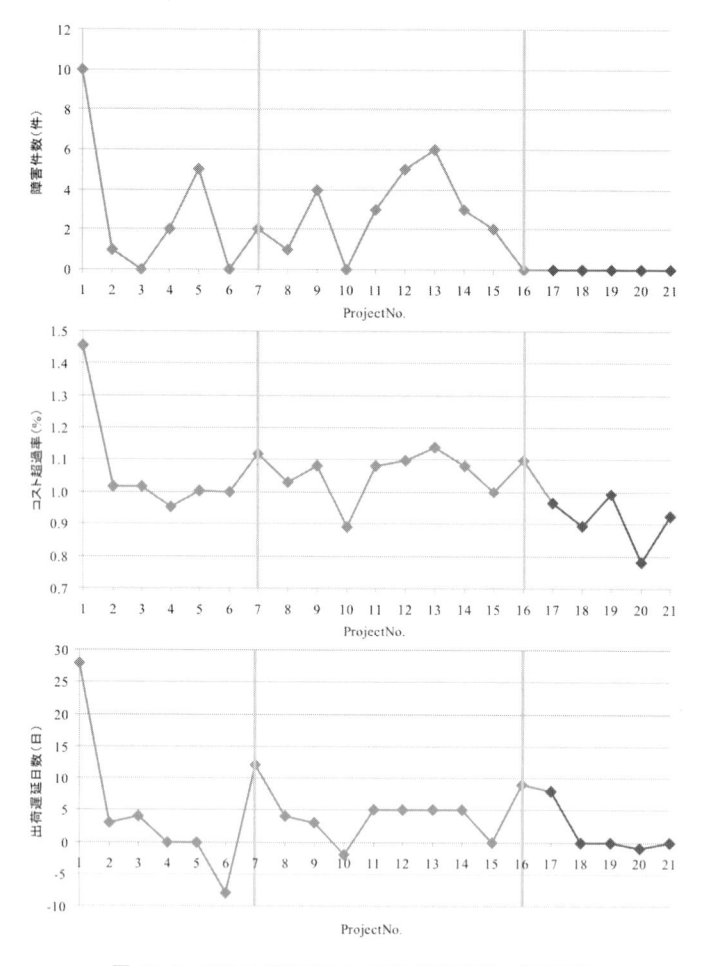

図 13.5　設計品質評価後の QCD 管理指標の推移変化

ア開発を行うことが期待できる．

13.3　信頼性評価法の定量的プロセス監視進捗評価への適用

　本節では，プロセス監視活動において採取されたプロセス監視データを，ソフトウェア信頼性評価法を用いて分析し，プロセス監視活動におけるプロセス監視進捗の評価法を考察する．ここで，代表的なソフトウェア信頼性評価法であるソフトウェア信頼度成長モデル（software reliability growth model，以下 SRGM と略す）[2,5] を用いて，検出課題数によりプロセス監視進捗度合を評価するものとする．プロセス監視活動におけるソフトウェア信頼度成長曲線は，各開発プロセスの検出課題の累積件数とプロセス監視進捗率（各プロセスにおける対策延日数／全対策延日数）の関係を示す．本節で信頼性評価に用いる SRGM は，そのモデルの簡潔性の高さと適用性の観点から有望視され，多くの企業でも実用に供されているモデルの１つである非同次ポアソン過程（nonhomogeneous Poisson process，以下 NHPP と略す）モデルとする．ここで，実際のプロセス監視データにはメトリクスに未記録の値（欠損値）が存在

しており，これらの欠損値によりソフトウェア信頼度成長モデルに用いるデータセットが少なくなっている．そのため，協調フィルタリング法 [6] を適用し，欠損値を補完した上でプロセス監視進捗評価を行う．

13.3.1 連続型 SRGM モデルの適用

プロセス監視活動における検出課題数に関するデータを連続的データと捉え，SRGM におけるテスト時間の代替メトリクスとして開発プロセスの進捗率を考える．このとき，実際のプロセス監視データに定量的ソフトウェア信頼性評価法を適用し，プロセス監視進捗評価を実施する．開発プロセス進捗率 t (%) までに発見される検出課題数の累積値を表す計数過程 $\{N(t), t \geq 0\}$ が，平均値関数 $H(t)$ をもつ NHPP に従うものと仮定すると，SRGM は

$$\Pr\{N(t) = n\} = \frac{\{H(t)\}^n}{n!} \exp[-H(t)] \quad (n = 0, 1, 2, \ldots), \tag{13.8}$$

$$H(t) = \int_0^t h(x)dx, \tag{13.9}$$

と表現できる．ここで，$\Pr\{A\}$ は事象 A の生起確率として定義される．式 (13.9) の $H(t)$ は $N(t)$ の期待値であり，開発プロセス進捗率 t (%) までに発見される総期待検出課題数を表す．まず，テスト終了レビューを従来のソフトウェア信頼性評価法におけるテスト終了時期と仮定し，検出課題数は有限であると考え，適用する SRGM を指数形 SRGM [2] および遅延 S 字形 SRGM [2] とする．次に，ソフトウェア開発プロセスに対するプロセス監視活動において，プロセス監視が不十分な場合，最終的に検出される課題数が無限となると仮定したものが妥当なモデルとなる可能性があると考え，検出可能課題数が無限である場合を仮定した対数型ポアソン実行時間モデル [2] をプロセス監視進捗評価に用いる SRGM に加える．以上の 3 つの連続型 NHPP モデルをプロセス監視進捗評価に使用し，SRGM の実際の検出課題数データに対する適合性評価を行う

13.3.2 適合性評価

本項では，適合性を比較するための評価基準として，平均偏差平方和（mean squared error，以下 MSE と略す）および赤池情報量基準（Akaike information criterion，以下 AIC と略す）[5] を使用する．MSE は実際の検出課題数データと推定値の誤差を直接比較するものであり，開発プロセス進捗率を計算するマイルストーンの数が n の場合，MSE は次式によって表される．ここで，開発プロセス進捗率 t_k までに検出された，総検出課題数を y_k とする $(k = 1, 2, \ldots, n)$．

$$\mathrm{MSE} = \frac{1}{n} \sum_{k=1}^{n} [y_k - \hat{H}(t_k)]^2. \tag{13.10}$$

AIC は自由パラメータ数が異なる SRGM の適合性の良し悪しを比較するために，検出課題数データに対する適合性の良さとモデルの単純さの兼ね合いで最適モデルを評価する基準であり，次式によって表される．

$$\mathrm{AIC} = 2 \times (M - \mathrm{MLE}). \tag{13.11}$$

表 13.17　適合性比較結果

	Model	AIC	MSE
Project1	・遅延 S 字形 SRGM ・指数形 SRGM ・対数型ポアソン実行時間モデル	24.23 - -	0.63 - -
Project5	・遅延 S 字形 SRGM ・指数形 SRGM ・対数型ポアソン実行時間モデル	22.44 - -	1.25 - -
Project9	・遅延 S 字形 SRGM ・指数形 SRGM ・対数型ポアソン実行時間モデル	24.08 - -	2.17 - -
Project10	・遅延 S 字形 SRGM ・指数形 SRGM ・対数型ポアソン実行時間モデル	50.44 - -	10.63 - -
Project11	・遅延 S 字形 SRGM ・指数形 SRGM ・対数型ポアソン実行時間モデル	24.90 <u>24.84</u> <u>24.84</u>	1.07 <u>0.94</u> <u>0.94</u>
Project12	・遅延 S 字形 SRGM ・指数形 SRGM ・対数型ポアソン実行時間モデル	23.93 21.68 <u>21.65</u>	1.90 <u>0.71</u> <u>0.71</u>
Project13	・遅延 S 字形 SRGM ・指数形 SRGM ・対数型ポアソン実行時間モデル	25.52 22.44 <u>22.37</u>	2.87 <u>1.09</u> 1.12
Project14	・遅延 S 字形 SRGM ・指数形 SRGM ・対数型ポアソン実行時間モデル	22.06 19.83 <u>19.78</u>	1.11 0.44 <u>0.43</u>
Project17	・遅延 S 字形 SRGM ・指数形 SRGM ・対数型ポアソン実行時間モデル	33.94 - -	3.44 - -

ここで，M および MLE は，それぞれ SRGM における自由パラメータ数およびモデルの最大対数尤度を表す．比較する SRGM の AIC の値の差が 1 以上ある場合，小さい値をもつ SRGM が良いモデルであると判断できる．一方，それらの差が 1 未満である場合，比較対象の SRGM に優位性は見られず，推定が容易である自由パラメータ数の少ないモデルを最適 SRGM として扱う．表 13.17 に，連続型 NHPP モデルにおける MSE および AIC の適合性評価結果を示す．

MSE および AIC に基づいて連続型 NHPP モデルを比較した結果，実測データにおけるプロジェクトでは，全てのデータセットに対して遅延 S 字形 SRGM に最良の適合性がみられた．また，テスト終了レビューの欠損値を補完したプロジェクトにおいては，対数ポアソン実行時間モデルに精度の良い推定結果が得られた．また，遅延 S 字形 SRGM においては，すべてのプロジェクトにおいて推定結果を得ることができ，良い適合性がみられた．そのため，プロセス監視活動におけるソフトウェア開発プロジェクトでは，実測データが収集できるのであれば，遅延 S 字形 SRGM を用いた信頼性評価は有用になるものであると推察できる．

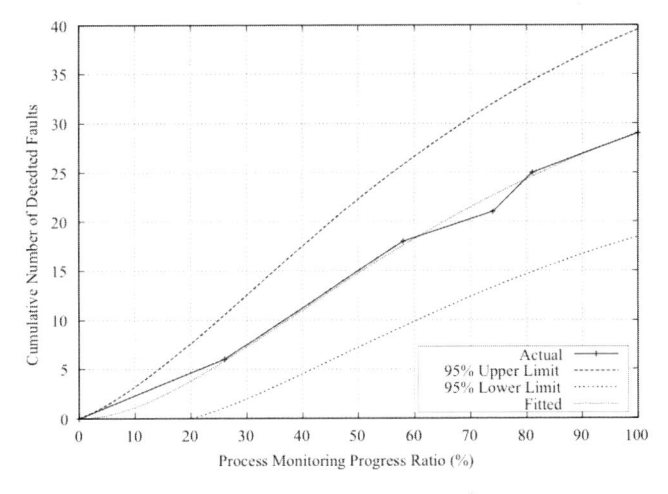

図 13.6　推定された平均値関数 $\hat{H}(t)$

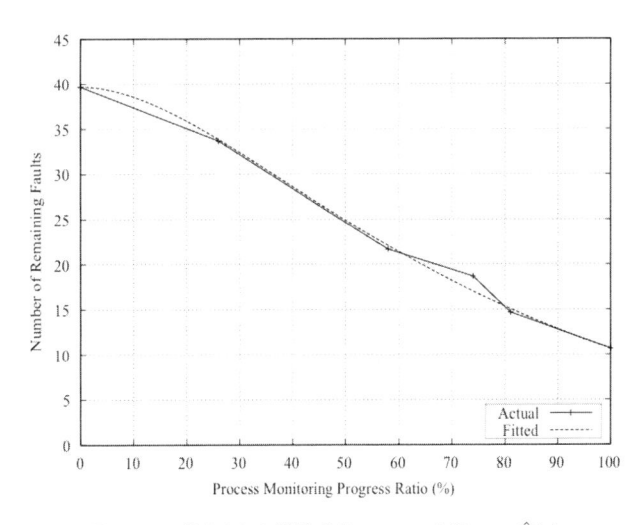

図 13.7　推定された期待残存フォールト数 $a - \hat{H}(t)$

13.3.3　適用例

ここでは，表 13.17 の Project1 における信頼性評価の結果を一例として示す．連続型 NHPP モデルの中で最良の適合性をみせた遅延 S 字形 SRGM の平均値関数 $H(t)$ の推定値および発見された総検出課題数の実測値を図 13.6 に示す．図 13.7 に推定された期待残存課題数を示す．図 13.7 より，テスト終了レビューを終えた時点で約 10 件の課題が潜在していることを表している．さらに，図 13.8 および図 13.9 に，推定された瞬間 MTBF（課題検出間隔）およびソフトウェア信頼度（テスト終了レビュー後に課題が検出されない確率）をプロセス監視進捗評価尺度として示す．

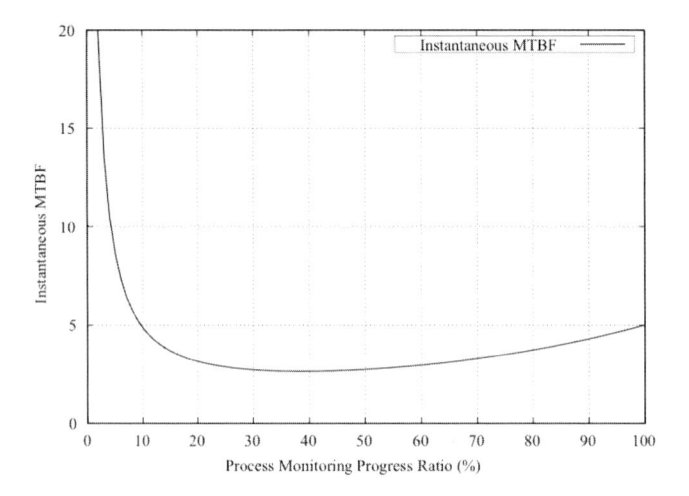

210 ◆ 第 13 章 プロジェクトの定量的マネジメント

図 13.8 推定された瞬間 MTBF

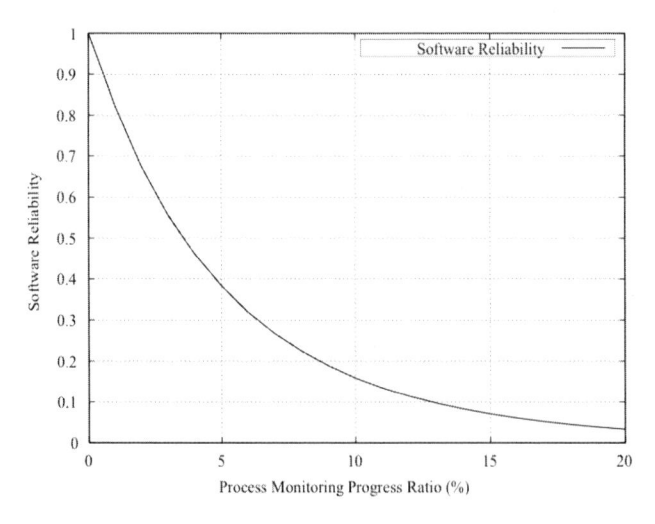

図 13.9 推定されたソフトウェア信頼度

演習問題

設問 1 ソフトウェアプロジェクトにおける定量的マネジメントは，なぜ必要なのか述べよ．

設問 2 ソフトウェアマネジメントモデルの導出過程について説明せよ．

設問 3 下表の 7 つのプロジェクトデータは，ソフトウェア製品品質を向上させるために，レビューおよびテスト活動に関する品質保証要因を分析して，抽出された重要要因と実際に計測されたプロセスデータである．「総合テスト検出不具合数」を目的変数とし，その他の「設計レビュー遅れ率（0 〜 1.00）」，「レビュー回数（回）」，「レビュー評価平均点（0 〜 100）」，「総合テスト項目数（件）」を説明変数として相関分析を行え．

プロジェクト No.	設計レビュー遅れ率 X_1	レビュー回数 X_2	レビュー評価平均点 X_3	総合テスト項目数 X_4	総合テスト検出不具合数 Y
1	0.50	5	80.50	71	38
2	−0.07	12	82.50	48	3
3	−0.12	4	64.00	12	7
4	0.10	1	35.50	44	20
5	0.09	3	62.00	138	26
6	0.08	14	89.25	25	0
7	0.00	3	44.25	33	22

設問 4 設問 3 の相関分析の結果を踏まえて主成分分析を行い，分析精度，因子負荷量，および主成分得点から分析結果を説明せよ．

設問 5 設問 3 および設問 4 の相関分析と主成分分析を踏まえて重回帰分析を行い，回帰精度および分散分析表から分析結果を説明し，推定された重回帰式の評価を行え．さらに，同じプロジェクトチームによるソフトウェア開発で下表のプロジェクト No. 8 のデータを計測した．このプロジェクトの総合テスト検出不具合数を，プロジェクト No. 1〜No. 7 に対する重回帰分析結果に基づいて予測せよ．

プロジェクト No.	X_1	X_2	X_3	X_4	Y
8	−0.10	10	80.0	50	

参考文献

[1] 山田茂，福島利彦：『品質指向ソフトウェアマネジメント』，森北出版，2007．

[2] 山田茂：『ソフトウェア信頼性の基礎：モデリングアプローチ』，共立出版，2011．

[3] 永田靖，棟近雅彦，『多変量解析法入門』，サイエンス社，2001．

[4] T. Fukushima and S. Yamada, "Improvement in Software Projects by Process Mon-

itoring and Quality Evaluation Activities," *Proceedings of the 15th ISSAT International Conference on Reliability and Quality in Design*, pp. 265–269, 2009.

[5] 山田茂, 藤原隆次：「ソフトウェアの信頼性：モデル, ツール, マネジメント」, プロジェクトマネジメント学会（PM 学会教育・出版シリーズ (1)), 2004.

[6] 独立行政法人情報処理推進機構ソフトウェア・エンジニアリング・センター（編）:『ソフトウェア開発見積りガイドブック〜IT ユーザとベンダにおける定量的見積りの実現〜』, オーム社, 2006.

第14章
プロジェクトの問題解決技術

□ 学習のポイント

　プロジェクトにおいて発生する問題を解決するためには，十分な「現状分析」と「要因分析（あるいは原因分析という）」をしっかり行って，プロジェクトチームで経験と知恵を結集し，科学的アプローチに基づいて問題を解きほぐして効果的な対策を講じる必要がある．この科学的アプローチとは，従来の経験だけに頼るのではなく，事実情報に基づいて，判断・意思決定し，適切な行動をとることであり，科学的アプローチによる本質的な問題解決によりプロジェクトの業務の改善も図れるのである．本章では，「問題」を明確に定義した上で，プロジェクトで発生する問題を分類し，問題解決活動の考え方すなわち問題解決アプローチを議論する．

- 問題とは，品質，コスト，納期などのマネジメント評価尺度から判断した「悪さ加減」であることを認識して，プロジェクトで発生する問題のタイプを理解する．
- 問題解決の進め方すなわち取るべき問題解決アプローチを，問題解決の類型別に層別しておくと問題解決を効率的に進められることを理解する．
- TQM（総合的品質管理）活動において良く知られる，原因を究明して打つべき処置・対策を考えていく手順を標準化したQC的問題解決法，いわゆる「QCストーリー」に従って問題解決を図るのが効率的であることを理解する．
- 問題解決活動に有効な手法が整備されていることを知ると共に，五ゲン主義（原理・原則に従って，現場で現物を観察して現実的に捉える考え方）により事実を把握して本質的な問題解決に至る「見える化」の必要性を理解する．

□ キーワード

　現状分析，要因分析，あるべき姿と現状の姿，問題解決アプローチ，QCストーリー，仮説の設定と検証，QC7つ道具，新QC7つ道具，SQC7つ道具，問題解決レシピ，見える化

14.1　プロジェクトマネージャの問題把握と明確化

14.1.1　問題を解きほぐす

　プロジェクトでは，さまざまな問題が発生する．これらの問題を解決するためには，十分な「現状分析」と「要因分析（原因分析ともいう）」をしっかり行い，個人レベルでなく，プロジェクトチームとして，経験と知恵を組織的に結集し，科学的アプローチを取り入れて問題を解き

ほぐして，効果的な対策を講じなければならない．

ここで「現状分析」とは，現場で，今，何が起きているかを究明して，プロジェクト計画の目標と照らし合わせて，問題点を設定することであり，「要因分析」とは，この問題点に対して，考えられる要因（原因）を挙げて，真の原因（主要因）を捉えることである．

また，科学的アプローチとは，いわゆるKKD（経験・勘・度胸）に頼るだけでなく，言語情報（定性的データ）や数値情報（定量的データ）などの事実に基づいて，できるだけ客観的，定量的に判断し，意思決定し，適切な対策や行動をとるということである．すなわち，問題解決によりプロジェクトの業務を改善していくということは，従来の経験や勘にだけに頼るだけでは，本質的な問題の解決は不可能であり，経験や勘以外の，新しい事実や問題解決技法・技術による進め方が極めて重要となる．

問題の解決を進めていく際には，次の3つの点に注意して「問題を解きほぐす」必要がある．

i) チームメンバーの経験と知恵といった衆知を集める．
ii) 科学的アプローチを積極的に取り入れる．
iii) 事実に基づいて判断する．

例えば，「A製品の設計不良が多い」という場合，層別された不良区分では構造設計の誤り，言語仕様の理解不足，論理設計の誤りなど「何が最大の問題なのか」といった実情をチーム全体で，組織的に調べ，パレート図を使って発生頻度の多い不良項目である構造設計誤りに絞っていくように，重点指向で判断を下して問題をとらえるのが現状分析である．

次に，構造設計の誤り（結果）の原因に関する情報を集めて，主に固有技術に基づいて考えられる要因を，1次要因（構造設計誤りの発生原因として取り上げられた最初の原因候補），2次要因（1次要因の原因），3次要因（2次要因の原因），…という具合に特性要因図や要因系統図を使って掘り下げていき，真の原因の候補を追求するのが要因分析である（図14.1参照）．

要因分析では，さらに科学的アプローチにより原因の候補の中から主要因を，固有技術に裏付けされた経験と知恵により構造設計誤りの発生に関する因果関係を仮説として立てる．この仮説を，プロジェクトマネジメント技法や統計的品質管理手法（以下SQC手法と略す）を使って検証していくのである．

14.1.2 チームによる組織的な対策の立案

このようにして主要因を特定化し，やはり科学的アプローチに基づいて次のステップである対策をチームで立案することになる．このとき，具体的な実行案がチームメンバー全員で検討した多くの対策案の中から抽出されることになる．したがって，この実行案を現場で実施して，効果の確認をデータに基づいて確認すればよい．ここで重要なことは，科学的アプローチによりチームメンバー全員の衆知に基づいて問題解決を進めて改善を継続していけば，チームメンバーは問題解決の実力と自信をつけることになり，職場は成長し活性化の効果も大きいということである．

プロジェクトマネージャは，このように「チームメンバー全員で科学的アプローチにより問題解決活動を進める」という雰囲気と意識を醸成していくことが重要である．

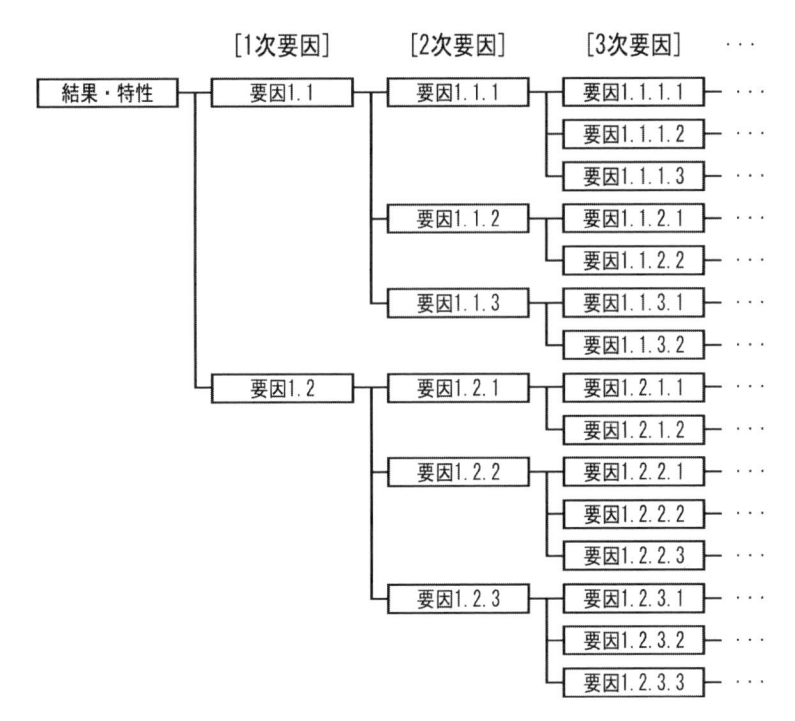

図 14.1　要因系統図による要因分析

14.2　問題の定義

　このように問題解決は，プロジェクトの目標・理想とする現実との隔たり（ギャップ）を認識し，分析を進めて，その隔たりが生じた真の原因を見つけ出して対策を講じていくプロセスである．

　ここで，「問題とは何か」について考える．総合的品質管理（Total Quality Management, TQM と略される）における管理対象の側面から見ると，問題とは，品質 (Quality)，コスト (Cost)，納期 (Delivery)（これら 3 つを QCD と略す）などの評価尺度から判断した「悪さ加減」ということになる．このとき，日常の業務の結果に対して，測定・評価すべき尺度が決められ，データ採取が可能であれば，「あるべき姿」と「現状の姿」の差異が問題であり，その問題の大きさは

$$（問題の大きさ）=（目標値）-（実績値）$$

として表されることになる（図 14.2 参照）．

　企業活動では，日常的に明らかな顕在化した問題や隠れた潜在的問題など多くの問題が発生している．これらを素早く認識して，把握・分析し，全プロジェクトで，全員参加で推進して行かなければならない．このとき，プロジェクトメンバーは，プロジェクトチームあるいは QC サークル活動で，各プロジェクトの担当業務において，その目標を効率的に達成するように「日常管理」を実施する．

　一方，プロジェクトマネージャは，「方針管理」に基づいて経営目標を達成するよう，経営上

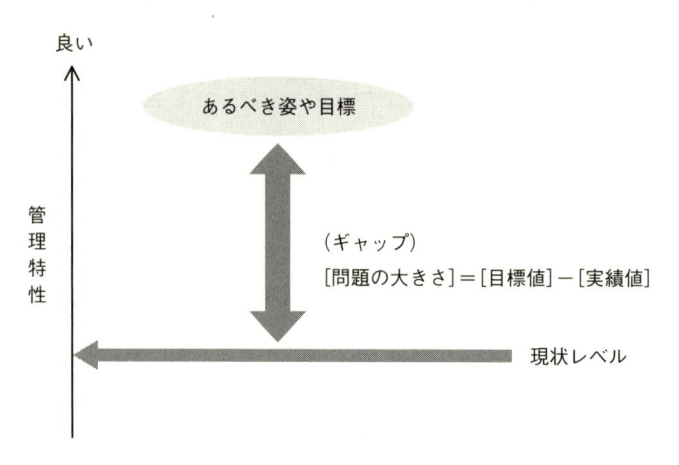

図 14.2　問題の定義

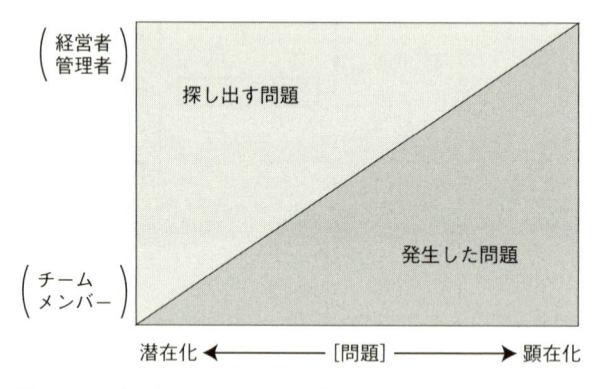

図 14.3　プロジェクトマネージャとチームメンバーの問題の性格

の問題も取り込んで問題解決活動を進めていくことになる．特に，プロジェクトマネージャは企業への貢献度も考慮して，企業にとって，直ぐに解決に取り組まなければならない問題や，今すぐやるべき改善が何であるのか，ということを認識し，迅速に問題の解決を推進していかなければならない．

したがって，チームメンバーやプロジェクトリーダーは，顕在化した発生した（している）問題を，プロジェクトマネージャの人たちは探し出さなければならない潜在化している問題を，主として取り上げることになる（図 14.3 参照）．このようにして取り上げられた問題を，衆知を集めて，その問題を共有化して意識を高め，科学的アプローチに沿って，事実に基づく分析を行って主要因を導き出し，その因果（問題と原因との）関係を検証していくことが重要である．

TQM において取り扱う問題には，目標値を設定するための目標（あるべき姿）と実績値の基礎となる現状の姿の捉え方によって，さまざまな問題のタイプがある．見方を変えると問題の捉え方も変わることから，問題のタイプ・種類をみておくことにする（図 14.4 および図 14.5 参照）．

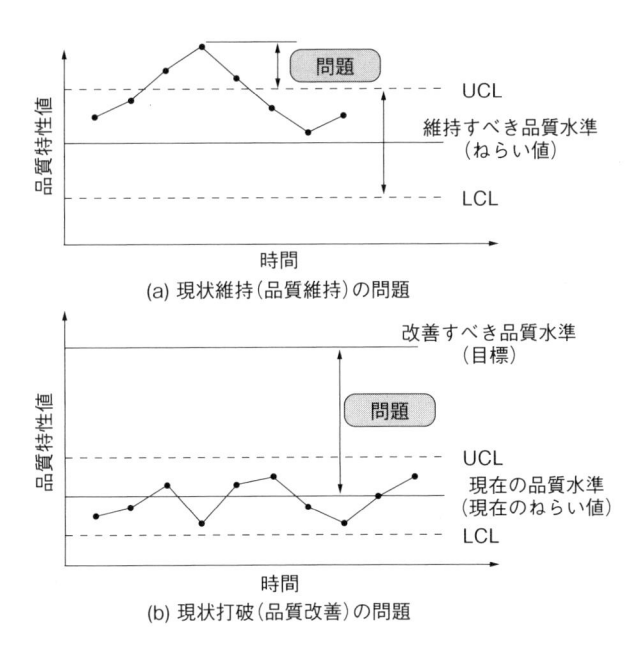

図 14.4　現状維持と現状打破の問題

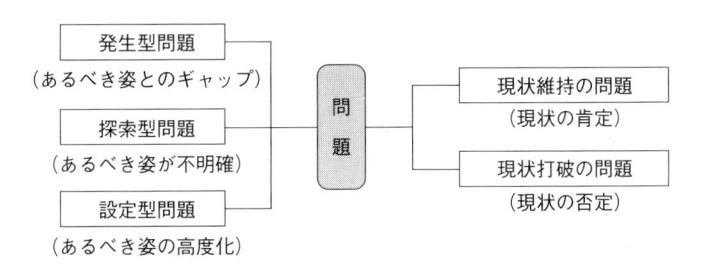

図 14.5　問題の種類

14.2.1　現状維持の問題と現状打破の問題

　まず，現状を「善し」とする問題と，現状を否定して更なる改善を目指す問題について考える．すなわち，TQMの主要な評価の対象となる品質・コスト・納期について，現在の水準を保ち，プロセスの現状を維持するための問題と，プロセスの現状に変更を加えて，より高い目標を達成するためにこれらを改善・向上を図る問題という2種類の問題が存在する．前者は「現状維持の問題」と呼ばれ，後者は「現状打破の問題」と呼ばれている．ここで，プロセスとは，製品品質が作り込まれる直接部門での開発プロセスでも，間接部門での仕事・業務の過程（プロセス）でもよい．例えば図14.4に示すように，開発プロセスにおいて，管理しているQCD特性のばらつきを維持すべき品質水準の範囲（目標）に収めて工程を安定状態におき，これを逸脱すれば問題が発生したとするのが現状維持の問題である．この場合，QCD水準の許容範囲を上方管理限界 (UCL, Upper Control Limit) および下方管理限界 (LCL, Lower Control Limit) により設定し，QCD水準の平均値（ねらい値，工程平均）を中心線 (CL, Central Line) にもつ管理図により，工程管理を実施することができる．

これに対して，現状の QCD 水準（工程平均）では不十分であり，更なる QCD 特性の向上を目指して，改善すべき QCD 水準に上げて目標を高めるのが現状打破の問題である．

14.2.2 発生した問題と探し出す問題

14.1 節でも議論したように，開発や業務の結果，実現された「現状の姿」と「あるべき姿」との関係において，問題を考えてみる．このとき，両者がはっきりと捉えられており，その差が「目標値」と「実績値」の差異として把握できれば，これは「発生した問題（発生型問題）」と呼ばれる．「工程内不良率が目標値まで低減しなかった」，「ボトルネックの解決が遅れ，納期までに完了しない」というように，問題が発生した時点をはっきりと捉えることができるので，「発生した問題」の場合は「現状の姿」を示す定量的尺度の設定と，これを使った測定によって，「現状の姿」の「善し悪し」を判断する時期が重要となる．

これに対して，あるべき姿が不明確な場合や，現状の姿およびその両方ともが不明確な場合，現状把握をした上で，問題を掘り起こしてみるとギャップの存在に気づくような「探し出す問題（探索型問題）」がある．「開発環境のトラブルやレビュー不足による障害が多発し，開発生産性が上がらない」という場合や，「やるべき項目の抜けがあるのではないか，今の開発作業方法でよいのか，作業標準の教育や管理のやり方がおかしいのではないか」というような場合には，まず「あるべき姿」を明確にする必要がある．したがって，現状把握をした後に「あるべき姿」の見直しが，常に行われるように，問題意識を高めておく必要がある．

14.2.3 挑戦する問題

「現状の姿」も「あるべき姿」も現時点では問題ではないが，さらに「あるべき姿（目標）」を高く設定して，企業の発展や社会貢献を目指して，その目標を達成するような「挑戦する問題（設定型問題）」がある．「ピンチはチャンスであり，自分を変えて，高い目標に向かって問題を創り出す」というような姿勢で，「新製品の開発期間の半減」，「現状の 1/10 の原価低減」，「業務のリードタイムの 1/4 低減」，「工程内不良率 0%」といった問題に取り組んで，ブレークスルー (break-through) を狙って現状を突破していくことになる．同時に，他のプロジェクトや同業他社の（同部門での）QCD レベルの向上を目標として，ベンチマーキングで問題の解決に取り組むことも重要である．

14.3 問題解決アプローチ

問題解決における「あるべき姿」が，「現状の姿」のレベルアップを目指すものであれば，「あるべき姿」を実現する方法はその延長線上にあり，所定の手順に従って問題解決を進めていけば「あるべき姿」に到達することが期待できる．しかし，どうしても実現できない場合には，現状分析や要因分析では気づかなかった副次的問題や潜在的問題の存在，あるいはもっと大きい「あるべき姿」とのギャップなどが存在することが予想される．この場合，問題解決を効率的に進めるために，次のように問題解決の進め方，すなわちとるべき問題解決アプローチを問題解決の類型別に層別しておけば，極めて有効である（図 14.6 参照）．

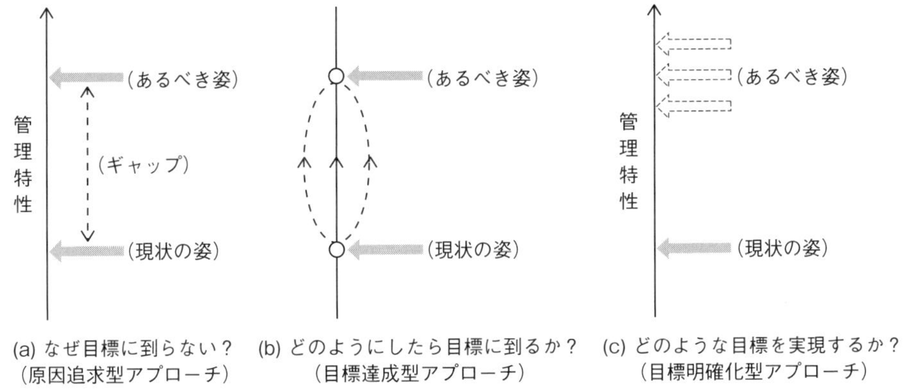

図 14.6 問題解決アプローチのタイプ

(a) なぜ目標に到らない？（原因追求型アプローチ）
(b) どのようにしたら目標に到るか？（目標達成型アプローチ）
(c) どのような目標を実現するか？（目標明確化型アプローチ）

14.3.1 原因追究型アプローチ

ある期待される効果が得られるはずなのに，実現しない問題の解決途上では，「なぜ？なぜ？」を繰り返して，原因の究明を行い（要因系統図でいえば n 次要因（$n \geqq 3$）まで深く掘り下げて），良い結果に至らない阻害要因を明確にする必要がある．このような進め方を，「原因追究型アプローチ」という．

14.3.2 目標達成型アプローチ

一方，「あるべき姿」が「現状の姿」をレベルアップしたものではなく，これまでの開発や業務の進め方の延長では実現できない場合には，どのようにしたら「あるべき姿」が実現できるのかという方策を重点的に考える必要がある．これを，「目標達成（方策追求）型アプローチ」による問題解決の進め方という．

14.3.3 目標明確化型アプローチ

さらに，経済環境や企業環境が不透明・不確実で，「あるべき姿」を明確に設定できない場合には，「あるべき姿」を描くこと自体を問題解決の対象として取り上げる必要がある．すなわち，どのような姿を「あるべき姿」として目指すべきかをチームの衆知を結集して導き出し，合意・意思統一を図った上で，問題解決を進めていくことになる．これは，「目標明確化型アプローチ」による問題解決の進め方という．

一般的には，現場においては固有技術や経験・知恵があることが多いので，原因追及型アプローチによる問題解決を進めていくことが多く，一方プロジェクトマネージャにおいては解答のない問題を取り扱うことが多いので，目標達成型アプローチや目標明確化型アプローチによる問題解決を進めて行くことが重視される．

14.4 効果的問題解決法と実践

業務や開発作業現場において，実際に問題を認知すると，

i) 過去の経験や知恵・ノウハウを利用して問題を考察する．
　ii) 現場（現地）で現物を観察し現実を知る（三現主義という）．

といったことを繰り返しながら問題解決への道筋を探ることになる．
　すなわち，問題解決では，事実に基づいて，客観的，合理的な視点から，科学的アプローチによるデータを採集し，その分析結果に基づいて対策案を導いている．このとき，最終的に導き出される対策は，問題の結果（直面している悪さ加減，現象）を解消・軽減するような「応急処置」ではなく，問題の真の原因を究明して，対策を講じるような「恒久処置」につながっていなければならない．問題への対処療法では，問題の再発防止は不可能であるということである．
　このように，科学的アプローチの視点から問題解決の道筋を探っていく手順を考えてみると，以下のようなステップになる．

　i) 問題の現状把握
　ii) 問題の要因の整理（仮説設定）
　iii) 要因の分析（仮説検証）
　iv) 歯止め

　TQM において考える問題解決法としては，問題の原因を究明して，これを除去するために打つべき処置・対策を考えていく手順を標準化した QC 的問題解決法，いわゆる「QC ストーリー」に従って問題解決を図るのが効率的である．QC ストーリーに従う問題解決手順は，上述した科学的アプローチの各ステップをより詳細化して，以下のようになる．

　i) 問題の設定
　ii) 実態調査・現状把握
　iii) 要因の整理（仮説設定）
　iv) 要因の分析（仮説検証）
　v) 対策の立案
　vi) 対策効果の確認
　vii) 歯止め（標準化）
　viii) ノウハウの整理・蓄積

この QC ストーリーのうち，主なポイントについて述べる．

14.4.1　問題の設定

　事実を客観的に把握しなければ，問題は設定できないので，問題意識を持って，真の問題を発想・発掘することが重要である．そのためには，次のようなチェック項目を絶えず考えておくと便利である．

● 管理のサイクルに基づくチェック

　(1) 計画する (Plan) 際の不備から問題が発生したか

(2) 実施する (Do) やり方や進め方がまずかったか

(3) 確認する (Check) 体制は十分であったか

(4) 対策や対応する (Act) 方法に問題はなかったか

● 「5M1E」のチェック

(1) 開発マシン・設備 (Machine) に問題はないか

(2) プログラム部品（再利用部品や購入部品）(Material) に問題はないか

(3) 開発作業者 (Man) に問題はないか

(4) 開発作業の方法 (Method) に問題はないか

(5) 計測方法 (Measurement) に問題はないか

(6) 開発の作業環境 (Environment) に問題はないか

● 「3ム」のチェック

(1) 「ムダ（無駄）」はないか

(2) 「ムラ（むら）」はないか

(3) 「ムリ（無理）」はないか

● 作業内容からのチェック

(1) 主体作業からの問題か

(2) 付帯作業からの問題か

(3) 関連作業の問題か

(4) 余裕時間からくる問題か

● 改善活動からのチェック

（管理間接部門）

(1) 業務の迅速性向上に関する問題か

(2) 業務の能率・生産性向上に関する問題か

(3) 業務の正確性向上に関する問題か

（開発部門）

(1) QCD（品質・コスト（原価）・納期）指標向上に関する問題か

(2) 開発生産性向上に関する問題か

(3) モラール向上に関する問題か

以上のようなチェック項目を，2つあるいは3つを組み合わせて，マトリックス図で記述してみると，問題がさらに明確になることが多い（図 14.7 参照）．

また，問題を取り上げる際には，

5M1Eの主要因		ムダ	ムラ	ムリ
開発マシン・設備 M_1	M_{11}			
	M_{12}			
	M_{13}			
プログラム部品 M_2	M_{21}			
	M_{22}			
	M_{23}			
	M_{24}			
開発作業者 M_3	M_{31}			
	M_{32}			
	M_{33}			
	M_{34}			
開発作業方法 M_4	M_{41}			
	M_{42}			
	M_{43}			
	M_{44}			
計測方法 M_5	M_{51}			
	M_{52}			
開発作業環境 E	E_1			
	E_2			
	E_3			

図 14.7 問題発掘チェックリストの例

- 問題の重要性：会社や職場にとって重要かどうか
- 問題の緊急性：解決がどれほど急がれるか
- 問題の解決可能性：解決に至る見通しはあるか

といったことを考え，会社の方針や経営目標，あるいはプロジェクトへのニーズに基づいて，悪さ加減や困り具合が明確になっている必要がある．同時に，関連プロジェクトへの配慮がなされていることも重要である．

14.4.2 実態調査・現状把握

問題が設定できると，その現象が発生していることによる悪さ加減を，三現主義に基づいて観察する必要がある．その結果，悪さ加減がデータに基づいて客観的に示され，悪さ（「あるべき姿」と「現状の姿」との隔たり具合）の程度が浮きぼりにされることになる．これにより，現状に対する目標（何を，どれだけ，いつまでに）を決め，その達成プロセスと根拠を明確にし，説得性のあるものにしなければならない．この観察の際に，「なぜ？なぜ？」を5回繰り返して，真因に近づいていく「なぜなぜ分析」が有効である．「なぜなぜ分析」をする際に役立つ6つの観察方法を挙げておく．

- 問題の目的に照らし合わせてみることによる観察
- 疑問を発してみることによる観察

(a) 突発的変化点問題　　(b) 突然変異的変化点問題　　(c) 漸増的変化点問題

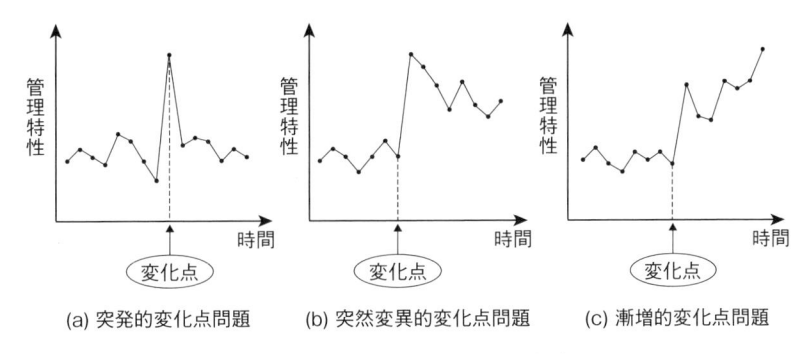

図 14.8　変化点に着目した問題解決

○ 層別してみることによる観察
○ 分析してみることによる観察
○ 相違をみることによる観察
○ ばらつきをみることによる観察

　問題解決を積極的に進めプロジェクトが活性化している現場を視察すれば，これらの観察方法がしっかりしているので，現状把握のスキルを高める上で参考になる．
　さらに，観察により管理指標や品質特性が時系列の現象として大きく変化していることがわかる場合は（図 14.8 参照），問題発生のクセに特有のパターンがあることが多いので，その発生パターンに応じた問題解決を進める必要がある．これを「変化点（チェンジポイント，change point）」に着目した問題解決という．
　例えば，ある開発作業条件のときだけ急に悪くなる「突発的変化点問題」，プログラム部品の変更や開発作業者の交代時点から急激に悪くなって行く「突然変異的変化点問題」，使用設備の経年変化により次第に悪くなっていく「漸増的変化点問題」などがある．

14.4.3　要因の整理（仮説設定）

　実態調査や現状把握に引き続き，問題の原因候補の洗い出しが必要になってくる．「なぜ現状は目標に対して悪いのか」についての要因を，なるべくチームによるブレーンストーミングを踏まえて洗い出すのである．
　このとき，管理指標や品質特性の目標に対する悪さ加減を結果として，結果→原因（1次要因）＝結果→原因（2次要因）＝結果→原因（3次要因）＝結果→・・・というように，「なぜなぜ分析」を繰り返しながら因果関係を掘り下げていき，真の原因に迫っていく特性要因図や要因系統図がよく用いられている（図 14.1 参照）．
　また，問題の背景を踏まえて，問題発生のメカニズムを考慮に入れて，要因間の相互関係もみながら同様の因果関係を整理して行く連関図も有用である（図 14.9 参照）．このように，因果関係を掘り下げて真の要因を導き出していくことは，問題の悪さ加減の現象と発生原因に対する仮説の設定をしていることに他ならない．ブレーンストーミングによる会議形式のチーム発想では，

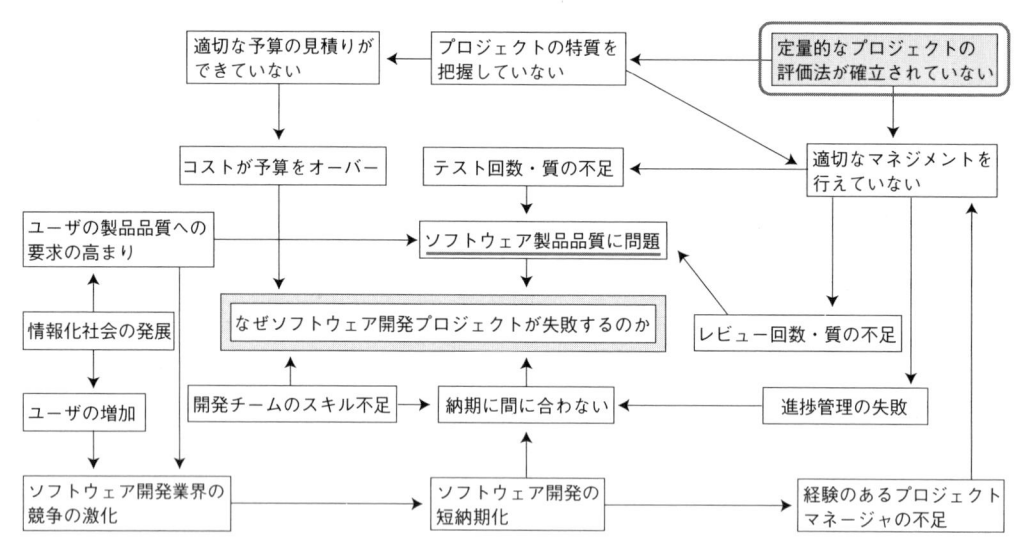

図 14.9 連関図の例「なぜソフトウェア開発プロジェクトが失敗するのか」

- 他人の意見の批判禁止
- 意見・発言は質より量を重視
- 自由奔放な意見・発言
- 他人の意見に便乗歓迎

といった原則の下で行うことが肝要である．

14.4.4 要因の分析（仮説検証）

要因を洗い出したら，重要要因を選定しなければならない．実態調査・現状把握から得られた情報，過去の経験・知恵，固有技術などから重要要因を推定し選定する．実際に選定した重要要因が管理指標や品質特性に影響を与えているかどうかについて，実験や調査を通してデータ解析を行った上で，結論を出すことが仮説の検証である．その重要要因の影響度合いを定量的に評価し，管理指標や品質特性に対する寄与率をつかむのである．このデータ分析の際に，QC7つ道具，新QC7つ道具，統計的推定と検定，実験計画法，多変量解析法，信頼性手法など，様々な品質管理 (QC) 手法が適用される．

14.4.5 対策の立案

要因の分析で導き出された主要因（真の原因）に対して，できるだけ「恒久処置」になるような根本的対策案を立てなければならない．ここでも，要因の整理において因果関係の掘り下げで用いたブレーンストーミングによる会議形式のチーム発想法が役立ち，問題の発生源を除去するための対策案を数多く出すことが重要である．

このとき，「—するためには？」といった目的に対する手段としての方策提案から出発して，目的→手段（1次手段）＝目的→手段（2次手段）＝目的→手段（3次手段）＝目的… という

主要因	問題	効果	コスト	難易度	得点	評価	対策案
A	A_1	1	1	5	5	×	
	A_2	5	5	5	125	○	対策 A
	A_3	5	3	3	45	△	
B	B_1	5	5	5	125	○	対策 B
	B_2	5	5	5	125	○	対策 C
	B_3	1	5	5	25	△	
C	C_1	5	5	5	125	○	対策 D
	C_2	3	1	1	3	×	
	C_3	5	5	5	125	○	対策 E
	C_4	1	5	5	25	△	

○：75点以上
△：15点以上75点未満
×：15点未満

図 14.10　ある設計不良の対策評価マトリックス図

ように，実施可能な具体策になるまで目的・手段展開を進めていく．

その具体的な対策案の中から，期待効果，費用（経済性），難易度（実現性），工数，影響度といった評価基準により実行案を決定する．ここで，具体策に掘り下げていく過程を，方策展開型系統図にまとめ，その末端に対策案決定のための評価基準とのマトリックス図を併記すると，実行案を絞り込やすい（図 14.10）．ブレーンストーミングにより方策展開するにあたり，次のような発想法が有効である．

● キーワードの活用

(1) 排除（やめてみる），結合（まとめてみる），交換（入れ替えてみる），簡素化（手を抜いてみる）

(2) 反対（対立関係を思い出す），接近（結び付いた印象を絞り出す），類似（似ている印象を思い出す），因果（原因と結果の関係で思い出す）

● 改善手法の 3S

(1) 単純化 (Simplification)：できるだけ単純な手段で目的を達成
(2) 標準化 (Standardization)：単純化後に種類・内容を統一
(3) 専門化 (Specialization)：得意技術・機能を拡張して優位性を確保

● ジャストインタイムへのアプローチ

(1) 見える化：情報の共有化（情報が見える，プロセスや成果物が見える，業務や開発作業が見える）
(2) 流れ化：情報や成果物がスムーズに流れ，停滞や戻りがなく，業務や開発作業が流れる

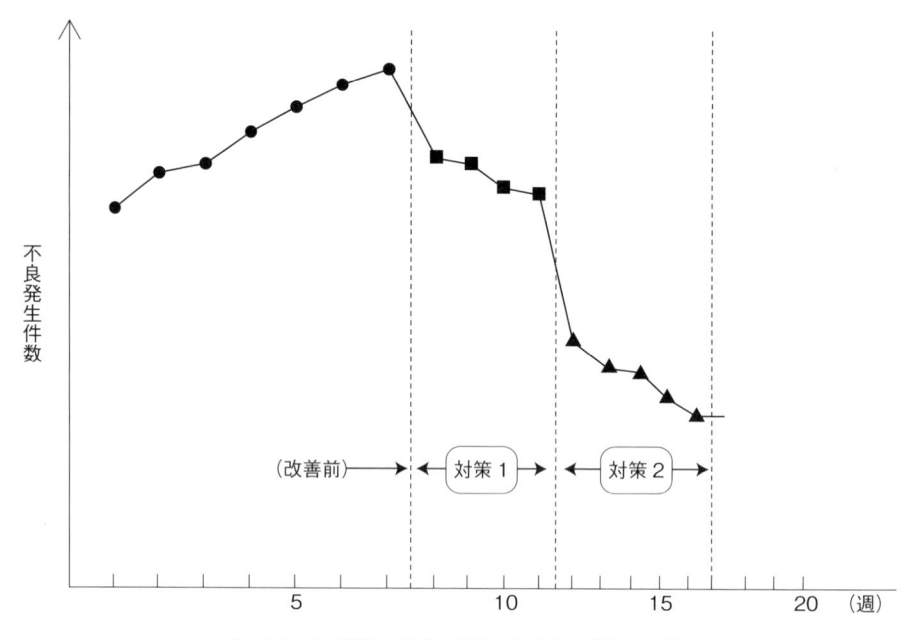

図 14.11 複数の対策を実施した場合の効果の確認

14.4.6 対策効果の確認

　実施した対策の結果，問題となっていた管理指標や品質特性の実績値をみて，目標に対する達成度合いを，「現在の悪い状態が改善されたか」，「対策のねらいは達成できたか」，「ほかのQCDに対する副作用は発生していないか」といった観点から定量的に確認する必要がある．

　したがって，実施した対策の効果を確認する適当な期間において，問題となっている現象の発生頻度や発生サイクルを観察しなければならない．

　対策実施前後で管理指標や品質特性の変化を見るには，「現状把握」の場合と比較して時系列にデータをとってグラフ化し，目標に対する達成度合いをみると分かりやすい．同時に，効果の大きさを金額や工数に換算してみると，管理者にとっては問題解決活動の成果も把握しやすい．

　例えば，不良発生によるコスト低減の場合は，（単位期間当り不良発生率 × 不良品の単価 × 期間）により，工数低減の場合は，（単位期間当り低減工数 × 時間給 × 期間）により金額換算される．いくつかの対策を実施した場合には，対策ごとに効果を確認することになる（図14.11参照）．

　さらに，対策実施の効果（結果）を明確にするには，統計的推定と検定の中でも，「母平均の差の推定と検定」および「母分散の比の推定と検定」を使うとよい．また，上記のような直接的効果だけではなく，以下のような問題解決活動に付随する間接的効果も明示しておくと，プロジェクトあるいはチームメンバーとしてのスキルアップ度合いを評価できる．

○ プロジェクトや業務における問題の捉え方が早くなり，問題解決における仮説・検証のプロセスが明確になった．
○ 問題意識や改善意識が高まった．

○ チームメンバーのコミュニケーションが図られ，チームワークが良くなった．
○ SQC（統計的品質管理）手法の理解が深まり活用頻度が高まった．

14.4.7 歯止め（標準化）

　効果のあった対策は，開発作業や業務の中に取り入れて，その効果が確実に維持できるような仕組みとやり方を設定する必要がある．この誰でもが実行できる仕組みとやり方のことを標準という．この標準を，5W1H（誰が，いつ，どこで，何を，何のために，どういう方法で）に沿って，標準書（管理帳票，作業要領など）に記述し，誰もが使えるようにすることを「標準化」という．例えば，作業標準書には，開発プロセスの作業内容，品質チェック箇所，開発作業のポイントなどが，作業者が理解しやすいように図示化され記載されている．また，開発作業や業務の中で標準化された対策が当該問題解決後も維持管理できているか，同時に対策効果が継続的に維持できているかどうかを，定期的に確認し，再び悪い状態に陥らないように再発防止に努めることも重要である．このとき，標準書の改訂が行われる可能性もある．

14.5　問題解決に有効な手法

　前節で述べた問題解決のプロセスを，「問題解決レシピ」としてまとめたのが，表14.1である．このQCストーリーの手順は，以下のようなステップとしてまとめることができる（図14.12参照）．

（手順1）事実・データ（技術経験）の収集
　　　・過去の実験・分析結果や日常管理のデータの整理
（手順2）仮説の整理／仮説の発想
　　　・観察データ（身近な事実・データ）から仮説を抽出
　　　・効果的なデータの記述と要約
　　　・記述・要約された情報から仮説を設定
（手順3）仮説の検証

[1] 事実・データ（技術経験）の収集
　・過去の実験・分析結果や日常管理のデータ
[2] 仮説の整理・仮説の発想
　・観測データ（身近な事実・データ）から仮説を抽出
　・効果的なデータの記述と要約
　・記述・要約された情報から仮説を設定
[3] 仮説の検証
　・データによる検証
[4] 技術知見の獲得
　・継続的に改善を推進

[仮説＝技術経験]　[現実＝データ解析]

[継続的改善]

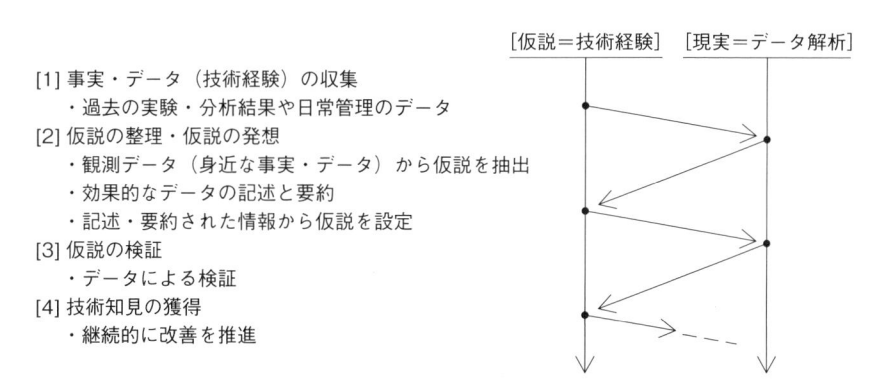

図 14.12　問題解決の基本ステップ

表 14.1　問題解決レシピ

	基本手順	評価項目	活用する方法
[1] 事実・データ（技術経験）の収集	1. 問題の設定 ・What 型 　何を実現すべきか？ ・How 型 　どうしたらよいのか？ ・Why 型 　なぜ問題な（悪い）のか？	・プロジェクトのニーズに基づいており，悪さ加減や困り具合が明確になっているか.	・層別 ・ヒストグラム ・パレート図 ・グラフ ・統計的推定と検定 ・チェックシート ・管理図 ・マトリックス図
		・関連プロジェクトの配慮がなされているか.	
	2. 実態調査・現状把握 ・3 現主義（現場・現物・現実） ・現象発生の観察 ・比較観察	・悪さの程度がデータなどから客観的に示されているか.	・層別 ・パレート図 ・グラフ ・ヒストグラム ・チェックシート ・管理図 ・マトリックス図
		・悪さの程度が浮きぼりにされているか.	
		・目標（何を，どれだけ，いつまでに）を決めるプロセスと根拠は明確で，説得性があるか.	
[2] 仮説の整理・発想	3. 要因の整理（仮説設定）	・「なぜ悪いのか」について要因が十分に洗い出されているか.	・層別 ・散布図 ・相関分析 ・特性要因図 ・連関図 ・系統図 ・グラフ ・ヒストグラム ・チェックシート ・マトリックス図 ・統計的推定と検定 ・管理図
	4. 要因の解析（仮説検証） (1) 原因候補の洗い出し (2) 原因候補の絞り込み (3) 真の原因の確認：実験・調査	・その要因をデータで検証し，真の原因を究明しているか.	
[3] 仮説の検証	5. 対策の立案と実施 ・恒久処置：原因の除去 ・応急処置：現象の除去	・究明した原因と対策は結びついているか.	・層別 ・統計的推定と検定 ・チェックシート ・系統図 ・ヒストグラム ・ガントチャート ・アローダイアグラム
	6. 対策の立案と実施 ・目標に到達したか. ・現在の状態が改善されたか. ・対策のねらいは達成されたか. ・副作用は発生していないか.	・立てた目標と効果の結びつきを明確にしているか.	・パレート図 ・グラフ ・ヒストグラム ・統計的推定と検定 ・チェックシート ・管理図
		・問題解決活動の反省を行い，今後の活動に活かそうとしているか.	
[4] 技術知見の獲得	7. 歯止め（標準化）をし，管理の定着をはかる. ・5W1H（誰が，いつ，どこで，何を，何のために，どういう方法で）	・効果が確実に維持できるための標準化（仕組みとやり方）が行われているか.	・管理図 ・グラフ ・チェックシート
		・定着していることを示すことができるか.	

表 14.2　QC7つ道具

層別	作業者,設備・開発マシン,作業方法,プログラム部品,測定方法などの要因別に,データの特徴に着目して,共通点をいくつかのグループに分類する.
チェックシート	分類項目別にデータを採取するデータシートであり,落ちや抜けのないようにする
パレート図	不良や不具合などの内容を度数の多い順に層別して並べ,その累積相対度数を併記した図であり,真の原因追求を行う.
特性要因図（要因系統図）	品質特性（仕事の結果）とそれに与える原因の候補を要因として系統図法により整理した図であり,真の原因追求を行う.
ヒストグラム	データの存在する範囲を分割して各区間に入るデータの出現度数を柱状図にしたものであり,データの全体の姿（QCD特性のばらつき）を把握する.
散布図（相関図）	要因とQCD特性のデータが対になって観測されるとき,これを2次元平面上に打点した図であり,要因と品質特性の相関関係をみる.
管理図	QCD特性の時間推移をみるために,管理限界を示す上下一対の線と中心線の入った折れ線グラフであり,偶然原因と異常原因によるばらつきを区別する.

表 14.3　新 QC7つ道具

手法	内容と目的
連関図法	複雑な要因が絡み合う問題について,その因果関係を（原因）→（結果）=（原因）→（結果）=（原因）→…の関係で掘り下げ,適切な解決策を見出す.
親和図法	混沌とした事象を言語データを基に整理し,言語データ相互の親和性を考えて,発想法により解決すべき問題を明確にする.
系統図法	目的・目標を果たすのに必要な手段・方策を系統的に追求・展開する.
マトリックス図法	多元的見方・思考により,その評価軸の各要素の相互関係から問題点を明確にする.
アロー・ダイアグラム	特定の計画を進めていくのに必要な作業の関連をノード（結合点）とアロー（矢線・作業）を使ってネットワークで表現し,最適な日程計画を立てる.
PDPC法	事態の進展とともに,不測の事態が想定される問題について,流れ図（フローチャート）を自在に使って,望ましい結果に到るプロセスを定める.
マトリックス・データ解析法	マトリックス図としてまとめられた多変量の数値データを,見通しよく整理し,集約された新たな評価軸を使って,問題の解決の糸口をみつける.多変量解析法のうちの主成分分析のことである.

　　　・データによる検証
（手順 4）技術知見の獲得
　　　・継続的な改善を推進

　上記の（手順 1）―（手順 4）に示した問題解決活動においては,様々なプロジェクトマネジメント技法やQC手法が用いられ,特にQC手法を7つ道具としてまとめたのが,QC7つ道具（表 14.2）,新 QC7つ道具（表 14.3）,SQC7つ道具（表 14.4）である.
　これらのQC手法によるデータ解析は,思考レベルの活動（チームの衆知を結集する）と経験レベルの活動（三現主義で観察・調査する）を交互に繰り返す問題解決活動において,その両活動の橋渡し的役割を果たしている.その両活動には,以下のような活動が含まれる.

〇　母集団（開発プロセス）の姿を可視化して考える.

表 14.4 SQCフつ道具

手法	内容と目的
計量値の推定・検定	正規分布にしたがう計量的なデータについて、比較的少数のデータを基にして、母集団としての特性を比較したり（検定）、従来との変化があるかどうかを見極めたり（推定）する手法。対象とする分布の特性に応じて正規分布、χ^2（カイ二乗）分布、F 分布、t 分布などを用いる。開発プロセスからの製品の変化や差の大きさの程度を推測したり（推定）する手法。
計数値の推定・検定	不良品、欠点数、など数えられるデータや不良率などの計数値に対する検定、推定は基本的に計量値と同じだが、分布は二項分布やポアソン分布に従うことが多いから、分割表やヒ項確率紙などの簡易な方法も用いられる。
相関と回帰・重回帰分析	QCD 特性と作業条件や代用特性などの対応するデータについて、一方の変化に応じて他方がどう変化するかを散布図を用い、関係の強さを相関係数、回帰式で定量化し、最小二乗法などで検定、推定して統計的に判断する方法。データが 3 種類以上の場合は重相関・重回帰分析となる。
分散分析	測定によって得られたデータは真の値と誤差で構成されている。それを実験条件である因子の水準の違いによるものと測定やサンプル間から生じる誤差に分解し、検定、推定を行い、因子が測定値にどう影響しているか調べる方法。分析結果は分散分析表にまとめられるデータ解析手法のひとつ。
多変量解析法	互いに相関関係にある多くの種類の特性値データを要約して、データ数を減らし判断しやすいように、その分布のモデルからデータの持つ特徴を浮き彫りにし、総合的評価につなげる統計的解析手法の総称。目的と用いているデータの型に応じて多くの手法が使い分けられる。例えば、関係する特性値間の構造の単純化には主成分分析や判別分析、仮説の検証では共分散分析などが代表的である。予測・判別には重回帰分析や判別分析などが代表的である。
実験計画法	与えられた実験目的に対して最も効果的、効率的な結果が得られるように実験を計画する方法。実験結果の特性のばらつきに影響を与える 1 つの因子をいくつかの水準にランダムに変化させて行う場合を一元配置、因子が 2 つの場合を二元配置、3 つ以上の場合を多元配置と呼び、結果は通常分散分析で解析される。また、因子の水準変更が困難な場合や因子数が多いときは、分割法や直交配列表による実験順序の割付法がある。
信頼性解析	開発・設計・製造・テストの各段階で、製品やシステムが、与えられた条件下で規定の期間中、要求された機能を果たすことができるかどうかを評価・確認する方法。主に検定・推定、故障モード解析などが用いられる（FTA・FMEA、信頼性理論）。

山田雄愛：『文科系のための品質管理』、日科技連出版（1998）より

○ アイディアを集約する．
○ 要因や方策の抜けや落ちを防ぐ．
○ 要因や方策を系統立てて考え，評価する．
○ 多方面から考える．
○ 多様な手段・予測事象を考える．

目標達成のために計画を順序立てて立案する．

また，QC手法を使いこなすには，現場で収集されたデータの分析に基づいて「必ず何らかのアクションをとる」という姿勢が重要である．逆に言うと，「アクションにつながるデータを採取する」ということになる．したがって，プロジェクトマネージャは，データをとる目的を明確にして，「データが異常を示しているかどうか，癖のある傾向はないか，といった問題意識を持ってデータを見る」，「データにより具体的なアクションを取るために，管理線や目標線を入れて客観的な判断をする」などの注意喚起をチームメンバーに対して絶えず行っていなければならない．

14.6 問題解決と「見える化」

今までの議論でも明らかなように，問題解決活動は，「事実に基づく管理」の下に推進していくものである．すなわち，問題になっている事実を客観的に把握し，データを採取し，それをQC手法のような科学的方法に基づいて分析し，その上で実態把握をし，問題解決における処置や改善のためにデータにより評価と確認を行うということである．もちろん，このとき三現主義（『現場』で，『現物』を，『現実』的に見る）や五ゲン主義（三現主義に『原理』と『原則』を加えたもの）により，事実を見なければ本質的な問題解決には至らない．したがって，

○ 見るべき事実を明確にする
○ その事実を容易に認識できるようにする
○ 見た事実を共有できるようにする

といった「見える化」(Show and Share for Solving Actions) に注意を払うことが重要である．このことは，問題解決活動を「見える化」の視点から，前述した問題解決のプロセス（QCストーリー）を確実に1ステップずつ踏んでいくことにより，効果的かつ効率的に実践するということになる．もう少し具体的に述べると，問題解決プロセスには以下のような「見える化」が必要になる．

● 問題の「見える化」（気づく・認識する）

　i) 問題の設定

● 潜在的要因の「見える化」（探す・分析する）

　ii) 実態調査・現状把握

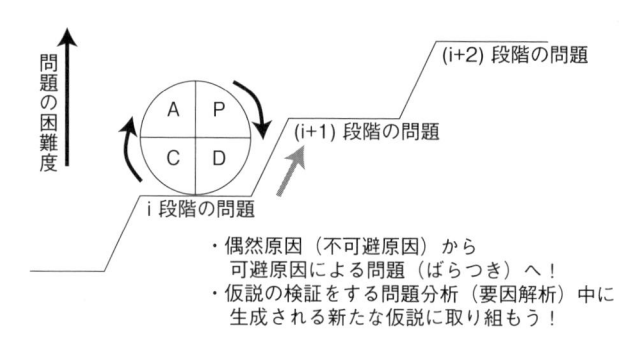

図 14.13 これからの問題解決

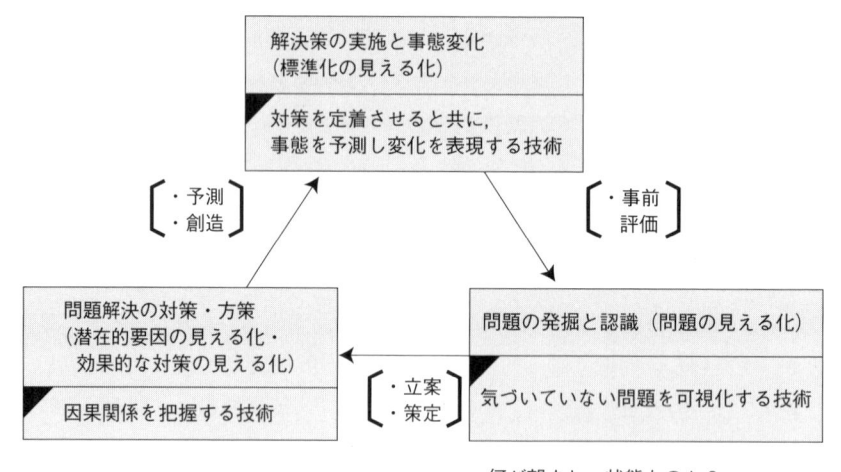

図 14.14 問題解決のサイクルと「見える化」

　　iii) 要因の整理（仮説設定）
　　iv) 要因の分析（仮説検証）

● 有効な対策の「見える化」（考える・提案する）

　　 v) 対策の立案

● 標準化の「見える化」（実行する・行動する）

　　vi) 対策効果の確認
　　vii) 歯止め（標準化）
　　viii) ノウハウの整理・蓄積

　現在，社会環境や経済環境などの事態が変化していく中で，より複雑でかつ難易度の高い，解決の困難な問題の解決に取り組まなければならない状況になっている．これからの問題解決活動においては，これまでは偶然原因（不可避原因）として取り扱っていた問題を，可避原因に

よる問題として取り扱わなければならなかったり，要因分析における仮説の検証中に発生する新たな仮説に積極的に取り組む必要があったりする（図14.13参照）．そのような状況においても，事実に基づく管理の視点から，図14.14に示したように，問題解決プロセスにおける「見える化」をしっかり行って，変化する事態を見据えた問題解決のPDCAサイクルを回していかなければならない．

演習問題

設問1　複雑な原因の絡み合う問題について，その因果関係を明らかにすることにより，適切な解決策を見出す手法が連関図法である．この連関図（図14.9参照）を使って身近な問題（例えば「最近，仕事が忙しいのはなぜか？」）を取り上げ分析せよ．

設問2　問題の真の原因（真因）に近づいていくために，「なぜなぜ分析」が重要である理由について述べよ．

設問3　問題解決活動により得られる間接的効果について述べよ．

設問4　「見える化」は，基本的には，現場で，目で見て事実をつかみ，得たデータからQC手法などの道具を使って，さまざまな情報を得ることである．問題解決活動における見える化の役割について述べよ．

設問5　QCストーリーに従って，プロジェクトにおけるQCDに関するテーマを取り上げて問題解決を実施せよ．

参考文献

[1] 杉本辰夫編：『事務・営業・サービスの品質管理（改訂版）』，日本規格協会，1991.
[2] 竹内明：『管理・改善の進め方』，日本規格協会，1999.
[3] 角田克彦，広瀬淳，市川亨司：『QC手法　I』，日科技連出版社，1991.
[4] 角田克彦，広瀬淳，市川亨司：『QC手法　II』，日科技連出版社，1991.
[5] 角田克彦，広瀬淳，市川亨司：『QC手法　III』，日科技連出版社，1992.
[6] 納谷嘉信編：『おはなし新QC七つ道具』，日本規格協会，1987.
[7] 日科技連QC手法開発部会：『管理者・スタッフの新QC七つ道具』，日科技連出版社，1979.
[8] 細谷克也編著：『すぐわかる問題解決法』，日科技連出版社，2000.
[9] 谷津進：『ベーシック／生産入門（日経文庫614）』，日本経済新聞社，1990.
[10] 谷津進：『品質管理の実際（日経文庫726）』，日本経済新聞社，1995.
[11] 山田雄愛，岡本眞一，綾野克俊：『文科系のための品質管理（改訂版）』，日科技連出版社，2002.

[12] 山田茂，木村光宏，髙橋宗雄：『TQM のための統計的品質管理』，コロナ社，1998.
[13] 吉原靖彦：『仕事がどんどんうまくいく「カイゼン」の教科書』，中経出版，2005.
[14] 今里健一郎，高木美作恵：『改善を見える化する技術』，日科技連出版社，2007.
[15] 日本規格協会広島支部見える化テキスト編集委員会編：『効果のあがる「見える化」の理論と実際（第 3 版）』，日本規格協会広島支部，2010.

索　引

記号・数字
5W1H 49, 227
5W3H 18, 20, 26, 40, 49, 50, 84, 88
6つの品質特性 127
9つのマネジメント領域 22

A
ABC分析 53
AC 108

B
BAC 108

C
CCM 5
CMM 5
COCOMOII 5
CPI 108
CPM 4, 117
CR 109
CV 108
CVAC 109

E
EAC 109
ETC 109
EV 108
EVM 5, 107

F
FP 5

I
IFPUG 5
ISO 40
ISO12207 5
ISO9000 .... 16, 44

J
JIS 40, 42
JPMF 6

K
KKD 214
KPI 49, 51

M
MARS-1 4

P
P2M 6, 8, 21, 23, 24, 26
PC 108
PDC 8, 12, 13, 17, 18, 41, 43, 45, 88
PERT 4, 117
PERT/CPM 117
PERT図 118
PMAJ 6
PMBOK 4, 8, 13, 21, 22, 26, 47
PMI 4, 22
PV 108

Q
QC7つ道具 229
QCD 20, 49
QCストーリー 220, 227
QC的問題解決法 220

S
SABRE 3
SAC 108
SAGE 3
SLCP 5
SLCP-JCF 6
SLCP-JCF2007 6
SPI 108
SQC7つ道具 229
SV 108
SVAC 109

T

- TC_CPI 109
- TC_SPI 109
- TEAC 109
- TQM 215
- TVA 3
- TVAC 109

W

- WBS 82, 83, 87, 99
- WBS 管理表 110, 115
- WBS 構造木 99, 102
- WBS 辞書 101

あ行

- アクティビティ 101, 102
- アポロ計画 4
- あるべき姿 215
- 委員会組織 10
- 一次品質 40, 41, 43
- 一般障害管理報告 155
- イメージ 65
- 因子分析 202
- 受け入れ管理 180
- 受け入れ検査 181
- 請負 169
- 運慶 2
- 応急処置 220
- 遅れ 142
- 遅れの想定原因と対策 143
- 遅れの要因 144
- 重み付け配分法 111
- 重み付けマイルストーン法 ... 138

か行

- 開始の問題 146
- 外注 167
- 外注管理 21, 167
- 外注計画 170
- 外注先 174
- 外注先の評価 183
- 街道 2
- 回避 47, 162
- 科学的アプローチ 213, 214
- 可視化 20
- 可視化の視点 40, 49
- 瑕疵責任 46
- 瑕疵担保責任 169
- 課題 21, 40, 44, 45, 57, 150
- 価値 107
- 価値軸 123, 127, 128
- 価値の尺度 107
- 可避原因 232
- 感覚的 75
- 環境の改善 146
- 間接測定 50
- ガントチャート 4, 119
- 完了期間予測 109
- 完了時期差異予測 109
- 完了時原価差異予測 109
- 完了時原価予測 109
- 完了予定時スケジュール差異予測 109
- 完了率 108
- 企画書 188
- 企画段階 17, 34, 47
- キックオフミーティング 177
- 機能型組織 61
- 機能的役割 64
- 基本体制 63
- 共通化 189
- クイックレスポンス 156
- クリティカルパス 117, 119, 139
- グレード区分 188
- 経営課題 29
- 経営環境 33
- 経営資源 16, 35
- 経営戦略 16, 29-33
- 経営目標 19, 30
- 経営理念 32
- 計画書 188
- 計画審査 82
- 計画段階 21, 88
- 計画の3点セット 88
- 計画見積技術 17
- 軽減 47, 163
- 経験の共有 69
- 契約 169, 175
- 契約形態 169
- 決断とオーソライズ 137
- 決断力 77
- 原因 40, 44
- 原因追究型アプローチ 219
- 原価効率指標 108
- 原価コントロール 105
- 原価差異 108
- 原価実績値 108
- 原価マネジメント 103
- 原価見積 104
- 検査条件 181
- 検収 180
- 検収条件 175
- 検出課題数 206
- 現状維持の問題 217
- 現状打破の問題 217
- 現状の姿 215
- 現状分析 213, 214

源流管理	41, 188
広義の品質マネジメント	45
恒久処置	220, 224
恒久対策	40, 54
購買	167
公理系	71
効率実績グラフ	116
効率指標	109
五ゲン主義	231
心の窓	72
コスト管理	133
固定比配分法	138
固定比率配分法	111
コミュニケーション	67
コミュニケーションにおける勘所	68
コミュニケーションの重要性	67
コミュニケーションの本質	67
コンテキスト	69

さ行

最早開始日	118
裁定的	77
探し出す問題（探索型問題）	218
作業	64
作業項目	86
作業の分析	136
三現主義	220, 222, 229, 231
3次元統合価値モデル	123, 127, 128
残所要原価効率	109
残所要原価予測	109
残所要スケジュール効率	109
暫定対策	40, 54
支援基盤	8, 16, 20, 188
時間管理	22
式年遷宮	2
事業計画	32
事業戦略	29, 32
事後対策	40, 54
指示系統	64
実現手段	89, 123
実現性	20, 35–37, 87, 123
実現性の定義	124
実行状況監視	164
実行段階	21
実行マネジメント	133
実施	47
実施可否	36, 47
実施方法	86
質的作業	136
重回帰分析	200
充足度	42
重点指向	214
執念	76
集約化	189
重要障害に対する特別報告	155
主成分分析	200
受容	47, 163
主要因	53, 54
主要因分析	40
準委任	169
障害	44, 151
障害管理	151, 152
障害管理グラフ	153
障害管理リスト	153
障害記録	153
障害状況報告	155
障害に対するセンス	155
障害フォロー手順	155
仕様変更管理	157
所用期間見積	117
新QC7つ道具	229
審査責任者	192
進捗管理	10, 21, 135, 177
進捗管理体制	140
進捗管理手順	139
進捗管理表	112, 115
進捗コントロール	120
進捗実績グラフ	112, 115
進捗の計画	110
進捗の計上	115
進捗評価基準	137
進捗マネジメント	117
人的資源	8, 15
信念	76
水道	2
スケジュール	82
スケジュール効率指標	108
スケジュール差異	108
スケジュール作成	119
スコープの縮小	145
ステークホルダー	8, 13, 14, 20, 60, 82, 88, 123
素直さ	74
成果（価値）	12
成功確率	36, 47
成功可否	36, 37
正準相関分析	199, 200
静的なリスク	46
静的リスク対策	46
制約	8
責任	64, 78
設計品質評価	203
折衝作業	137
善管注意義務	170
戦術	29–31
漸増的変化点問題	223
全体最適化	189
戦略	29

戦略機能 188
戦略マネジメント 31
総合的品質管理 215
総合評価 40, 51
総予算 108
測定 40
測定値 51
測定法 49, 50
阻止 47
組織戦略 30
組織風土 15
ソフトウェア信頼度成長モデル 206
ソフトウェアマネジメントモデル 197

た行

第三者審査 186
単一プロジェクト 10, 32
単一プロジェクト計画書 83
単一プロジェクトマネジメント 9
単回帰分析 199
チェンジポイント 223
挑戦する問題（設定型問題） 218
調達マネジメント 167
直接測定 50
直感的 75
定量的マネジメント 196
定量的マネジメント技術 17
適応軸 123, 127, 128
適合性 123
適合度 40, 42
出来高計画値 108
出来高実績値 108
適用効果 15
適用時の品質 40, 41
転嫁 47, 163
投資活動の管理 45
投資計画 31
統制 19, 20
統制機能 188
トータルアウトプット 79
トータルフロート 139
トータルライフサイクルプロセス 86
特性要因図 40, 52
突然変異的な変化点問題 223
突発的変化点問題 223

な行

内外製 169
なぜなぜ分析 222
ニーズ 123
二次品質 40, 41, 43
日常管理 215
日露戦争 3

人間に対する本質的な温かさ 74
仁徳天皇陵 2
ネアカ 75
納期の延期 146
ノウハウ 17
ノウフー 17
能力軸 123, 127, 128

は行

派遣 170
発生した問題（発生型問題） 218
発注先選定基準 173
発注先の選定手順 172
発注仕様 179
パラメトリック見積 104
パレートの法則 40, 53
万里の長城 2
非同次ポアソン過程モデル 206
評価指標 125
標準化 189, 227
評定 51
ピラミッド 1
品質 40
品質意識 78
品質改善 40, 45, 46
品質管理 23, 42, 133, 179
品質評価指標 188
品質保証 40, 45
品質問題の構造 45
フォロー管理 176
不可避原因 232
副次的効果 12, 19, 43
不適合 44, 46
部門組織 10
ブルックスの法則 3
ブレーンストーミング 223, 225
プログラムマネジメント 3
プロジェクト 8, 9
プロジェクトオーナー 22
プロジェクト外実行監査 193
プロジェクト型組織 62
プロジェクト監査 186
プロジェクト完了報告書 89
プロジェクト起案者 194
プロジェクト企画 29
プロジェクト企画書 87
プロジェクトグレード区分 29
プロジェクトグレード区分決定基準 . 36, 191
プロジェクト計画書 82, 89
プロジェクト計画の徹底 134
プロジェクト事前審査 191
プロジェクト審査 29, 186
プロジェクト戦略 16, 20, 29–33
プロジェクト組織的マネジメント 186

プロジェクト体制	63, 82
プロジェクトの開始	15
プロジェクトの完了	147
プロジェクトの出力	99
プロジェクトのスコープ	99
プロジェクトのトータルライフサイクル	10
プロジェクトの目的	99
プロジェクトのよじれ	197
プロジェクト品質	29
プロジェクトポートフォリオ	35
プロジェクトマネージャ	64
プロジェクトマネージャのあるべき姿	73
プロジェクトマネージャの心構え	77
プロジェクトマネージャの役割	64
プロジェクトマネジメント	1
プロジェクトマネジメントフレームワーク	8, 9
プロジェクト目標	123
プロジェクト予定期間	108
プロセス	8, 12
プロセス監視	198
プロセス監視活動	197
プロセス監視進捗評価尺度	209
プロセス監視進捗率	206
プロセス監視進捗評価	207
プロセス監視データ	206
プロセス監視レビュー	199
プロセスの品質	40, 41
プロセスの問題	44
プロダクト	8, 12
プロダクト（成果）の問題	44
プロダクトの品質	40, 41
分解要素	100
文書化	82
変化点	223
変更	150
変更管理	21, 151, 157
変更管理グループ	157
変更管理計画	157
変更管理手順	157
方針管理	215
ポートフォリオ	29, 47, 187
保守体制	182
補助的要素	100
母体組織	8, 10, 16, 30–32, 60, 87, 127, 187
ボトムアップ見積	104

ま行

マイルストーン	111, 121
マトリクス型組織	62
マトリックス図	221, 225
マネジメント	8
マルチプロジェクトの計画	83
マンハッタンプロジェクト	3
見える化	231, 232
見積	97
目的	77
目的適合性	34, 35, 37, 123
目標	20, 124, 126
目標期限	86
目標設定	20, 126
目標達成（方策追求）型アプローチ	219
目標値	51
目標明確化型アプローチ	219
問題	21, 40, 44, 57, 150, 215
問題解決型	25
問題解決技術	17, 46
問題解決能力	128
問題解決レシピ	227
問題管理	21
問題点	46
問題マネジメント	21, 134, 150, 151

や行

要員計画	82
要因系統図	214, 223
要因・原因	45
要員の投入	146
要因分析	213, 214
要求	126
要求定義	123, 125
要求度	42
要求分析	123
予算作成	105
予知対策	40, 55
欲求	126
予防対策	40, 55

ら行

リーダーシップ	73
リードタイム	82
リスク	8, 9, 40, 45, 57, 151, 159
リスクアセスメント	46
リスク管理	40
リスク指数	161
リスク対応計画	162
リスク対応方針	46
リスク対策	47
リスクチェックシート	203
リスク度	203
リスクの特定	160
リスクのレベル	165
リスク分析	46, 161
リスクマネジメント	55, 151, 160
リスクマネジメント計画	160
量的作業	136
類似プロジェクト	35
類推見積	104

連関図 223
ローマ時代 2

わ行

ワークパッケージ 101, 102

著者紹介

江崎和博（えさき かずひろ）　（執筆担当章 監修および 2, 3, 4, 6, 8, 12 章）

略　歴：1978 年 日本大学理工学部 電気工学科 博士前期課程修了
　　　　1978 年 （現）三菱電機インフォメーションシステム株式会社入社
　　　　1991 年 日本エマソン株式会社入社 情報システム推進室長
　　　　1997 年 （株）荏原製作所情報・通信本部入社 品質保証部長，IT 戦略統括部企画室副室長
　　　　2001 年 鳥取大学大学院 工学研究科 社会開発工学専攻 博士後期課程修了
　　　　2009 年より現職
　　　　現在 法政大学 理工学部 経営システム工学科，博士（工学），技術士（経営工学部門），日本技術士会会員，ISO/IEC JTC1/SC7 WG6 Document Editor，情報処理学会情報企画調査会専門委員会委員

専門領域：プロジェクトマネジメント工学，IT ソリューションの企画，設計，開発，検証，システム品質要求・評価技術の開発，ソフトウェア工学，人的要因，IT ガバナンスの研究

主　著：『これならわかる生産管理』（監修・共著）工業調査会 (2009)

髙根宏士（たかね ひろし）　（執筆担当章 1, 5, 9, 10, 11 章）

略　歴：1962 年 東北大学通信工学科卒業，三菱電機（株）入社．
　　　　3 年間マイクロプログラム方式によるデータ伝送装置の開発に従事．その後 15 年間計算機応用システムの開発に従事．その間国鉄貨物操車場自動化システム，自動倉庫，電力系統システム，ビル管理システム，原子力発電所監視システムなどに携わる．その後工場全体のソフトウエア生産管理を担当．
　　　　1984 年 三菱電機東部コンピュータシステム（株）に移り，ビジネスシステム，社会システム部門を統轄．
　　　　1991 年 三菱電機（株）に復職（ソフトウエア生産管理を担当）．
　　　　1993 年 情報通信システムエンジニアリングセンターを統轄．
　　　　1994 年 （株）三菱電機ビジネスシステム常務取締役．
　　　　1997 年 （株）エム・ビー・システム副社長を兼務．
　　　　1998 年 （株）三菱電機ビジネスシステム顧問に就任．
　　　　2000 年 退任．
　　　　現在 プロジェクトコンサルタント
　　　　情報処理学会理事および学会誌編集委員長，プロジェクトマネジメント学会理事，東京農工大学講師を歴任．

学会等：情報処理学会員，電子情報通信学会員，プロジェクトマネジメント学会員

主　著：『代表企業にみるソフトウエアの品質管理とその向上策』（共著）技研情報センター (1986)，『ソフトウエア奥の細道』（共著）日本規格協会 (1990)，『ソフトウエア・プロジェクト管理』（共著）ソフト・リサーチ・センター (1990)，『ソフトウエア工程管理技法』ソフト・リサーチ・センター (1991)，『ソフトウエア外注管理技法』ソフト・リサーチ・センター (1994)，『クライアント／サーバプロジェクト管理マニュアル』ソフト・リサーチ・センター (1998)，『ダブリンの風〜日常の風景から見るプロジェクトマネジメントの機微〜』ソフト・リサーチ・センター (2004)，『IT プロジェクトにおけるソフトウエア外注管理』ソフト・リサーチ・センター (2006)

CD 監修：IT プロスキルライブラリー「ソフトウエア外注管理におけるリスクマネジメント」，「プロジェクトチームマネジメントのスキルと実践法」ソフト・リサーチ・センター (2005)

山田　茂（やまだ しげる）　　（執筆担当章 13, 14 章）

略　歴：1983 年 広島大学大学院工学研究科博士課程後期システム工学専攻修了
　　　　1988 年 広島大学工学部第二類（電気系）助教授
　　　　1993 年 鳥取大学工学部社会開発システム工学科 教授
　　　　2008 年 部局化により現職
　　　　現在 鳥取大学大学院工学研究科社会経営工学講座 教授，工学博士 (広島大学)

主　著：『TQM のための統計的品質管理』（共著）コロナ社 (1998)，『品質指向ソフトウェアマネジメント』（共著）森北出版 (2007)，『ソフトウェア信頼性の基礎』共立出版 (2011)，他多数．

受賞歴：Exceptional International Leadership and Contribution Award in Software Reliability (ICRITO' 2010), International Leadership and Pioneering Research Award in Software Reliability Engineering (SREQOM/ICQRIT, 2009), Outstanding Paper Award (IEEE-IEEM, 2008), Leadership Award (ISSAT, USA, 2007), プロジェクトマネジメント学会論文賞 (2006), Best Paper Award (ICS, 2004), International Leadership Award in Reliability Engg. Research (ICQRIT/SREQOM, 2003), 日本信頼性学会高木賞 (1999), 第 8 回電気通信普及財団賞テレコムシステム技術賞 (1993), 情報処理学会 Best Author 賞 (1992) 他多数．

髙橋宗雄（たかはし むねお）　　（執筆担当章 7 章）

略　歴：1967 年 千葉大学工学部電気工学科卒業
　　　　1967 年 日本電信電話公社入社
　　　　2002 年より現職
　　　　現在 桐蔭横浜大学工学部電子情報工学科教授，工学博士（九州大学）

主　著：『ソフトウェアマネジメントモデル入門』（共著）共立出版 (1993)，『クライアントサーバシステム開発の工数見積り技法』ソフト・リサーチ・センター (1998)，他多数．

学会等：プロジェクトマネジメント学会理事，日本品質管理学会評議員，ISO/IEC JTC1/SC7 専門委員会委員

未来へつなぐデジタルシリーズ 6
プロジェクトマネジメント

Project Management

2012 年 2 月 15 日 初 版 1 刷発行

検印廃止
NDC 509.65
ISBN 978–4–320–12306–9

著　者	江崎和博
	髙根宏士
	山田　茂
	髙橋宗雄

ⓒ 2012

発行者　南條光章

発行所　**共立出版株式会社**
郵便番号 112–8700
東京都文京区小日向 4-6-19
電話　03–3947–2511（代表）
振替口座　00110–2–57035
URL http://www.kyoritsu-pub.co.jp/

印　刷　藤原印刷
製　本　ブロケード

社団法人
自然科学書協会
会員

Printed in Japan

JCOPY ＜(社)出版者著作権管理機構委託出版物＞

本書の無断複写は著作権法上での例外を除き禁じられています．複写される場合は，そのつど事前に，(社)出版者著作権管理機構（電話 03-3513-6969，FAX 03-3513-6979，e-mail: info@jcopy.or.jp）の許諾を得てください．

■情報・コンピュータ関連書

http://www.kyoritsu-pub.co.jp/　共立出版

情報セキュリティ事典	土居範久監修
言語処理学事典	言語処理学会編
コンピュータの数学	有澤　誠他訳
コンピュータ開発史 —歴史の誤りをただす「最初の計算機」をたずねる旅—	大駒誠一著
コンピュータ設計の基礎知識 —ハードウェア・アーキテクチャ／コンパイラの設計と実装—	清水尚彦著
コンピュータの論理設計	奥川峻史他訳
わかりやすく図で学ぶコンピュータアーキテクチャ	野地　保著
コンパイラ構成法	原田賢一著
コンピュータアルゴリズム	津田和彦他著
アルゴリズムデザイン	浅野孝夫他訳
確率と計算 —乱択アルゴリズムと確率的解析—	小柴健史他訳
オペレーティングシステムの概念	土居範久監訳
LinuxとWindowsを理解するためのOS入門	永井正武監修
実用組込みOS構築技法	永井正武監修
わかりやすい組込みシステム構築技法 ソフトウェア編／ハードウェア編	永井正武監修
Linuxで並列処理をしよう 第2版	石川　裕他著
コンピュータネットワークの基礎	福永邦雄編著
アドホックモバイルワイヤレスネットワーク	構造計画研究所訳
コンピュータ通信とネットワーク 第5版	福永邦雄他著
図解 情報通信ネットワークの基礎 第2版	田村武志著
第4版 TCP/IPによるネットワーク構築 VOL.I	村井　純他訳
インターネット総論	小林　浩他著
Google PageRankの数理	岩野和生他訳
情報検索のためのユーザインタフェース	角谷和俊他監訳
無線LANセキュリティ	加藤聰彦監訳
インターネット時代の情報セキュリティ	佐々木良一他著
情報セキュリティ入門 —情報倫理を学ぶ人のために—	佐々木良一監修
数理的技法による情報セキュリティ	日本応用数理学会監修
サイバーセキュリティにおける生体認証技術	瀬戸洋一著
データマイニングによる異常検知	山西健司著
決定版クラウドコンピューティング —サーバは雲のかなた—	加藤英雄著
SEのための実践システム設計	加藤英雄著
SEのための図解システム設計の基礎 第2版	加藤英雄著
情報システム開発入門	高橋真吾他著
Excel環境下でのシステム開発への挑戦	西荒井　学著
実践 UMLによるシステム開発	田中成典監修
新時代を生き抜くSEの知恵袋	妹尾　稔編著
システムづくりの人間学 —計算機システムの分析と設計を再考する—	木村　泉訳
コンサルタントの秘密 —技術アドバイスの人間学—	木村　泉訳
スーパーエンジニアへの道 —技術リーダーシップの人間学—	木村　泉訳
ライト、ついてますか —問題発見の人間学—	木村　泉訳
プログラム書法 第2版	木村　泉訳
ソフトウェア作法	木村　泉訳
ソフトウェア取引の契約ハンドブック	吉田正夫著
要求仕様の探検学 —設計に先立つ品質の作り込み—	黒田純一郎監訳
要求定義工学入門	富野　壽監訳
要求定義工学プラクティスガイド	富野　壽監訳
情報技術計測	富野　壽他監訳
大いなるソフトウェア論議	富野　壽他共訳
ソフトウェア工学の人間的側面	富野　壽監訳
ソフトウェア品質工学の尺度とモデル	古山恒夫他監訳
ソフトウェア品質のガイドライン	富野　壽監訳
使いやすいソフトウェア	富野　壽他監訳
ソフトウェアパターン	中谷多哉子他編
シナリオに基づく設計	郷　健太郎訳
実践的ソフトウェア測定	古山恒夫他監訳
ソフトウェア開発のカオス	富野　壽監訳
ソフトウェア開発の定量化手法 第3版	富野　壽他監訳
ソフトウェア インスペクション	伊土誠一他監訳
ソフトウェアプロトタイピング	富野　壽監訳
パーソナルソフトウェアプロセス技法	松本正雄監訳
パーソナルソフトウェアプロセス入門	PSPネットワーク訳
ソフトウェア見積りのすべて 第2版	富野　壽他監訳
ソフトウェアの規模決定,見積り,リスク管理	富野　壽監訳
ソフトウェアマネジメントモデル入門	山田　茂他著
ソフトウェア開発プロジェクトのリスク管理	富野　壽監訳
ソフトウェア技術者のための プロジェクト管理の成功への秘訣	古宮誠一他監訳
プロジェクトの見積りと管理のポイント	研野和人訳
ソフトウェアプロジェクトの救済入門	富野　壽共訳
ソフトウェア開発を変革する	富野　壽監訳
ソフトウェアチームワーク	富野　壽他共訳
実例に学ぶプロジェクトマネジメント	妹尾　稔編著
実践ビジネスプロセス分析技法	加瀬一朗監修
ソフトウェアプロセス改善の基本定石	富野　壽他訳
CMMによるプロセス改善入門	富野　壽監訳
テストプロセス改善	富野　壽監訳
ソフトウェア開発のエクセレントカンパニー	富野　壽監訳
ソフトウェアでビジネスに勝つ	富野　壽監訳